Das
Feld- und Forstpolizeigesetz

vom 1. April 1880

in der Fassung der Bekanntmachung
vom 21. Januar 1926.

Mit Erläuterungen

von

Dr. P. Daude
weiland Geheimem Regierungsrat und Universitätsrichter
der Friedrich-Wilhelms-Universität zu Berlin.

Sechste Auflage

neubearbeitet und herausgegeben von

Dr. E. Daude
Amtsgerichtsdirektor in Halle a. S.

Berlin 1926.
Verlag von H. W. Müller.

Vorwort zur ersten Auflage.

Durch das Feld- und Forstpolizeigesetz ist dem auf allen beteiligten Seiten bereits seit langer Zeit fühlbar gewordenen Bedürfnis einer dem gegenwärtigen Stande der Gesetzgebung auf anderen Gebieten entsprechenden einheitlichen Regelung des Feld- und Forstpolizeirechts endlich Rechnung getragen.

Allerdings hat auch das gegenwärtige Gesetz die Verschiedenheit provinzieller und örtlicher land- und forstwirtschaftlicher Zustände nicht vollkommen unberücksichtigt lassen können.

Dasselbe hat daher einerseits die von den besonderen Bedürfnissen einzelner Gegenden und Orte am meisten abhängige Regelung der Hütungs- und Weideverhältnisse den Polizeibehörden übertragen, andererseits die autonomische Tätigkeit der Ortsbehörden für gewisse lokal zu beurteilende Verhältnisse dergestalt anerkennen müssen, daß gewisse Handlungen nur dann mit Strafe bedroht werden, wenn sie erlassenen polizeilichen Anordnungen zuwider begangen sind, und endlich auch die Befugnis der Polizeibehörden, im Interesse des Feld- und Forstschutzes Polizeiverordnungen zu erlassen, nicht berührt und nur insofern eingeschränkt, als diese Verordnungen den Bestimmungen des gegenwärtigen Gesetzes entgegenstehen.

Abgesehen hiervon hat aber das Feld- und Forstpolizeigesetz für den ganzen Umfang der Monarchie die langersehnten einheitlichen Vorschriften über die Bestrafung, den Schadensersatz, die Pfändung usw. getroffen, welche neben den allgemeinen gesetzlichen Bestimmungen dahin zielen, die Felder und Forsten gegen Beschädigungen zu schützen. —

Der vorliegende Kommentar ist dazu bestimmt, den zunächst mit der Handhabung des Feld- und Forstpolizeigesetzes betrauten Ortspolizeibehörden, Amtsvorstehern und Amtsanwälten ein praktisches Hilfsmittel zu sein, nicht minder auch dem Landwirt, dem verwaltenden Forstbeamten sowie den zur Verhandlung und Entscheidung der Feld- und Forstrügesachen als Schöffen berufene Laien die Anwendung des Gesetzes zu erleichtern und endlich auch dem Richter die einzelnen Bestimmungen des letzteren an der Hand des gesetzgeberischen Materials und der auf dem Gebiete des Feld- und Forstpolizeirechts ergangenen gerichtlichen und administrativen Entscheidungen in wissenschaftlicher Weise, zugleich aber auch für den praktischen Gebrauch zu erläutern.

Die in dem Feld- und Forstpolizeigesetz in Bezug genommenen und dasselbe ergänzenden gesetzlichen Vorschriften des Strafgesetzbuchs, der Strafprozeßordnung und der Verwaltungsgesetze sind, soweit dies irgend möglich war, wörtlich aufgenommen, um namentlich dem Laien das Nachschlagen ihm oft nicht zugänglicher anderweiter Gesetzbücher entbehrlich zu machen.

Marienwerder 1880.

Dr. Paul Daube.

Vorwort zur sechsten Auflage.

Die mannigfachen Veränderungen, welche das Feld- und Forstpolizeigesetz seit der 5. Aufl. dieses Werkes erfahren hat, insbesondere die auf Grund der Novelle vom 15. Januar 1926 erfolgte Neuredaktion des Gesetzes gaben Veranlassung zu einer Nachprüfung und Neubearbeitung des vorliegenden Kommentars. Die 6. Aufl. ist demgemäß auch in den Erläuterungen unter Berücksichtigung der in den letzten Jahren ergangenen Entscheidungen des Reichs- und Kammergerichts dem jetzigen Stande der Gesetzgebung angepaßt.

Allen denen, die von Amts wegen oder aus privatem Anlaß mit dem Feld- und Forstschutz befaßt sind, möge dies Handbuch auch weiterhin ein zuverlässiges Hilfsmittel sein.

Halle a. S., im April 1926.

Dr. Emil Daube.

Inhalt.

Das Feld- und Forstpolizeigesetz vom 1. April 1880 in der Fassung der Bekanntmachung vom 21. Januar 1926.

Erklärungen der wichtigsten Abkürzungen.

A. = Annalen des Reichsgerichts. Unter Mitwirkung von Dr. Karl Braun herausgegeben von Dr. Hans Blum.

KO. = Kabinettsordre.

Amtl. A. = Amtliche Ausgabe des Feld- und Forstpolizeigesetzes. Berlin 1880 bei Julius Springer.

DJZ. = Deutsche Juristenzeitung. Herausgegeben von Dr. P. Laband u. a.

DR. = Das Recht. Rundschau für den deutschen Juristenstand. Herausgegeben von Dr. Hs. Th. Soergel.

E. = Entscheidungen des Reichsgerichts in Strafsachen.

Entsch. d. R.-O.-H.-G. = Entscheidungen des Reichsoberhandelsgerichts.

GA. = Goltdammer's Archiv für Strafrecht.

Ger.Ver.Ges. = Gerichtsverfassungsgesetz vom 27. Januar 1877 i. d. F. v. 22. März 1924.

GS. = Gesetzsammlung für die Preußischen Staaten.

J. B. = Jahrbuch der Preußischen Forst- und Jagd-Gesetzgebung und Verwaltung von Danckelmann.

JMBl. = Justiz-Ministerialblatt.

Joh. = Jahrbuch der Entscheidungen des Kammergerichts in Sachen der nichtstreitigen Gerichtsbarkeit und in Strafsachen.

JW. = Juristische Wochenschrift. Hrsg. vom Deutschen Anwaltverein.

v. Kamptz Ann. = von Kamptz, Annalen der Preußischen inneren Verwaltung.

MBliV. = Ministerialblatt für die innere Verwaltung.

Mot. = Motive der Regierungsvorlage vom 28. Oktober 1879.

OR. = Oppenhoff's Rechtsprechung des Preußischen Obertribunals in Strafsachen.

Pr. Ausf.Ges. = Preußisches Ausführungsgesetz zum Gerichtsverfassungsgesetz vom 24. April 1878.

R. = Rechtsprechung des Deutschen Reichsgerichts in Strafsachen, herausgegeben v. den Mitgliedern der Reichsanwaltschaft.
RA. = Archiv für rheinisches Zivil- und Kriminalrecht.
Sten. Ber. A. = Stenographische Berichte des Abgeordnetenhauses.
StGB. = Strafgesetzbuch für das Deutsche Reich v. 15. Mai 1871.
StPO. = Strafprozeßordnung für das Deutsche Reich vom 1. Februar 1877 i. d. F. vom 22. März 1924.
U. = Urteil des Reichsgerichts.
U. KG. = Urteil des Kammergerichts.
ZBl. = Zentralblatt für das Deutsche Reich.
ZPO. = Zivil-Prozeßordnung für das Deutsche Reich vom 30. Januar 1877.

Feld- und Forstpolizeigesetz.

Vom 1. April 1880 (Gesetzsamml. S. 230)

in der vom 1. Februar 1926 ab geltenden Fassung der Bekanntmachung, betreffend die geänderte Fassung des Feld- und Forstpolizeigesetzes, vom 21. Januar 1926 (Gesetzsamml. S. 83).

Erster Titel.

Strafbestimmungen.

§ 1.

Die in diesem Gesetze mit Strafe bedrohten Handlungen unterliegen, soweit dasselbe nicht abweichende Vorschriften enthält, den Bestimmungen des Strafgesetzbuchs und des ersten Abschnitts des Jugendgerichtsgesetzes.

Das Einführungsgesetz zum Strafgesetzbuch vom 31. Mai 1870 hat die Befugnis der Landesgesetzgebung, neue Forst- und Feldpolizeigesetze zu erlassen, lediglich an die Beschränkung geknüpft, daß in den letzteren nur Gefängnis bis zu zwei Jahren, Haft, Geldstrafe, Einziehung einzelner Gegenstände und Entziehung öffentlicher Ämter, angedroht werden darf. An Stelle der Gefängnis- oder Geldstrafe soll allerdings auch ferner Forst- oder Gemeindearbeit angedroht oder nachgelassen werden können. Im übrigen ist der Landesgesetzgebung in betreff des sonstigen Inhalts derartiger Strafvorschriften völlig freie Hand gelassen. Vom 1. April 1926 ab gelten die Vorschriften des Feld- und Forstpolizeigesetzes auch auf der Insel Helgoland (vgl. Art. II des Gesetzes zur Änderung des Feld- und Forstpolizeigesetzes vom 1. April 1880; vom 15. Januar 1926 (Gesetzsamml. S. 12). Die Einführung des FFPG. auf der Insel Helgoland ist im Interesse des Vogelschutzes und des Naturdenkmalschutzes geschehen.

Das Feld- und Forstpolizeigesetz v. 1. April 1880 hat sich im wesentlichen der allgemeinen Strafgesetzgebung angeschlossen. Einige Härten, die es dieser gegenüber enthielt und die nicht mehr zeitgemäß erschienen, sind durch die Novelle vom 15. Januar 1926 (GS. S. 9) beseitigt worden, während andererseits der Schutz gegen Feldentwendungen in neuester Zeit vermehrt, und auch sonst das Gesetz mit den sein Gebiet berührenden neuen Reichsgesetzen in Einklang gebracht ist. Der § 1 spricht deshalb den dem gesamten Gesetze zugrunde liegenden Grundsatz dahin aus, daß die in demselben mit Strafe bedrohten Handlungen, soweit nicht abweichende Vorschriften gegeben sind, den Bestimmungen des Strafgesetzbuchs und, soweit Jugendliche in Frage kommen, denen des ersten Abschnittes des Jugendgerichtsgesetzes vom 16. Februar 1923 unterliegen. Der erste Abschnitt des JGG. besteht aus §§ 1—16 das. und enthält bis auf den § 1, der eine Begriffsbestimmung des Jugendlichen gibt, im wesentlichen materiell-rechtliche Vorschriften (Strafmündigkeit § 2, Verantwortlichkeit § 3, Erziehungsmaßregeln §§ 6—8, besondere Strafermäßigungen § 9, bedingte Strafaussetzung §§ 10—15). Das JugendgerGes. gilt aber nicht nur bezüglich des ersten Abschnittes, sondern in seinem ganzen Umfange auch für das Gebiet des FFPG., soweit darin nicht ausdrücklich etwas anderes bestimmt ist. Wegen der Anwendung des zweiten Abschnittes des JGG. vgl. § 51 FFPG.

§ 2.

Für die Strafzumessung wegen Zuwiderhandlungen gegen dieses Gesetz kommen als Schärfungsgründe in Betracht:

1. wenn die Zuwiderhandlung an einem Sonn- oder Festtag oder in der Zeit von Sonnenuntergang bis Sonnenaufgang begangen ist;
2. wenn der Zuwiderhandelnde Mittel angewendet hat, um sich unkenntlich zu machen;
3. wenn der Zuwiderhandelnde dem Feld- oder Forsthüter oder einem anderen zuständigen Beamten, dem Beschädigten oder dem Pfändungsberechtigten seinen Namen oder Wohnort anzugeben sich geweigert oder falsche Angaben über seinen oder seiner Gehilfen Namen oder Wohnort gemacht oder auf Anrufen der vorstehend genannten Personen, stehenzubleiben, die Flucht ergriffen oder fortgesetzt hat;
4. wenn der Täter die Aushändigung der zu der Zuwiderhandlung bestimmten Werkzeuge oder der mitgeführten Waffen verweigert hat.

1. Schärfungsgründe. Die Bestimmung des § 2 macht dem Richter nicht unter allen Umständen ein Hinausgehen über das niedrigste Strafmaß zur Pflicht. Es werden vielmehr nur diejenigen Fälle hervorgehoben, in denen der Richter der Regel nach die Strafen strenger bemessen soll. Ein Ausgleich der Schärfungsgründe durch das gleichzeitige Vorhandensein überwiegender Milderungsgründe ist nicht ausgeschlossen.

2. Festtag. Der Begriff Festtag ist nicht auf die in Preußen gesetzlich anerkannten Feiertage beschränkt. In den älteren Preuß. Landesteilen: die beiden Weihnachtstage, Oster- und Pfingstmontag, Karfreitag, Neujahr, Christi Himmelfahrt und Bußtag; in der Rheinprovinz noch: Allerheiligen. Vgl. KO. v. 5. Juli 1832, 7. Febr. 1837 und 22. Juli 1839 (GS. 1831 S. 197; 1837 S. 21; 1839 S. 249) und wegen des Karfreitags insbesondere Ges., betr. den Karfreitag, v. 2. September 1899 (GS. 1899 S. 161). Die größere Strafbarkeit der an Sonn- und Festtagen verübten Feld- und Forstfrevel rechtfertigt sich gesetzgeberisch nicht durch die Verletzung der äußeren Heilighaltung jener Tage, sondern durch die Ausnutzung derselben als derjenigen Zeiten, in denen mutmaßlich eine erhebliche Erschwerung oder gar Unmöglichkeit der Beaufsichtigung der Grundstücke wegen der anderweitigen Inanspruchnahme des Schutzpersonals stattfindet. Mit Recht hebt deshalb auch Günther in s. Komm. zum F. u. FPG. zu § 2 Nr. 1 hervor, daß der hier in Rede stehende Schärfungsgrund auch zutreffen würde bei einem Zuwiderhandelnden evangelischer Konfession, der einen hohen katholischen, auf einen Wochentag fallenden Feiertag benutzt, um in einem Reviere, dessen sämtliche Schutzbeamte katholischer Konfession sind, Entwendungen usw. auszuführen — vorausgesetzt allerdings seine Bekanntschaft mit diesem Umstande. (§ 59 StGB.) Vgl. auch Günther, Komm. zum Forstdiebst.-Ges. zu § 3 Nr. 1; Schönfeld, Forstdiebst-Ges. S. 14; Rotering, Feld- u. Forst-PolGes. S. 3. Vgl. ferner Art. 139 der Reichsverf. v. 11. 8. 1919.

3. Unkenntlichmachung. Es genügt jede auf Täuschung über die Person des Zuwiderhandelnden abzielende Änderung in Kleidung, Aussehen usw. Das Holzdiebstahlsgesetz v. 2. Juni 1852 hatte im § 4 Nr. 2 das Vermummen und das Färben des Gesichts als Mittel der Unkenntlichmachung besonders erwähnt.

4. Zuständiger Beamter ist im allgemeinen derjenige, welchem im Einzelfalle kraft seiner amtlichen Stellung ein Recht auf Erforschung des Namens oder Wohnorts zusteht, Urt. 9/2 88, E. 17, 224, und im Falle des § 2 Nr. 3 insbesondere jeder zur Verfolgung von Feld- und Forstpolizeifreveln berechtige Beamte.

5. Falsche Angaben des eigenen Namens. Unter dem Namen ist nicht bloß der Familienname, sondern auch der Vorname in Verbindung mit dem Familiennamen zu verstehen, so daß auch derjenige, welcher sich einem Feld- und Forsthüter oder einem anderen zuständigen Beamten gegenüber eines ihm nicht zukommenden Vornamens bei richtiger Angabe des Familiennamens bedient, nach § 1 Nr. 3 strafbar ist. Falsche Angabe des Namens liegt ferner auch dann vor, wenn verheiratete Frauen nur ihren Mädchennamen angeben.

Der § 360 Nr. 8 StGB. bedroht mit Geldstrafe bis zu 150 Reichsmark oder mit Haft denjenigen, welcher sich eines ihm nicht zukommenden Namens einem zuständigen Beamten gegenüber bedient.

Wenn die Angabe eines falschen Namens mit einer Zuwiderhandlung gegen das F. u. FPG. zusammentrifft, so kann sie niemals als selbständige Übertretung des § 360 Nr. 8 StGB. verfolgt werden, sondern stets nur als Schärfungsgrund nach § 2 Nr. 3 F. u. FPG. in Betracht kommen. Beschl. des früh. Obertrib. v. 15/5 57, GA. 5, 563. A. M. U. 26/2 14, E. 48, 180ff., wo Realkonkurrenz im Sinne des § 74 StGB. angenommen wird.

6. Falsche Angaben über Namen oder Wohnort des Gehilfen. Nur die falsche Angabe über Namen oder Wohnort des

Gehilfen kommt als Schärfungsgrund in Betracht; die bloße Weigerung, Namen usw. des Gehilfen anzugeben, ist kein Schärfungsgrund für die Strafzumessung.

7. **Anrufen.** Dem Zuwiderhandelnden muß aus dem Anrufen die Absicht des anrufenden Feld- oder Forsthüters, ihn zum Stehenbleiben zu veranlassen, erkennbar gewesen sein.

8. **Weigerung zur Herausgabe der Waffen usw.** Als Schärfungsgrund nach § 2 Nr. 4 genügt die einfache Weigerung des Zuwiderhandelnden, dem Feldhüter (§ 2 Nr. 3) die zu der Zuwiderhandlung bestimmten Werkzeuge usw. auszuhändigen. Tätlicher Widerstand würde nach § 14 Nr. 2 FFPO. bzw. nach den §§ 113, 117 ff. StGB. zu bestrafen sein.

Daß die Werkzeuge von dem Zuwiderhandelnden wirklich benutzt worden sind, oder daß von den Waffen Gebrauch gemacht worden, ist nicht erforderlich.

Über den Begriff der Waffe vgl. Anm. 1 zu § 17.

9. Die im Ges. vom 1. April 1880 noch enthaltenen straferhöhenden Umstände der gemeinschaftlichen Ausführung und des Rückfalls sind jetzt im allgemeinen in Wegfall gekommen, aber bei den Entwendungen berücksichtigt, bei denen sie von besonderer Bedeutung sind (§§ 15 bis 18).

§ 3 (5).

(1) Für die Geldstrafe, den Wertsersatz (§ 64) und die Kosten, zu denen Personen verurteilt werden, welche unter der Gewalt oder der Aufsicht eines anderen stehen und zu dessen Hausgenossenschaft gehören, ist letzterer im Falle des Unvermögens der Verurteilten für haftbar zu erklären, und zwar unabhängig von der etwaigen Strafe, zu welcher er selbst auf Grund dieses Gesetzes oder des § 361 Nr. 9 des Strafgesetzbuchs verurteilt wird. Wird festgestellt, daß die Tat nicht mit seinem Wissen verübt ist oder daß er sie nicht verhindern konnte, so wird die Haftbarkeit nicht ausgesprochen.

(2) Hat der Täter noch nicht das vierzehnte Lebensjahr vollendet, so wird derjenige, welcher in Gemäßheit der vorstehenden Bestimmung haftet, zur Zahlung der Geldstrafe, des Wertsersatzes und der Kosten als unmittelbar haftbar verurteilt. Dasselbe gilt, wenn der Täter zwar das vierzehnte, aber noch nicht das achtzehnte Lebensjahr vollendet hatte, jedoch deshalb nicht strafbar ist, weil er zur Zeit der Tat nach seiner geistigen oder sittlichen Entwicklung unfähig war, das Ungesetzliche der Tat einzusehen oder seinen Willen dieser Einsicht gemäß zu bestimmen, oder wenn derselbe wegen eines seine freie Willensbestimmung ausschließenden Zustandes straffrei bleibt.

(3) Gegen die in Gemäßheit der vorstehenden Bestimmungen als haftbar Erklärten tritt an die Stelle der Geldstrafe eine Freiheitsstrafe nicht ein.

1. Allgemeines. Der § 361 Nr. 9 StGB. bestimmt: „Mit Haft wird bestraft: 9. wer Kinder oder andere unter seiner Gewalt stehende Personen, welche seiner Aufsicht untergeben sind und zu seiner Hausgenossenschaft gehören, von der Begehung — — — strafbarer Verletzungen der Gesetze zum Schutze der Forsten, der Feldfrüchte — — abzuhalten unterläßt. Die Vorschriften dieser Gesetze über die Haftbarkeit für die den Täter treffenden Geldstrafen, oder anderen Geldleistungen werden hierdurch nicht berührt.

In den Fällen der Nr. 9 kann statt der Haft auf Geldstrafe erkannt werden."

Neben dieser Haftbarkeit hat der § 3 d. G. die Mithaftung der Gewalthaber und Pfleger für die Geldstrafe, den Wertsersatz und die Kosten angeordnet, zu denen die unter der Gewalt oder Aufsicht stehenden Personen wegen Zuwiderhandlungen gegen das Feld- und Forstpolizeigesetz verurteilt werden. Eine Haftbarkeit des Arbeitgebers für die in seinem Dienste stehenden Personen besteht nicht.

In den Fällen des § 3 Abs. 1 ist die Haftbarkeit stets nur eine hilfsweise. Ihre Voraussetzung ist hier die Verurteilung des Hauptangeklagten und das Unvermögen desselben zur Zahlung der Geldstrafe usw.

In den Fällen des § 3 Abs. 2 ist die Haftbarkeit eine unmittelbare. Ihre Voraussetzung ist hier die Freisprechung des Hauptangeklagten oder die gesetzliche Ausschließung der strafrechtlichen Verfolgung desselben aus den in den §§ 51 ff. StGB., §§ 2 und 3 JGG. hervorgehobenen Gründen (Bewußtlosigkeit, krankhafte Störung der Geistestätigkeit usw.).

2. Umfang und Feststellung der Haftbarkeit. Die Haftbarkeit der Gewalthaber usw. ist beschränkt auf die Verpflichtung zur Zahlung der Geldstrafe, des Wertsersatzes und der Kosten. Eine Freiheitsstrafe darf an Stelle der Geldstrafe nach der Vorschrift des § 3 Abs. 3 niemals eintreten.

Die Haftbarkeit des Gewalthabers usw. zur Zahlung der Geldstrafe und der Kosten muß in dem Urteil, in dem amtsrichterlichen Strafbefehl oder in der polizeilichen Strafverfügung stets ausdrücklich ausgesprochen werden.

Die Haftbarkeit zur Zahlung des Wertsersatzes ist nach Vorschrift des § 64 des gegenwärtigen Gesetzes auszusprechen. Vgl. die Anm. zu § 64.

In den geeigneten Fällen wird übrigens zweckmäßig gegen die Gewalthaber gleichzeitig aus § 361 Nr. 9 StrGB. Anklage zu erheben sein, zumal nach § 60 Abs. 2 des gegenwärtigen Gesetzes im Falle des Zusammenhanges einer Zuwiderhandlung gegen das F. u. FPG. mit einer Übertretung des § 361 Nr. 9 StGB. auch auf die letztere das in den §§ 53 ff. des gegenwärtigen Gesetzes vorgeschriebene Verfahren Anwendung findet.

3. Gewalt, Aufsicht usw. Ein bloßes Gewalts- oder Aufsichtsverhältnis genügt allein nicht zur Anwendung des § 3; die unter der Gewalt usw. stehenden Personen müssen vielmehr gleichzeitig auch zur Hausgenossenschaft (häusliche Gemeinschaft des § 247 StGB.) gehören. Im übrigen ist der Begriff des Gewalthabers nicht auf solche Personen zu beschränken, welchen nach positiven Gesetzen eine Gewalt oder Aufsicht über einen anderen zusteht, sondern muß auf jeden Anwendung finden, welcher aus einem Herkommen oder Übereinkommen über einen Hausgenossen eine Aufsicht in der Weise führt, daß daraus die Vermutung einer Teilnahme an der Zuwiderhandlung oder an deren Vorteilen, oder wenigstens einer Mitwissenschaft der Tat hergeleitet werden kann. In diesem Sinne hat das frühere preuß. Obertrib. auch die Haftbarkeit des Ehemannes für Zuwiderhandlungen seiner Ehefrau angenommen. Vgl. Erk. des Obertrib. 6/10 53, AG. 2, 108; JMBl. 1853, S. 424. Erk. dess. Ger. 19/2 1863, AG. 11, 348; OR. 3, 298. Die Haftbarkeit des Arbeitgebers für die in seinem Dienst stehenden Personen, wie sie nach der früheren Fassung des FFPG. bestand, ist fallen gelassen, weil sie nicht mehr der Rechtslage und den sozialen Anschauungen entspricht. (Amtl. Begr. zur Novelle v. 15. 1. 1926.)

4. **Feststellung des Nichtwissens.** Die Frage, ob die Zuwiderhandlung nicht mit Wissen des Gewalthabers begangen ist, oder ob sie von letzterem nicht verhindert werden konnte, hat das Gericht dem Grundsatz des § 261 StPO. entsprechend nach seiner freien, aus dem Inbegriff der Verhandlung geschöpften Überzeugung zu entscheiden. Eine ausschließliche Beweislast liegt dem Gewalthaber in dieser Beziehung nicht ob.

Die Feststellung des Nichtwissens oder der Unmöglichkeit der Verhinderung der Zuwiderhandlung hebt übrigens auch in den Fällen des § 3 Abs. 1 FFPG. die Haftbarkeit des Gewalthabers auf.

4. **Personen, welche zur Zeit der Begehung der Tat das vierzehnte Lebensjahr noch nicht vollendet haben,** können nach § 2 JGG. wegen derselben überhaupt nicht strafrechtlich verfolgt werden. Die Behandlung der bedingten Strafmündigkeit des jugendlichen Täters im Abs. 2 Satz 2 entspricht dem § 3 JGG. Die Vorschrift dieses §: „Ein Jugendlicher (d. h. wer über vierzehn, aber noch nicht achtzehn Jahre alt ist), der eine mit Strafe bedrohte Handlung begeht, ist nicht strafbar, wenn er zur Zeit der Tat nach seiner geistigen oder sittlichen Entwicklung unfähig war, das Ungesetzliche der Tat einzusehen oder seinen Willen dieser Einsicht gemäß zu bestimmen", ist nach § 1 FFPG. auch in Feld- und Forstpolizeisachen zu beachten. Die Verurteilung einer Person zwischen 14 und 18 Jahren setzt daher auch hier stets die ausdrückliche Feststellung voraus, daß das Unterscheidungsvermögen im Sinne des § 2 JGG. bestanden hat. Ist dies nicht der Fall, so ist der Angeklagte freizusprechen; dagegen sind Erziehungsmaßregeln gegen ihn zulässig (§ 5 JGG.). Im übrigen ist die Einsichts- und Willensfähigkeit stets im Hinblick auf die vorliegende konkrete Zuwiderhandlung zu prüfen. Hierbei ist ferner zu bemerken, daß die Strafbarkeit des Anstifters und Gehilfen, des Begünstigers und Hehlers durch die Vorschriften der §§ 2, 3 JGG. nicht berührt wird (vgl. § 4 das.), strafbare Begünstigung usw. an der von einer strafunmündigen oder unterscheidungsunfähigen Person verübten Zuwiderhandlung also sehr wohl möglich ist.

5. **Die freie Willensbestimmung ausschließender Zustand.** Hierhin gehören nur die im § 51 StGB. besonders hervor-

gehobenen Fälle der Bewußtlosigkeit und der krankhaften Störung der Geistestätigkeit. Unter den Begriff der Bewußtlosigkeit fallen auch die Zustände der Berauschung. Bewußtlosigkeit und krankhafte Störung der Geistestätigkeit brauchen nicht derart zu sein, daß sie die freie Willensbestimmung überhaupt ausschließen; es genügt vielmehr, daß die letztere nur für die besondere Tat durch die Bewußtlosigkeit usw. ausgeschlossen war. U. 16/11 82, E. 5, 338. Die Fälle des § 52 StGB. (Nötigung durch unwiderstehliche Gewalt oder eine mit gegenwärtiger Gefahr für Leib und Leben verbundene Drohung) gehören nicht hierher, da bei ihnen kein die freie Willensbestimmung ausschließender Zustand eintritt.

§ 4 (6).

Entwendungen sowie rechtswidrig und vorsätzlich begangene Beschädigungen (§ 303 des Strafgesetzbuchs) und Begünstigung in Beziehung auf solche Entwendungen oder Beschädigungen unterliegen den Bestimmungen dieses Gesetzes nur dann, wenn der Wert des Entwendeten oder der angerichtete Schaden zehn Reichsmark nicht übersteigt.

1. Entwendung. Über den Begriff derselben siehe unten Anm. 2 zu § 15.

2. Begünstigung. Über diesen Begriff siehe unten die Anm. 2 zu § 6.

3. Beschädigung. Die im § 4 erwähnten Beschädigungen setzen den vollen Tatbestand des § 303 StGB. voraus, also eine vorsätzliche und rechtswidrige Beschädigung oder Zerstörung einer fremden Sache verbunden mit dem Bewußtsein von der Rechtswidrigkeit der Beschädigung oder Zerstörung.

Die sonstigen im § 26 und anderen Vorschriften des FFPG. hervorgehobenen „unbefugten" Beschädigungen können auch durch Fahrlässigkeit verursacht sein und unterliegen im Gegensatz zu den im § 4 gedachten Beschädigungen den Bestimmungen dieses Gesetzes auch dann, wenn der angerichtete Schaden zehn Reichsmark übersteigt.

4. Wert des Entwendeten. Für die Anwendung des § 4 ist nur der Wert der entwendeten Sache, nicht aber der Schaden entscheidend, welcher dem Eigentümer durch die Entwendung zugefügt ist. Die am Schlusse des § 4 befindlichen Worte „oder der angerichtete Schaden" beziehen sich lediglich auf die im Eingang des § 4 aufgeführte „vorsätzliche Beschädigung" und nicht auf die voranstehend aufgeführte „Entwendung". U. KG. 26/10 93, Joh. 14, 343, desgl. U. 16/6 03, E. 36, 311, U. 4/10 12, DR. 16 Nr. 3315. Beim Diebstahl von Bäumen eines Parkes ist dementsprechend nur der Wert des Holzes zu berücksichtigen, nicht der Wert der Bäume als Zubehörteile des Parkes. U. KG. 13/2 08, DJZ. 13, 429. — Für die Feststellung des Wertes des Entwendeten ist lediglich der Zeitpunkt der Entwendung maßgebend. U. 22/1 07, DR. 11 Nr. 701. Handelt es sich um eine von mehreren Personen ausgeführte Entwendung, so ist der Gesamtwert des Entwendeten entscheidend; dasselbe gilt, wenn mehrere einzelne Entwendungen als fortgesetzte Straftat anzusehen sind. U. KG. 19/5 13, DR. 17 S. 787; GA. 61, 366; DJZ. 18 S. 1389. „Wert"=Verkehrswert zur Zeit der Tat U. 17/2 19, E. 54, 243.

§ 5 (8).

Der Versuch einer nach diesem Gesetze strafbaren Entwendung ist strafbar. Jedoch ist der Versuch milder zu bestrafen als die vollendete Tat; die Strafe kann bis auf ein Viertel des Mindestbetrags der für diese angedrohten Strafe ermäßigt werden.

1. Versuch. Der Begriff des Versuchs bestimmt sich nach dem Strafgesetzbuch, welches im § 43 Abs. 1 verordnet: „Wer den Entschluß, ein Verbrechen oder Vergehen (hier: der Entwendung) zu verüben, durch Handlungen, welche einen Anfang der Ausführung dieses Verbrechens oder Vergehens enthalten, betätigt hat, ist, wenn das beabsichtigte Verbrechen oder Vergehen nicht zur Vollendung gekommen ist, wegen Versuches zu strafen."

Zu beachten ist ferner die Bestimmung des § 46 Nr. 1 StGB. dahin lautend: „Der Versuch als solcher bleibt straflos, wenn der Täter: 1. die Ausführung der beabsichtigten Handlung aufgegeben hat, ohne daß er an dieser Ausführung durch Umstände gehindert worden ist, welche von seinem Willen unabhängig waren." —

Nur der Versuch der „Entwendung" ist strafbar. Der Versuch einer nach dem gegenwärtigen Gesetz mit Strafe bedrohten Beschädigung oder anderen Zuwiderhandlung ist straflos. Vgl. jedoch § 14 Nr. 1 (versuchte Vereitelung einer rechtmäßigen Pfändung).

2. Die Höhe der Strafe für den Versuch ist dem allgemeinen Strafrecht entsprechend (§ 44 Abs. 1 u. 4 StGB.) geregelt worden, allerdings mit der Maßgabe, daß hier der Versuch von Übertretungen unter Strafe gestellt ist. Nachdem durch die Novelle v. 15. 1. 1926 die Strafbestimmungen bei Entwendungen wesentlich verschärft sind, bestand kein Bedürfnis mehr für die im Gesetz v. 1. 1. 1880 enthaltene Gleichstellung des Versuchs mit der vollendeten Tat.

§ 6 (7).

(1) Die Beihilfe zu einer nach diesem Gesetze strafbaren Entwendung oder vorsätzlichen Beschädigung sowie die Begünstigung in Beziehung auf eine solche Entwendung oder Beschädigung sind strafbar.

(2) Die Strafe ist nach demjenigen Gesetze festzusetzen, das auf die Handlung Anwendung findet, auf die sich die Beihilfe oder die Begünstigung bezieht, jedoch nach den über die Bestrafung des Versuchs aufgestellten Grundsätzen (§ 5) zu ermäßigen.

(3) Die Bestimmungen des § 257 Abs. 2 und 3 des Strafgesetzbuchs finden Anwendung.

1. Beihilfe. Für den Begriff der strafbaren Beihilfe ist die Bestimmung des § 49 StGB. maßgebend, welche lautet: „Als Gehilfe wird bestraft, wer dem Täter zur Begehung des Verbrechens oder Vergehens durch Rat oder Tat wissentlich Hilfe geleistet hat." Beihilfe ist also die dem Täter bei Begehung einer Entwendung oder vorsätzlichen Beschädigung wissentlich d. h. mit dem Bewußtsein der unterstützenden, helfenden Tätigkeit geleistete Hilfe. Dieselbe kann, wie das RG. wiederholt ausgesprochen hat, auch in bloßen Vorbereitungshandlungen z. B. in der Unkenntlichmachung des Täters (siehe oben § 2 Nr. 2) bestehen, wenn sie den Entschluß des letzteren bestärkt und hierdurch die Verübung der Zuwiderhandlung gefördert haben. Vgl. U. 10/5 83, E. 8, 267; R. 5, 350 und U. 16/10 83, E. 9, 76.

Nur die Beihilfe zu einer nach dem FFPG. strafbaren Entwendung oder vorsätzlichen Beschädigung ist strafbar. Die Beihilfe zu einer sonstigen im FFPG. mit Strafe bedrohten Zuwiderhandlung ist nicht strafbar, und ebensowenig ist der bloße Versuch einer Beihilfe unter Strafe gestellt.

2. Anstiftung. Über die Bestrafung des Anstifters enthält das FFPG. keine besonderen Bestimmungen. Es kommen deshalb in dieser Beziehung (vgl. § 1 FFPG.) die allgemeinen Vorschriften des Strafgesetzbuchs zur Anwendung.

Im § 48 StGB. sind der Begriff und die Strafe des Anstifters dahin bestimmt: „Als Anstifter wird bestraft, wer einen anderen zu der von demselben begangenen strafbaren Handlung durch Geschenke oder Versprechen, durch Drohung, durch Mißbrauch des Ansehens oder der Gewalt, durch absichtliche Herbeiführung oder Beförderung eines Irrtums oder durch andere Mittel vorsätzlich bestimmt hat. Die Strafe des Anstifters ist nach demjenigen Gesetze festzusetzen, welches auf die Handlung Anwendung findet, zu welcher er wissentlich angestiftet hat."

Die Anstiftung kann sich stets nur auf eine bestimmte Zuwiderhandlung beziehen; eine allgemeine Anweisung für zukünftiges Verhalten genügt nicht. Die Anstiftung erfordert ferner die Vorsätzlichkeit, d. h. einen auf die Bestimmung eines anderen zur Zuwiderhandlung gerichteten Willen. Der Beweggrund ist für die Strafbarkeit des Anstifters unerheblich. Im übrigen muß sich der Dolus des Anstifters stets auf die Tat des Angestifteten in ihrem ganzen Umfang, so z. B. in den Fällen der §§ 16 ff. FFPG. auch auf die dort angeführten erschwerenden Umstände, erstreckt haben.

Eine etwaige Beihilfe, welche der Anstifter bei der Ausführung der Tat gewährt hat, kann nicht noch als besondere strafbare Handlung neben der Anstiftung in Betracht kommen, sondern nur bei der Strafzumessung berücksichtigt werden. U. 1/5 80, E. 2, 145; R. 1, 707. U. 20/6 82, R. 4, 715. Anstiftung und Mittäterschaft können deshalb auch nicht in Idealkonkurrenz miteinander treten. U. 13/11 94, E. 26, 198. U. 31/5 95, E. 27, 273.

3. Begünstigung. Der Begriff der Begünstigung bestimmt sich nach § 257 Abs. 1 StGB., welcher lautet: „Wer nach Begehung eines Verbrechens oder Vergehens dem Täter oder Teilnehmer wissentlich Beistand leistet, um denselben der Bestrafung zu entziehen oder um ihm die Vorteile des Verbrechens oder Vergehens zu sichern, ist wegen Begünstigung . . . zu strafen."

Hiervon weicht das FFPG. nur insofern ab, als es nicht die Begehung eines Verbrechens oder Vergehens voraussetzt, sondern die Begünstigung ganz allgemein bei jeder Entwendung und jeder vorsätzlichen Beschädigung mit Strafe bedroht, selbst wenn diese Straftaten sich nicht als Vergehen im Sinne des StGB. charakterisieren.

Nur die Begünstigung bei einer „Entwendung" oder einer nach dem FFPG. strafbaren „vorsätzlichen Beschädigung" ist unter Strafe gestellt; bei jeder anderen Zuwiderhandlung gegen dieses Gesetz ist die Begünstigung straflos.

Der Beistand muß wissentlich geleistet sein, d. h. der Begünstiger muß wissen, daß der Begünstigte durch die Entwendung oder vorsätzliche Beschädigung sich nach den Bestimmungen des FFPG. strafbar gemacht hat. Dagegen ist es nicht erforderlich, daß der Begünstiger die besondere konkrete Gestaltung und Benennung der betr. Zuwiderhandlung kennt. Vgl. U. 26/9 81, E. 5, 23; R. 3, 536. U. 27/11 85, E. 13, 81. U. 15/10 86, R. 8, 621.

Die Absicht der Begünstigung erfordert, daß der Begünstiger die Entziehung des Täters aus der Bestrafung beabsichtigt und, um sie herbeizuführen, seine Begünstigungshandlung vorgenommen hat. Ob der beabsichtigte Erfolg eingetreten ist, ist gleichgültig. U. 10/5 92, E. 23, 105. U. 7/12 83, E. 9, 242. U. 1/4 90, GA. 38, 65.

Eine Begünstigung, „um den Täter der Bestrafung zu entziehen", liegt auch dann vor, wenn jemand einem Forstschutzbeamten oder sonst zur Anzeige einer Zuwiderhandlung verpflichteten Beamten (Feldhüter, Forsthüter u. dgl.) durch Entschädigung des Verletzten zu bestimmen sucht, die Anzeige zu unterlassen. U. 7/12 83, E. 9, 242. Dagegen ist eine solche Begünstigung nicht schon dann anzunehmen, wenn jemand dem Forstschutzbeamten usw. Auskunft über den — ihm bekannten Aufenthalt des Täters zu geben verweigert. U. 22/11 83, E. 9, 433; R. 5, 726. Eine solche Weigerung würde unter Umständen nur als Schärfungsgrund bei Zumessung der Strafe nach § 2 Nr. 3 FFPG. in Betracht kommen können.

Die Begünstigung zu dem Zweck, „den Täter oder Teilnehmer der Bestrafung zu entziehen", setzt nicht mit Notwendigkeit die Vollendung der Haupttat voraus, kann vielmehr auch dem strafbaren Versuch der Tat, soweit ein solcher überhaupt strafbar ist, gelten. (Siehe Anm. 1 zu § 5 am Schluß.) Der Ausdruck: „Bestrafung" umfaßt sowohl die Verurteilung, als auch die Strafvollstreckung.

Darin, daß ein Dritter dem Verurteilten ganz oder teilweise die Mittel gewährt, die dem letzteren auferlegte Geldstrafe zu entrichten, kann eine Begünstigung nicht ohne weiteres gefunden werden. Vgl. U. Obertrib. v. 7/3 78, GA. 26, 126. U. 5/10 96, GA. 44, 253. Sie kann hierin nur dann liegen, wenn durch die Zahlung weder ein vermögensrechtlicher Anspruch des Verurteilten getilgt wird, noch ein solcher gegen denselben zur Entstehung gelangt, sondern allein die Vereitelung der Strafvollstreckung das gewollte Ziel der Bezahlung der Geldstrafe gewesen ist. U. 21/9 97, E. 30, 232.

Die Sicherung der Vorteile für den Täter kann u. a. auch

durch Unkenntlichmachung oder Erleichterung der Verwendbarkeit und des Verbrauches des durch die Entwendung erlangten Objektes (besondere Zubereitung entwendeter Gartenfrüchte usw.) geschehen. Vgl. U. 5/7 81, A. 4, 196. U. 5/10 94, E. 26, 119.

Die Bestrafung des Begünstigers ist endlich durchaus nicht durch die Ermittelung und Bestrafung des Begünstigten bedingt, und ebensowenig schließt der Umstand, daß die Tat des Begünstigten aus ihm individuellen Gründen, z. B. wegen Strafunmündigkeit oder Verjährung straflos bleibt, die Bestrafung des Begünstigers aus.

4. Hehlerei. Über die Bestrafung des Hehlers enthält das FFPG. entgegen der früheren Fassung des § 6 (jetzt § 4) keine besonderen Bestimmungen mehr. Es kommen deshalb auch hier gemäß § 1 des Ges. die allgemeinen Vorschriften des Strafgesetzbuchs zur Anwendung. Das über Hehlerei in bezug auf Forstdiebstahl handelnde U. 24/1 90, E. 20, 209, nach welchem eine solche Hehlerei nur auf Grund des Forstdiebstahlsgesetzes bestraft werden kann, ist also jetzt auf das Feld- und Forstpolizeigesetz nicht mehr anzuwenden. Der Begriff der Hehlerei bestimmt sich nach den §§ 258, 259 StGB., welche lauten:

§ 258: „Wer seines Vorteils wegen sich einer Begünstigung schuldig macht, wird als Hehler bestraft usw.";

§ 259: „Wer seines Vorteils wegen Sachen, von denen er weiß oder den Umständen nach annehmen muß, daß sie mittels einer strafbaren Handlung (hier: mittels einer Entwendung) erlangt sind, verheimlicht, ankauft, zum Pfande nimmt oder sonst an sich bringt oder zu deren Absatze bei anderen mitwirkt, wird als Hehler — — bestraft" (Partiererei).

Der Begriff des Vorteils ist ganz allgemein aufzufassen; es ist deshalb nicht etwa die Erzielung eines außergewöhnlichen, eben nur durch die Hehlerei erreichbaren Gewinns erforderlich, sondern es genügt jeder beim Erwerb beabsichtigte materielle Vorteil, insbesondere also auch der gewöhnliche kaufmännische Geschäftsgewinn, und es kann auch ein sinnlicher Genuß unter den Begriff des Vorteils fallen. Daß der erstrebte Vorteil auch wirklich erreicht sei, ist nicht erforderlich.

Die Worte des § 259: „von denen er den Umständen nach annehmen muß" bezeichnen diejenige besondere Fahrlässigkeit, vermöge deren der Hehler sich der Erwägung der ihm bekannten Umstände, nach welchen sich ihm die Überzeugung von der Rechtswidrigkeit seiner Handlung hätte aufdringen müssen, absichtlich, also schuldhaft entzogen hat. U. 28/4 80, E. 2, 143; R. 1, 691. Ein bloßes Vermuten des unredlichen Erwerbes genügt zur Annahme der Hehlerei nicht; für das Urteil ist aber die wahlweise Feststellung, daß der Täter vor diesem unredlichen Erwerb gewußt oder den Umständen nach habe Kenntnis haben müssen, ausreichend. Vgl. U. 23/10, 80, A. 2, 521; 14/5 80, R. 1, 777. In jedem Fall muß die Kenntnis der strafbaren Erwerbungsart zur Zeit des Ansichbringens usw. vorhanden sein; wer erst nach dem redlichen Erwerb der Sache von der Entwendung derselben Kenntnis erhält, macht sich nicht der Hehlerei schuldig. U. 19/10 83, R. 5, 616.

Als mittels der Entwendung erlangte Sachen sind nur solche Sachen anzusehen, welche unmittelbar durch die Entwendung erlangt sind, nicht aber solche Sachen, welche nur an Stelle der ersteren getreten, z. B. aus dem Verkauf derselben gewonnen sind. U. Ver. Strafs. 17/4 82, E. 6, 218; R. 4, 337. Vgl. U. 11/4 92, E. 23, 53. U. 10/11 96, E. 29, 155.

Ansichbringen bedeutet das Erwerben der entwendeten Sache, um über dieselbe wie über seine eigene zu verfügen. Der Hehler muß in die Lage versetzt sein, tatsächlich die Verfügungsgewalt über die betr. Sache auszuüben. Der Regel nach kann deshalb auch in dem bloßen Mitgenießen entwendeter Gartenfrüchte usw. ein Ansichbringen nicht gefunden werden, und es liegt daher z. B. keine Hehlerei vor, wenn von dem Ehemann entwendete Bodenerzeugnisse usw. in die gemeinschaftliche Wohnung gebracht und von der Ehefrau zur Deckung des häuslichen Bedürfnisses der Familie verwendet werden. Wohl aber würde Hehlerei anzunehmen sein, wenn die Ehefrau bei Verwertung der von ihrem Ehemann entwendeten Bodenerzeugnisse usw. mitgewirkt hat. Vgl. U. 25/9 80, E. 2, 401. U. 20/11 83, E. 9, 199. U. 31/1 81, R. 2, 728; vgl. dazu U. 16/9 15, L. Ztg. 10, 67.

Im übrigen ist es für den Begriff des Ansichbringens nicht erforderlich, daß der Hehler die entwendeten Bodenerzeugnisse usw. unmittelbar vom Haupttäter an sich bringt; es genügt auch, wenn er sie mit Kenntnis ihres unredlichen Erwerbes von einem gutgläubigen Zwischenbesitzer seines Vorteils wegen erwirbt. U. 13/10 81, E. 5, 58.

Zur Annahme eines Mitwirkens zum Absatz genügt jede den Absatz an andere bezweckende Handlung, und die Strafbarkeit dieser Handlung ist nicht davon abhängig, daß ein Absatz der Sache wirklich erfolgt ist. U. 20/12 81, E. 5, 241; R. 3, 814.

Der Umstand, daß die strafrechtliche Verfolgung des Haupttäters mit Rücksicht auf seine persönlichen Verhältnisse ausgeschlossen ist, bleibt für die Strafbarkeit des Hehlers bedeutungslos. Deshalb begründet es auch den Tatbestand der Hehlerei, wenn jemand Bodenerzeugnisse usw. seines Vorteils wegen an sich bringt, welche von einer Person unter 14 Jahren entwendet sind. Vgl. Anm. 4 zu § 3 am Schluß.

5. Die Bestimmungen des § 257 Abs. 2 und 3 StGB. lauten:

§ 257 Abs. 2: „Die Begünstigung ist straflos, wenn dieselbe dem Täter oder Teilnehmer von einem Angehörigen gewährt worden ist, um ihn der Bestrafung zu entziehen."

Abs. 3: „Die Begünstigung ist als Beihilfe zu bestrafen, wenn sie vor Begehung der Tat zugesagt worden ist. Diese Bestimmung leidet auch auf Angehörige Anwendung."

Als Angehörige im Sinne des StGB. und somit auch des FFPG. sind nach § 52 Abs. 2 StGB. anzusehen: Verwandte und Verschwägerte auf- und absteigender Linie, Adoptiv- und Pflegeeltern und -kinder, Ehegatten, Geschwister und deren Ehegatten und Verlobte. — Das zwischen Verschwägerten auf- und absteigender Linie bestehende Verhältnis der Angehörigkeit erlischt nicht durch den Tod des dasselbe begründenden Ehegatten. U. 1/12 81, E. 5, 200. Der Begriff der Adoptiv- und Pflegeeltern und -kinder ist nach der einschlagenden Gesetzgebung zu beurteilen; U. 17/12 80, E. 3, 124; R. 2, 646 (s. §§ 1741 ff. BGB.); die Bezeichnung Geschwister umfaßt auch Halbgeschwister, nicht aber Stiefgeschwister. U. Obertrib. v. 29. Mai 1861, OR. 1, 411. Zwischen den Ehemännern zweier Schwestern unter sich besteht keinerlei Verwandtschaft oder Schwägerschaft. U. 13/12 86, E. 15, 78. Bei Ehegatten beseitigt die rechtskräftige Trennung der Ehe die Straflosigkeit der Begünstigung. Als Verlobte gelten nicht nur diejenigen Personen, welche ein zivilrechtlich gültiges Verlöbnis miteinander eingegangen sind, sondern alle, welche sich gegenseitig ein ernstlich gemeintes, auf Verheiratung abzielendes Eheversprechen gegeben haben. U. 28/1 84, E. 10, 117; R. 6, 54.

Die Vorschrift des § 257 Abs. 2 StGB. findet keine Anwendung, wenn die Begünstigung gewährt worden ist, um dem Angehörigen die Vorteile der Entwendung zu sichern.

§ 7 (9).

Mit Geldstrafe bis zu einhundertfünfzig Reichsmark oder mit Haft bis zu drei Tagen wird bestraft, wer, abgesehen von den Fällen des § 123 des Strafgesetzbuchs, von einem Grundstück, auf dem er ohne Befugnis sich befindet, auf die Aufforderung des Berechtigten sich nicht entfernt oder dem an ihn ergangenen Verbote des Berechtigten zuwider an demselben oder an dem folgenden Tage ein Grundstück unbefugt betritt. Die Verfolgung tritt nur auf Antrag ein.

1. Allgemeines. Der § 123 StGB. lautet: „Wer in — — das befriedete Besitztum eines anderen — — widerrechtlich eindringt, oder wer, wenn er ohne Befugnis darin verweilt, auf die Aufforderung des Berechtigten sich nicht entfernt, wird wegen Hausfriedensbruchs — — — bestraft." Der § 123 StGB. bestraft also nur das widerrechtliche Eindringen bzw. unbefugte Verweilen in bzw. auf befriedeten, d. h. mit einem bewohnten Hause zusammenhängenden und unter dessen Hausfrieden stehenden Grundstücken. In grundsätzlicher Erweiterung des dem § 123 StGB unterliegenden gesetzgeberischen Gesichtspunktes bestimmt nun der § 7 FFPG., daß überhaupt derjenige, welcher ohne Befugnis auf einem nicht durch das StGB. geschützten, fremden Grundstück sich aufhält und nach erfolgter Aufforderung des Berechtigten sich nicht entfernt, auf Antrag strafbar sein soll. Durch den zweiten Halbsatz „oder usw." wird dem Übelstand entgegengetreten, daß ein von dem Berechtigten Fortgewiesener das Grundstück alsbald wieder an einer anderen Stelle betreten könnte.

Das unbefugte Betreten (Eindringen) fremder, unbefriedeter Grundstücke, deren Bestellung vorbereitet oder in Angriff genommen ist, wird nach § 8 FFPG. geahndet.

2. Befugnis. Ohne Befugnis befindet sich jeder auf einem fremden Grundstück, dem ein Recht auf das Betreten desselben infolge der Erlaubnis des Grundstückseigentümers oder dessen Stellvertreters, infolge eines Pachtrechts, einer Observanz usw. nicht zusteht. Ein Beamter (Feld- oder Forstschutzbeamter), welcher in rechtmäßiger Ausübung oder in Veranlassung der Ausübung seines Amtes auf einem fremden Grundstück verweilt, befindet sich nicht unbefugt auf demselben. Nach Beendigung der Amtshandlung kann das fernere Verweilen des

Beamten allerdings auch zu einem unbefugten werden und dieser sich unter Umständen nach § 7 strafbar machen.

Voraussetzung der Strafbarkeit ist die Vorsätzlichkeit des Verweilens und das Bewußtsein des Mangels der Befugnis zum weiteren Verweilen nach erfolgter Aufforderung. Andererseits ist aber auch die Strafbarkeit nicht schon dadurch gegeben, daß die Entfernung von dem Grundstück nicht sofort und augenblicklich erfolgt, wenn nur der Angeklagte durch sein Verhalten bekundet, daß er sich nicht mit dem erlassenen Verbot des ferneren Verweilens in Widerspruch setzen will und dieses Verbot auch nach kurzer Frist befolgt. Wie die Grenze zu ziehen ist, darf der richterlichen Beurteilung des einzelnen Falles überlassen bleiben. Vgl. U. 28/4 80; R. 1, 689. U. 7/1 84; R. 6, 25.

3. Aufforderung des Berechtigten. Als Berechtigter im Sinne des § 7 ist der anzusehen, welchem die Verfügungsgewalt über das betr. Grundstück zusteht, und im Falle der Behinderung (Abwesenheit usw.) desselben derjenige, welcher in seiner Vertretung das Grundstück benutzt oder überwacht. Im Falle des gemeinschaftlichen Besitzes mehrerer kann jeder Mitbesitzer die Aufforderung ergehen lassen. Vgl. U. 1/11 81, E. 5, 413 (Aufforderung zum Verlassen eines Waldes durch den Forstschutzbeamten).

Die Aufforderung selbst kann auch stillschweigend durch schlüssige Handlungen ausgedrückt werden; im übrigen liegt der Tatbestand des § 7 schon dann vor, wenn jemand auf die erste Aufforderung des Berechtigten von dem Grundstück sich nicht entfernt. Einer zweiten Aufforderung bedarf es nicht. U. 30/9 81, E. 5, 110. U. 7/1 84, R. 6, 25.

4. Strafantrag. In betreff der Stellung des Strafantrages kommen die allgemeinen Vorschriften des StGB. (§ 61 ff.) zur Anwendung.

I. Antragsfrist. Der Strafantrag muß gestellt werden binnen drei Monaten von dem Tage ab gerechnet, an welchem der zum Antrage Berechtigte von der Zuwiderhandlung und der Person des Täters Kenntnis erhalten hat (§ 61 StGB). Bei Berechnung der dreimonatigen Frist ist der Tag, an welchem der Antragsberechtigte die vorerwähnte Kenntnis erlangt hat, in die Frist einzurechnen, so daß die letztere mit dem Beginn des dieselbe Zahl tragenden Tages des dritten Monats endet. — Wenn an der Zuwiderhandlung mehrere Personen beteiligt sind, so beginnt die Antragsfrist allen Beteiligten gegenüber mit dem Tage, an welchem der Antragsberechtigte von der Tat und von der Person auch nur eines Beteiligten Kenntnis erhalten hat. U. 2/1 84, E. 9, 390; R. 6, 1. Bei der Beurteilung der von der Berechnung der Antragsfrist abhängigen Verfolgbarkeit mehrerer fortgesetzter Zuwiderhandlungen ist jede Zuwiderhandlung in bezug auf Einhaltung der Antragsfrist selbständig zu beurteilen, nicht aber die Frist für alle auf drei Monate nach Kenntnis von der letzten Handlung zu erstrecken. R. 29/1 81, E. 3, 326; R. 2, 770. U. 7/12 81, E. 5, 190.

II. Form des Strafantrages. Der Strafantrag muß bei einem Gericht oder bei der Staatsanwaltschaft (Amtsanwaltschaft) schriftlich oder zu Protokoll, bei einer anderen Behörde (Behörden und Beamten des Polizei-, Sicherheits-, Forstschutzdienstes usw.) schriftlich angebracht werden (§ 158 Abs. 2 StPO.). Als schriftlicher Strafantrag im Sinne dieser Vorschrift gilt auch der vor einer anderen Behörde, als dem Gericht oder der Staatsanwaltschaft (Landjäger, Forstschutzbeamter, Feldhüter) mündlich vorgetragene, von der Behörde niedergeschriebene und von dem Antragsberechtigten unterschriebene Antrag. Dagegen ist ein nur mündlicher Strafantrag, welcher in einer vom Antragsteller nicht unterschriebenen Verhandlung von Beamten des Polizei-, Sicherheits- oder Forstschutzdienstes usw. entgegengenommen ist, selbst dann unwirksam, wenn diese Beamten Hilfsbeamte der Staatsanwaltschaft sind. In allen Fällen ist es erforderlich, daß der Strafantrag mit der Unterschrift des Antragstellers versehen ist. Diese Unterschrift braucht nicht notwendig in dem geschriebenen Namen zu bestehen; Unterkreuzung, Stempelung usw. genügen, wenn sie für sich allein oder in Verbindung mit dem sonstigen Inhalt des Schriftstücks zum Ausdruck bringen, daß der Inhalt des letzteren dem wirklichen Willen des Ausstellers entspricht. Eine Nachholung der fehlenden Unterschrift nach Ablauf der dreimonatigen Antragsfrist ist unzulässig. U. 29/3 81, E. 3, 442; R. 3, 172.

III. Inhalt des Strafantrages. Notwendiger Inhalt des Strafantrages ist nur die Bezeichnung (Anzeige) der Zuwiderhandlung, in bezug auf welche die Absicht kundgegeben wird, die Strafverfolgung eintreten zu lassen. Die Bezeichnung der rechtlichen Beurteilung der Zuwiderhandlung (Entwendung, Beschädigung, Weidefrevel usw.) ist ebensowenig erforderlich, wie die Namhaftmachung des Täters, die oft dem Antragsteller unmöglich sein wird. Es genügt in dieser Beziehung, daß der Täter in einer dem Richter erkennbaren Weise individuell bezeichnet wird. Vgl. U. 15/2 95, E. 27, 34. — Bedingungen, Vorbehalte oder Beschränkungen, welche erkennen lassen, daß der Antragsteller, falls ihnen nicht entsprochen werden sollte, die Herbeiführung der Verfolgung überhaupt nicht beabsichtigte, machen den Strafantrag unwirksam.

IV. Antragsberechtigung. Als Antragsberechtigter ist nur der Verletzte selbst, sowie derjenige anzusehen, welcher kraft des Gesetzes oder eines Übereinkommens das Antragsrecht für denselben oder neben demselben ausübt. Als Verletzter ist im allgemeinen nur derjenige zu betrachten, welcher durch die Zuwiderhandlung selbst in seinen Rechten unmittelbar gekränkt ist. Der Verletzte braucht den Strafantrag nicht persönlich zu stellen, kann sich vielmehr auch vertreten lassen. Als Ausweis für den Dritten, welcher namens des Antragsberechtigten den Strafantrag stellt, ist eine schriftliche Vollmacht nicht erforderlich; mündlicher Auftrag genügt, der freilich im einzelnen Fall nachgewiesen werden muß. Ein Generalbevollmächtigter ist zur selbständigen Stellung des Strafantrages befugt bei solchen strafbaren Handlungen, durch welche die Rechte des Vollmachtgebers in Beziehung auf das dem Bevollmächtigten zur Verwaltung anvertraute Vermögen geschädigt werden, wenngleich in der Generalvollmacht ausdrücklich und speziell der Zustimmung des Auftraggebers zur Stellung derartiger Strafanträge nicht gedacht ist. U. 1/5 80, E. 2, 145; R. 1, 707. Dasselbe gilt für den Nachlaßpfleger. U. 16/2 83, E. 8, 112; R. 5, 125, und für den selbständigen Gutsverwalter. Erk. des Obertrib. v. 28/5 und 30/9 73, OR. 14, 406 u. 590. Die staatlichen Oberförster sind ferner als nächste selbständige Verwalter der ihnen unterstellten fiskalischen Reviere zur Stellung des Strafantrages bezüglich der in ihren Revieren begangenen Feld- und Forstfrevel berechtigt und verpflichtet. Vgl. § 92a der Gesch.-Anw. für Oberförster v. 4. Juni 1870 und Erk. Obertrib. 6/11 73, OR. 14, 696.

— Der Regel nach wird dies auch für die Kommunal- und Privat-Oberförster gelten; hier wird es aber, wie in der Allg. Verf. des Min. v. 12. Mai 1880 zutreffend hervorgehoben wird, wesentlich auch auf die Anstellungsurkunden, Dienstanweisungen usw. ankommen.

V. Die sonstigen, den Strafantrag betreffenden Bestimmungen des StGB. finden sich in den §§ 62, 63, 64 und 65, welche lauten:

§ 62: „Wenn von mehreren zum Antrage Berechtigten einer die dreimonatliche Frist versäumt, so wird hierdurch das Recht der übrigen nicht ausgeschlossen."

— Die Voraussetzung der Anwendbarkeit des § 62 ist selbstverständlich das gleichzeitige Nebeneinanderbestehen mehrerer Antragsberechtigten (Mitbesitzer u. dgl.). —

§ 63: „Der Antrag kann nicht geteilt werden. Das gerichtliche Verfahren findet gegen sämtliche an der Handlung Beteiligte (Täter und Teilnehmer), sowie gegen den Begünstiger statt, auch wenn nur gegen eine dieser Personen auf Bestrafung angetragen worden ist."

§ 64: „Die Zurücknahme des Antrages ist nur in den gesetzlich besonders vorgesehenen Fällen und nur bis zur Verkündung eines auf Strafe lautenden Urteils zulässig. Die rechtzeitige Zurücknahme des Antrages gegen eine der vorbezeichneten Personen hat die Einstellung des Verfahrens auch gegen die anderen zur Folge."

— In Ergänzung dieser Bestimmung ist für Feld- und Forstpolizeisachen § 57 FFPG. zu beachten, welcher lautet: „In Fällen, wo nach diesem Gesetze die Verfolgung nur auf Antrag eintritt, ist die Zurücknahme des Antrages zulässig." Vgl. hierzu unten die Anm. zu § 57. —

§ 65: „Der Verletzte, welcher das achtzehnte Lebensjahr vollendet hat, ist selbständig zu dem Antrage auf Bestrafung berechtigt. Solange er minderjährig ist, hat, unabhängig von seiner eigenen Befugnis, auch sein gesetzlicher Vertreter das Recht, den Antrag zu stellen.

Ist der Verletzte geschäftsunfähig oder hat er das achtzehnte Lebensjahr noch nicht vollendet, so ist sein gesetzlicher Vertreter der zur Stellung des Antrages Berechtigte."

§ 8 (10).

(1) Mit Geldstrafe bis zu einhundertfünfzig Reichsmark oder mit Haft bis zu drei Tagen wird bestraft, wer, abgesehen von den Fällen des § 368 Nr. 9 des Strafgesetzbuchs, unbefugt über Grundstücke reitet, karrt, fährt, Vieh treibt, Holz schleift, den Pflug wendet oder über Äcker, deren Bestellung vorbereitet oder in Angriff genommen ist, geht. Die Verfolgung tritt nur auf Antrag ein.

(2) Der Zuwiderhandelnde bleibt straflos, wenn er durch die schlechte Beschaffenheit eines an dem Grundstück vorüberführenden und zum gemeinen Gebrauche bestimmten Weges oder durch ein anderes auf dem Wege befindliches Hindernis zu der Übertretung genötigt worden ist.

1. Allgemeines. Der § 368 Nr. 9 StGB. bestraft das unbefugte Gehen, Fahren, Reiten und Viehtreiben über Gärten, Weinberge, nicht abgeerntete Wiesen, bestellte Äcker und solche Grundstücke, welche mit Einfriedigungen oder Warnungszeichen versehen sind.

Zum wirksameren Schutze der Felder und Forsten hat das Feld- und Forstpolizeigesetz zunächst das Erfordernis der Einfriedigung und des Vorhandenseins von Warnungszeichen in Wegfall gebracht und außerdem auch das unbefugte Karren, Holzschleifen und Pflugwenden auf fremden Grundstücken, sowie das unbefugte Gehen über Äcker, deren Bestellung auch nur vorbereitet oder in Angriff genommen ist, verboten.

Das unbefugte Reiten über Forstgrundstücke außerhalb der Wege fällt unter § 8. Eine Abänderung dieser Bestimmung durch Polizeiverordnung ist nicht zulässig. U. KG. 14/6 09, DR. 13 Sp. 550. DJZ. 14 S. 1270. Die Frage, ob ein durch den staatlichen Forst führender Weg durch Einziehung zu einem Stück des Jagens gemacht oder Privatweg geblieben ist, kann nur durch die Ermittlung der vom Forstfiskus gehegten und zum Ausdruck gebrachten Absichten beantwortet werden. U. KG. 30/5 05, GA. 53, 181.

Das Betreten von Forstkulturen und Holzschlägen ist im § 37 noch besonders unter Strafe gestellt.

Die Strafbarkeit nach § 8 ist durch die Anrichtung eines Schadens nicht bedingt.

2. Unbefugt. Die Anwendung der Strafbestimmung des § 8 Abs. 1 setzt ein bewußt unbefugtes Gehen, Reiten usw. voraus; sie ist deshalb — abgesehen von den im Abs. 2 besonders erwähnten Fällen — z. B. ausgeschlossen, wenn ein Beamter (Forstbeamter, Landjäger, Soldat usw.) in Ausübung seiner Dienstfunktionen eine der im § 8 gedachten Handlungen vornimmt, oder wenn der Jagdberechtigte (Jagdpächter) in Ausübung der Jagd oder der sonstigen im Jagdrecht einbegriffenen Befugnisse die zu seinem Jagdbezirk gehörigen fremden Grundstücke betritt. In allen solchen Fällen würde allerdings der Ersatz des etwa angerichteten Schadens im Wege des bürgerlichen Rechtsstreites geltend gemacht werden können. Vgl. Erk. Kassationsh. 14/12 40, RA. 20, II, 95. Im übrigen findet § 8 aber auch dem freien Tierfang gegenüber Anwendung. U. KG. 22/4 97, Joh. 18, 279. Ein besonderer Schutz des Grundstücksbesitzers vor einer Störung seiner Nutzungen ist außerdem im § 29 FFPG. ausgesprochen. Ferner zu beachten ist in dieser Beziehung noch der § 17 des Gesetzes über das Postwesen des Deutschen Reiches v. 28. Okt. 1871 (RGBl. S. 347), welcher lautet: „In besonderen Fällen, in denen die gewöhnlichen Postwege gar nicht oder schwer zu passieren sind, können die ordentlichen Posten, die Extraposten, Kuriere und Estafetten sich der Neben- und Feldwege, sowie der ungehegten Wiesen und Äcker bedienen, unbeschadet jedoch des Rechtes der Eigentümer auf Schadensersatz." Die Briefträger und Postboten sind hier nicht besonders aufgeführt, doch werden auch diese Personen in den im § 17 gedachten Fällen der ungehegten Wiesen und Äcker sich bedienen können, da, wie auch Dambach (Postgesetz 5. Aufl. 1892, S. 115) annimmt, was von den fahrenden und reitenden Posten gilt, unbedenklich auch bei den zu Fuß gehenden Briefträgern und Postboten Anwendung finden muß. Vgl. im übrigen auch oben Anm. 2 zu § 7.

3. **Viehtreiben.** Das bloße Übertreten des Viehs oder das Weidenlassen desselben auf einem fremden Grundstück ist nicht ein „Viehtreiben" im Sinne des § 8. Vgl. Erk. Obertrib. v. 18/6 69. OR. 10, 636. Für solche Fälle wird vielmehr die Strafbestimmung des § 12 FFPG. anwendbar.

4. **Pflugwenden.** Das ortsgebräuchliche, keinen Schaden anrichtende Pflugwenden auf dem Nachbargrundstück kann nicht ohne weiteres für ein „unbefugtes" erachtet werden.

5. **Über Äcker Gehen.** Das unbefugte Gehen über Grundstücke ist nach § 8 nur strafbar, wenn diese Grundstücke Äcker sind, deren Bestellung bereits vorbereitet oder in Angriff genommen ist. Daß die Äcker mit Einfriedigungen oder Warnungszeichen versehen sind, ist nicht erforderlich.

Daneben ist das unbefugte Gehen über Gärten, Weinberge, nicht abgeerntete Wiesen, bestellte Äcker und solche Grundstücke, welche mit Einfriedigungen oder Warnungszeichen versehen sind, nach § 368 Nr. 9 StGB. strafbar.

Als „Gehen über einen Acker" wird übrigens schon das bloße Hinschreiten auf einem Teile desselben angesehen werden müssen; das Durchschreiten des Ackers nach Art der Benutzung eines Weges ist nicht erforderlich.

6. **Vorbereitung der Bestellung.** Eine Vorbereitung oder Inangriffnahme der Bestellung des Ackers ist anzunehmen, wenn der letztere bereits gepflügt oder geeggt ist; im übrigen entscheiden in dieser Beziehung die an dem betreffenden Ort bestehenden Wirtschaftsregeln. Vollständig bestellt ist der Acker jedenfalls erst, wenn er besäet oder bepflanzt ist. Vgl. Anm. 2 zu § 13.

7. **Antrag.** Vgl. Anm. 4 zu § 7 und § 57. Antragsberechtigter ist auch hier der Inhaber des Grundstücks bzw. dessen Stellvertreter.

8. **Straflosigkeit nach Abs. 2.** Der Weg, dessen schlechte Beschaffenheit die im § 8 Abs. 2 angeordnete Straflosigkeit rechtfertigen kann, darf kein Privatweg, sondern muß stets ein zum gemeinen Gebrauch bestimmter Weg sein.

Der Umstand, daß man auf sein von allen Seiten eingeschlossenes Grundstück nicht gelangen kann, ohne ein fremdes Grundstück zu betreten, schließt die Strafbarkeit dieses Betretens nicht aus; der Eigentümer des ringsum eingeschlossenen Grundstücks hat die zur Erwerbung einer Servitut erforderlichen Schritte zu tun. Erk. Obertrib. v. 5/1 65, OR. 5, 395. — In betreff der Posten vgl. oben Anm. 2.

§ 9 (11).

(1) Mit Geldstrafe bis zu einhundertfünfzig Reichsmark oder mit Haft bis zu drei Tagen wird bestraft, wer außerhalb eingefriedigter Grundstücke sein Vieh (Pferde, Esel, Maulesel, Maultiere, Rindvieh, Schweine, Ziegen, Schafe, Stallkaninchen, Gänse, Enten, Puten, Hühner oder Perlhühner) ohne gehörige Aufsicht oder ohne genügende Sicherung läßt.

(2) Diese Bestimmung kann durch Polizeiverordnung abgeändert werden. Eine höhere als die vorstehend festgesetzte Strafe darf jedoch nicht angedroht werden.

(3) Die Bestrafung tritt nicht ein, wenn nach den Umständen die Gefahr einer Beschädigung Dritter nicht anzunehmen ist.

1. **Vieh.** Unter Vieh sind im allgemeinen nur solche Tiere zu verstehen, welche nach den Regeln des landwirtschaftlichen Betriebes gehütet oder unter Aufsicht gehalten zu werden pflegen. Um die Zweifel zu beseitigen, welche über die Begrenzung des Begriffs „Vieh" vorhanden sein können, sind die hier in Betracht kommenden Tiere durch die Novelle vom 15. 1. 1926 in den Gesetzestext aufgenommen worden. Wegen der Tauben vgl. § 40 FPO. v. 1. Nov. 1847.

In betreff der übrigen, nicht zum sogenannten Weidevieh gehörigen Tiere greift evtl. die Strafbestimmung des § 367 Nr. 11 StGB. Platz, welche lautet: „Mit Geldstrafe bis zu 150 Reichsmark oder mit Haft wird bestraft: 11. wer ohne polizeiliche Erlaubnis gefährliche wilde Tiere hält, oder wilde oder bösartige Tiere frei umherlaufen läßt, oder in Ansehung ihrer die erforderlichen Vorsichtsmaßregeln zur Verhütung von Beschädigungen unterläßt."

2. **Gehörige Aufsicht.** Welche Aufsicht und welche Sicherung als eine gehörige und genügende anzusehen ist, ist eine Frage tatsächlicher Natur und im Einzelfalle nach den örtlichen Verhältnissen und den an dem betreffenden Ort bestehenden Wirtschaftsregeln zu entscheiden.

3. **Polizeiverordnungen.** Der Erlaß derartiger Polizeiverordnungen regelt sich nach den Vorschriften des Gesetzes über die Polizeiverwaltung v. 11. März 1850 (GS. 1850 S. 265) und (für die neuen Landesteile) die Verordnung v. 20. Sept. 1867 (GS. 1867 S. 1529), sowie des Lauenburgischen Gesetzes vom 7. Jan. 1870 (Offiz. Wochenblatt S. 13). In betreff der Behörden, welche Polizeiverordnungen zu erlassen befugt sind, bzw. deren Zustimmung es zum Erlasse derselben bedarf, vgl. außerdem für den Geltungsbereich des Gesetzes über die allgemeine Landesverwaltung v. 30. Juli 1883 (GS. S. 195) die §§ 136 ff. des letzteren Gesetzes.

Die in gesetzlicher Weise erlassenen und verkündeten Polizeiverordnungen stehen den Gesetzen gleich; der Richter hat bei ihrer Anwendung nicht die Notwendigkeit und Zweckmäßigkeit, sondern nur die gesetzliche Gültigkeit derselben nach den Vorschriften des Gesetzes v. 11. März 1850 bzw. der Verordnung v. 20. Sept. 1867 zu prüfen. Vgl. § 17 des Ges. v. 15. März 1850 und § 15 der V. v. 20. Sept. 1867.

Über den Unterschied der Polizeiverordnungen von Anordnungen der Behörden und polizeilichen Anordnungen vgl. Anm. 4 zu § 25.

4. **Straflosigkeit nach Abs. 3.** Die Bestimmung des § 9 Abs. 3 hat nicht den Zweck, die Bestrafung von dem Beweise der Gefahr einer Beschädigung Dritter abhängig zu machen, konstituiert vielmehr lediglich einen Strafausschließungsgrund. Es liegt daher dem Angeklagten ob, bestimmte Tatsachen anzuführen, aus denen das Gericht folgern kann, daß im einzelnen Fall die Gefahr einer Beschädigung Dritter an deren

Person oder Vermögen überhaupt nicht möglich war. Wenn eine solche Feststellung alsdann vom Gericht getroffen werden kann, so muß der Angeklagte freigesprochen werden.

§ 10 (12).

(1) Mit Geldstrafe bis zu einhundertfünfzig Reichsmark oder mit Haft bis zu drei Tagen wird der Hirte bestraft, welcher das ihm zur Beaufsichtigung anvertraute Vieh (§ 9 Abs. 1) ohne Aufsicht oder unter der Aufsicht einer hierzu untüchtigen Person läßt.

(2) § 9 Abs. 3 findet Anwendung.

Die Tüchtigkeit des Hirten zu beurteilen, bleibt in den einzelnen Zuwiderhandlungsfällen dem Ermessen des Gerichts überlassen. Es wird diese Beurteilung von der Art und Zahl der dem Hirten anvertrauten Viehstücke, von der örtlichen Lage des Weidereviers, der Lage und Bestellungsart der an das Weiderevier angrenzenden Felder, der Schwierigkeit der Abkehr des Viehs vom nachbarlichen Boden und aufstehenden Früchten usw. abhängig sein. Vgl. Lette u. v. Rönne, Die Landeskultur-Gesetzgebung des Preuß. Staats. 1854. Bd. II, Abt. 2, S. 271.

§ 10 soll nicht nur die Erfüllung der vertraglich übernommenen Aufgabe, sondern auch die einer der Öffentlichkeit gegenüber bestehenden Pflicht sichern. Es entspricht aber der Billigkeit, auch hier die Vergünstigung des § 9 Abs. 3 zuzugestehen.

Über die Haftbarkeit des Hirten bzw. seines Arbeitgebers für Ersatzgeld usw. vgl. die Anm. 1 zu § 70.

§ 11 (13).

Die Ausübung der Nachtweide, des Einzelhütens sowie der Weide durch Gemeinde- und Genossenschaftsherden wird durch Polizeiverordnung geregelt.

Das Feld- und Forstpolizeigesetz hat auch von der Aufstellung allgemeiner Regeln über die Ausübung der Nachtweide, des Einzelhütens und der Weide durch Gemeinde- und Genossenschaftsherden Abstand genommen, das ganze Gebiet der diesbezüglichen Bestimmungen vielmehr lediglich den Lokal-Polizeiverordnungen überlassen. (Mot. S. 30.) Hierbei ist jedoch zu bemerken, daß die ortspolizeiliche Regelung nur so weit gehen darf, als nicht wohlerworbene Privatrechte entgegenstehen, deren Schädigung und Beeinträchtigung unzulässig ist. Es ist dies bei der Beratung des § 11 seitens des Regierungskommissars ausdrücklich anerkannt. — In betreff des Erlasses der Polizeiverordnungen vgl. Anm. 3 zu § 9. Vgl. ferner § 87 Anm. 5 (S. 121) und Anh. XI.

§ 12 (14).

(1) Mit Geldstrafe bis zu einhundertfünfzig Reichsmark oder mit Haft bis zu vierzehn Tagen wird bestraft, wer unbefugt auf einem Grundstücke Vieh (§ 9 Abs. 1) weidet.

(2) Die Strafe ist verwirkt, sobald das Vieh die Grenzen des Grundstücks, auf welchem es nicht geweidet werden darf, überschritten hat, sofern nicht festgestellt wird, daß der Übertritt von der für die Beaufsichtigung des Viehes verantwortlichen Person nicht verhindert werden konnte.

(3) Die Bestimmung des Abs. 2 findet, wo eine Verpflichtung zur Einfriedigung von Grundstücken besteht oder wo die Einfriedigung landesüblich ist, keine Anwendung.

1. Vollendung des Weidefrevels. Der § 12 Abs. 2 stellt bei der praktisch äußerst schwierigen Feststellung der Frage, ob der Weidefrevel vollendet ist, also ein wirkliches Weiden des Viehes auf fremdem Grundstück stattgefunden hat, die Vermutung auf, daß ein strafbarer Weidefrevel i. S. §§ 12 ff. d. G. schon dann vorliegt, wenn das Vieh die Grenzen des Grundstücks, auf welchem es nicht geweidet werden darf, überschritten hat, ohne Rücksicht darauf, ob der Übertritt vorsätzlich oder nur aus Fahrlässigkeit veranlaßt worden ist. Ein wirkliches Weiden ist also nicht notwendig

2. Straflosigkeit im Falle des Abs. 2 Satz 2. Um die Straflosigkeit des Weidefrevels herbeizuführen, muß die für die Beaufsichtigung des Viehes verantwortliche Person bzw. deren Arbeitgeber (§ 70) bestimmte Tatsachen anführen, aus denen der Richter folgern kann, daß im besonderen Fall der Übertritt des Viehes nicht verhindert werden konnte.

3. Nach der Bestimmung des Abs. 3 darf in denjenigen Landesteilen, in welchen eine Verpflichtung zur Einfriedigung von Grundstücken gegen den Übertritt des Viehes besteht (Schleswig-Holstein), oder wo eine solche Einfriedigung landesüblich ist, das bloße Übertreten des Viehes über die Grenzen eines gehörig eingefriedeten Grundstücks nicht als Weidefrevel bestraft werden, jedoch ist selbstverständlich auch hier das weitere unbefugte Weiden des Viehes außerhalb der Einfriedigung nach § 12 Abs. 1 strafbar.

§ 13 (15).

Geldstrafe von fünf bis zu einhundertfünfzig Reichsmark oder Haft tritt ein, wenn der Weidefrevel (§ 12) begangen wird:

1. auf Grundstücken, deren Betreten durch Warnungszeichen verboten ist;
2. auf eingefriedigten Grundstücken, sofern nicht eine Verpflichtung zur Einfriedigung der Grundstücke besteht oder die Einfriedigung der Grundstücke landesüblich ist;
3. auf solchen Dämmen und Deichen, welche von dem Besitzer selbst noch mit der Hütung verschont werden;
4. auf bestellten Äckern oder auf Wiesen, in Gärten, Baumschulen, Weinbergen, auf mit Rohr bewachsenen Flächen, auf Weidenhegern, Dünen, Buhnen, Deckwerken, gedeckten

Sandflächen oder anderen in Kultivierung oder Verjüngung befindlichen Flächen, Graben- oder Kanalböschungen, in Forstkulturen, Schonungen, Pflanz- oder Saatkämpen;

5. auf Forstgrundstücken mit Pferden oder Ziegen.

1. Warnungszeichen. Welche äußerlichen Merkmale (Gräben, Kreuze, Schlagbäume, Tafeln, Strohwische; FPO. v. 1847 § 41 Nr. 1) als Warnungszeichen zu betrachten sind, ist im einzelnen Fall nach dem Ortsgebrauch zu beurteilen. Im übrigen ist jeder Eigentümer eines Grundstücks, soweit nicht das Gesetz oder Rechte Dritter entgegenstehen, befugt, das Betreten seines Grundstücks durch dergleichen Warnungszeichen zu untersagen (§ 903 BGB.), ohne daß es einer Anerkennung oder Bekanntmachung oder auch einer Aufstellung des Warnungszeichens durch die Behörde bedarf. Zur Strafbarkeit aus § 13 Nr. 1 ist es jedoch in allen Fällen erforderlich, daß der Zuwiderhandelnde die Bedeutung des betr. äußerlichen Merkmals (Grabens, Kreuzes, oder dgl.) als eines das Betreten des Grundstücks verbietenden Warnungszeichens gekannt, bzw. nach Lage der Verhältnisse hat kennen müssen.

Wasserflächen gehören nicht zu den durch das FFPG. geschützten Grundstücken. Die dafür in Betracht kommenden Fälle sind im Preußischen Wassergesetz vom 7. April 1913 (GS. S. 165) wie folgt, geregelt:

§ 19: Es ist verboten, Erde, Sand, Schlacken, Steine, Holz, feste und schlammige Stoffe, sowie tote Tiere in einem Wasserlauf einzubringen. Ebenso ist verboten, solche Stoffe an Wasserläufen abzulagern, wenn die Gefahr besteht, daß diese Stoffe hineingeschwemmt werden. Ausnahmen kann die Wasserpolizeibehörde zulassen, wenn daraus nach ihrem Urteil eine .... schädliche Verunreinigung des Wassers nicht zu erwarten ist ....

§ 20: Es ist verboten, Hanf und Flachs in einem Wasserlauf zu röten.

Der Bezirksausschuß kann Ausnahmen von diesem Verbote widerruflich für Gemeindebezirke oder Teile von ihnen zulassen, wo die Örtlichkeit für die Anlegung zweckdienlicher Rötegruben nicht geeignet ist und die Inanspruchnahme von Wasserläufen zur Hanf- und Flachsbereitung zurzeit nicht entbehrt werden kann. Die Zulassung ist jedoch ohne Einfluß auf die Haftung für den entstehenden Schaden.

§ 21: Die Wasserpolizeibehörde ist befugt, die Benutzung eines Wasserlaufs zu beschränken oder zu untersagen, soweit nicht ein Recht zu der Benutzung nach den Vorschriften über den Gemeingebrauch gestattet ist ....

§ 23: Wer Wasser oder andere flüssige Stoffe über den Gemeingebrauch hinaus in einen Wasserlauf einleiten will, hat dies vorher der Wasserpolizeibehörde anzuzeigen. Ist diese der Ansicht, daß der beabsichtigten Einleitung polizeiliche Rücksichten oder die Beschränkungen des § 41 entgegenstehen, so hat sie die Einleitung unter Angabe der Gründe zu untersagen. ...

§ 24: Für den Schaden, der durch die unerlaubte Verunreinigung eines Wasserlaufs entsteht, haftet, selbst wenn eine solche nach § 23 nicht beanstandet ist, der Unternehmer der Anlage, von der die Verunreinigung herrührt. Die Haftung ist ausgeschlossen, wenn der Unternehmer zur Verhütung der Verunreinigung die im Verkehr erforderliche Sorgfalt beobachtet hat. . . .

§ 375: Mit Geldstrafe oder mit Gefängnis bis zu einem Jahre wird, sofern nicht nach anderen strafgesetzlichen Bestimmungen eine höhere Strafe verwirkt ist, bestraft, wer vorsätzlich den Vorschriften des § 23 oder des § 199 Abs. 2 S. 2 zuwider Wasser oder andere flüssige Stoffe, durch deren Einleitung das Wasser verunreinigt werden kann, in ein Gewässer einleitet oder den Vorschriften des § 94, des § 99 Abs. 1, des § 100 oder des § 101 Abs. 1 bis 3 oder den nach § 72 Nr. 2 zur Reinhaltung der Gewässer getroffenen Bestimmungen zuwiderhandelt.

§ 378: Durch die Strafbestimmungen der §§ 374, 375 werden die Polizeibehörden nicht gehindert, nach § 132 Nr. 2 des Landesverwaltungsgesetzes vom 30. Juli 1883 (GS. S. 195) Geldstrafen zur Erzwingung einer Handlung oder Unterlassung anzudrohen und festzusetzen.

2. **Eingefriedigte Grundstücke.** Die Einschränkung; „sofern nicht eine Verpflichtung zur Einfriedigung der Grundstücke besteht, oder die Einfriedigung der Grundstücke landesüblich ist", ergibt sich mit Notwendigkeit aus dem Umstande, daß in einzelnen Landesteilen die Einfriedigung der Grundstücke vorgeschrieben oder doch wenigstens allgemein üblich ist. In diesen Landesteilen wird also ein Weidefrevel der Regel nach überhaupt nur auf eingefriedigten Grundstücken begangen werden können. Es kann dies also hier nicht als erschwerender Umstand in Betracht kommen.

3. **Bestellte Äcker.** Als bestellt ist der Acker anzusehen, sobald er besäet oder bepflanzt ist; das bloße Pflügen des Ackers genügt nicht. Vgl. Erk. Obertrib. 19/2 68, OR. 9, 142 u. GA. 16 S. 375. Vgl. oben Anm. 6 zu § 8.

4. **Weidenheger** sind die zur Nutzung von Korbweiden, Faschinen usw. bestimmten Weiden-Niederwaldungen mit kurzem Umtriebe, bei denen im Gegensatz zu den Kopfholzweiden an den aus Stecklingspflanzung hervorgegangenen Büschen der Hieb dicht über dem Boden („auf den Stock setzen") erfolgt, um je nach dem Umtrieb Korbruten oder Bandstöcke u. dgl. zu liefern.

5. **Deckwerke** sind die zum Schutz gegen das Abspülen der Ufer eines Flusses durch Weiden- oder anderen Strauch künstlich angelegten Uferbefestigungen.

6. **Gedeckte Sandflächen** sind ursprünglich flüchtige Sandflächen, welche zum Festhalten des Sandes mit verschiedenen Gegenständen (Reisig, Schilf, Erdspalten, Haide usw.) bedeckt worden sind.

7. **Forstkulturen** im Sinne des Gesetzes sind „durch natürliche Besamung, künstliche Saat, Pflanzung, Stecklinge entstandene Jungwüchse von so geringem Alter, daß schon das bloße Betreten geeignet ist, Beschädigungen herbeizuführen. Vgl. § 36 (jetzt 32) Nr. 4". (Amtl. A. S. 6.)

8. **Schonungen** im Sinne des Gesetzes sind „Jungwüchse, in welchen nicht mehr das bloße Betreten, wohl aber das Behüten geeignet ist, Beschädigungen herbeizuführen. Ist dies nicht ohne weiteres erkennbar, so wird der Waldeigentümer, um dem betr. Grundstücke den

Schutz der Strafbestimmung des § 15 (jetzt 13) zu verschaffen, das Betreten durch Warnungszeichen zu verbieten haben". (Amtl. A. S. 6.)

9. Im forstlichen Betriebe erfolgt die Samen- und Pflanzenzucht in „Forstgärten". Man unterscheidet hierbei Saat- und Pflanzkämpe. Letztere hängen meist mit ersteren örtlich zusammen.

Saatkämpe sind „Anlagen, welche ausschließlich zur Erziehung von Holzpflanzen durch Saat dienen und zwar behufs Verpflanzung auf zu kultivierenden Flächen oder in Pflanzkämpen (Baumschulen). Freisaaten, welche dazu bestimmt sind, neben der Begründung eines Bestandes überschüssiges Pflanzenmaterial zu liefern, sind nicht als Saatkämpe, sondern als Forstkulturen zu betrachten". (Amtl. A. S. 6.)

In den Saatkämpen werden also die Pflanzen aus dem Samen gezogen, um dann entweder ohne weitere Vorbereitung im Freien (zu Kulturen) oder in den Pflanzkämpen (Pflanzschulen) zur Erzielung eines besseren Wurzelsystems und stufigeren Wuchses noch ein- oder mehreremal verpflanzt (verschult) zu werden, ehe sie an den Ort ihrer eigentlichen Bestimmung kommen.

10. **Forstgrundstücke** sind Forsten oder andere hauptsächlich zur Holznutzung bestimmte Grundstücke. § 1 Forstdiebst.-Ges. v. 15. April 1878.

§ 14 (17).

Mit Geldstrafe bis zu einhundertfünfzig Reichsmark oder mit Haft wird bestraft:

1. wer eine rechtmäßige Pfändung (§ 73) vereitelt oder zu vereiteln versucht;
2. wer, abgesehen von den Fällen der §§ 113 und 117 des Strafgesetzbuchs, dem Pfändenden in der rechtmäßigen Ausübung seines Rechtes (§ 73) durch Gewalt oder durch Bedrohung mit Gewalt Widerstand leistet oder den Pfändenden während der rechtmäßigen Ausübung seines Rechtes tätlich angreift;
3. wer, abgesehen von den Fällen der §§ 137 und 289 des Strafgesetzbuchs, Sachen, welche rechtmäßig in Pfand genommen sind (§ 73), dem Pfändenden in rechtswidriger Absicht wegnimmt;
4. wer vorsätzlich eine unrechtmäßige Pfändung (§ 73) bewirkt.

1. **Allgemeines.** Die Strafbestimmungen des § 14 beziehen sich lediglich auf die in dem FFPG. behandelten Pfändungen, wie dies auch im Wortlaut des § 14 durch den mehrfachen Hinweis auf den § 73 FFPG. ausdrücklich angedeutet ist. — Soweit die Voraussetzungen bzw. Tatbestände der §§ 113 und 117 StGB. vorliegen, müssen die Strafbestimmungen dieser §§ 113 und 117 auch bei den nach dem FFPG. (§ 73) vorgenommenen Pfändung zur Anwendung gebracht werden. — U. 23/5 05, E. 38, 69.

2. Vereitelung der Pfändung und Versuch der Vereitelung. Vereitelung ist gleichbedeutend mit Verhinderung. Der Täter muß durch seine Tätigkeit verhindert haben, daß der nach § 73 FFPG. zur Pfändung Berechtigte die letztere faktisch ausführte. Diese hindernde Tätigkeit darf aber im Falle des § 14 Nr. 1 nicht durch Gewalt oder Bedrohung mit Gewalt geschehen, da sonst § 14 Nr. 2 Anwendung findet. Es kommen also hier nur andere, nicht gewaltsame Mittel der Vereitelung, z. B. Anlocken oder Wegtreiben des Viehs, Pfeifen usw., in Betracht.

Zur Strafbarkeit des Versuches der Vereitelung ist erforderlich, daß der Täter den Entschluß, die rechtmäßige Pfändung zu vereiteln, durch Handlungen, welche einen Anfang der Ausführung der Vereitelung enthalten, betätigt hat. Ob solche Handlungen vorliegen, bleibt der Beurteilung des Einzelfalles überlassen. Voraussetzung des bloßen Versuches ist selbstverständlich, daß die beabsichtigte Vereitelung der Pfändung nicht zur Vollendung gekommen ist. Vgl. im übrigen oben Anm. 1 zu § 5.

3. Der § 113 StGB. bestimmt: „Wer einem Beamten, welcher zur Vollstreckung von Gesetzen, von Befehlen und Anordnungen der Verwaltungsbehörden oder von Urteilen und Verfügungen der Gerichte berufen ist, in der rechtmäßigen Ausübung seines Amtes durch Gewalt oder durch Bedrohung mit Gewalt Widerstand leistet, oder wer einen solchen Beamten während der rechtmäßigen Ausübung seines Amtes tätlich angreift, wird mit Gefängnis von vierzehn Tagen bis zu zwei Jahren bestraft. Sind mildernde Umstände vorhanden, so tritt Gefängnisstrafe bis zu Einem Jahre oder Geldstrafe ein. Dieselben Strafvorschriften treten ein, wenn die Handlung gegen Personen, welche zur Unterstützung des Beamten zugezogen waren, oder gegen Mannschaften der bewaffneten Macht, oder gegen Mannschaften einer Gemeinde-, Schutz- oder Bürgerwehr in Ausübung des Dienstes begangen wird."

4. Der § 117 StGB. bestimmt: „Wer einem Forst- oder Jagdbeamten, einem Waldeigentümer, Forst- oder Jagdberechtigten, oder einem von diesen bestellten Aufseher in der rechtmäßigen Ausübung seines Amtes oder Rechtes durch Gewalt oder durch Bedrohung mit Gewalt Widerstand leistet, oder wer eine dieser Personen während der Ausübung ihres Amtes oder Rechtes tätlich angreift, wird mit Gefängnis von vierzehn Tagen bis zu drei Jahren bestraft. Ist der Widerstand oder der Angriff unter Drohung mit Schießgewehr, Äxten oder anderen gefährlichen Werkzeugen erfolgt, oder mit Gewalt an der Person begangen worden, so tritt Gefängnisstrafe nicht unter drei Monaten ein. Sind mildernde Umstände vorhanden, so tritt in den Fällen des Abs. 1 Gefängnisstrafe bis zu Einem Jahre, in den Fällen des Abs. 2 Gefängnisstrafe nicht unter Einem Monat ein."

5. Widerstand durch Gewalt oder durch Bedrohung mit Gewalt. Der im § 14 Nr. 2 gedachte Widerstand erfordert ein positives Handeln, welches dahin abzielt, die Ausführung der Pfändung zu vereiteln, bzw. den Pfändenden zu veranlassen, von derselben abzustehen. Er enthält stets einen Versuch, die Pfändung zu vereiteln und kann die Vereitelung derselben zum Erfolg haben. Nr. 2 enthält daher ein besonderes Gesetz, dessen Anwendbarkeit die gleichzeitige Anwendung der Nr. 1 ausschließt, ebensowenig wie Nr. 1 anwendbar ist, wenn der Tatbestand des § 113 oder des § 117 StGB. vorliegt. U. 23/5 05,

E. 38, 69. Die Widerstandshandlungen müssen demnach während der Vollziehung der Pfändung vorgenommen sein. Mit der erfolgten Besitznahme des Pfandstücks ist die Pfändung nach § 413 (I, 14) ALR. vollendet. Vorgänge, welche derselben nachfolgen, werden durch § 14 Abs. 2 nicht betroffen; hinsichtlich ihrer kann es sich unter Umständen nur darum handeln, ob sie etwa unter die Strafvorschrift des § 14 Nr. 3 fallen. Vgl. Art. 89 Einf.Ges. zum BGB.: „Unberührt bleiben die landesgesetzlichen Vorschriften über die zum Schutze von Grundstücken gestattete Pfändung von Sachen, mit Einschluß der Vorschriften über die Entrichtung von Pfandgeld oder Ersatzgeld.“

Der Widerstand des § 14 Nr. 2 muß durch Gewalt oder Bedrohung mit Gewalt geleistet sein.

Als Gewalt ist jede Aufwendung einer körperlichen Kraft anzusehen, welche der Tätigkeit des Pfändenden hindernd entgegentritt und den letzteren zur Anwendung einer erhöhten Kraftanstrengung behufs Beseitigung des Hindernisses oder aber zur Abstandnahme von der Pfändung nötigt. Lediglich passives Verhalten oder bloßes Bereiten sachlicher Vorkehrungen und Hindernisse gegen die Ausführung der Pfändung genügt zur Anwendung des § 14 Nr. 2 nicht, sondern fällt gegebenenfalls nur unter die Strafbestimmung des § 14 Nr. 1. Siehe oben Anm. 2. — Wenn die Gewalt, durch welche dem Pfändenden Widerstand geleistet wird, in einer Mißhandlung besteht, so kommen evtl. in idealer Konkurrenz auch die §§ 223 ff. StGB. zur Anwendung.

Die Bedrohung mit Gewalt muß darin bestehen, daß dem Pfändenden eine Gewalt gegen seine Person in Aussicht gestellt wird, um ihn dadurch zu veranlassen, von der Pfändung abzustehen. Die Bedrohung braucht nicht ernstlich gemeint zu sein; es ist nur erforderlich, daß sie geeignet war, von dem bedrohten Pfändungsberechtigten als eine ernstliche aufgefaßt zu werden, und daß der Drohende hierauf seine Absicht gerichtet hatte, um den Pfändenden von der beabsichtigten Pfändung abzuhalten. Wenn die Bedrohung mit Gewalt in der Bedrohung mit einem Verbrechen oder Vergehen besteht, so kommen g. F. die §§ 240, 241 StGB. in Tateinheit zur Anwendung.

6. Tätlicher Angriff. Als tätlicher Angriff ist jede in feindseliger Willensrichtung unmittelbar auf den Körper des Pfändenden zielende Einwirkung anzusehen, und zwar ohne Rücksicht auf den Erfolg derselben. Insbesondere ist es nicht erforderlich, daß bereits an der Person des Pfändenden Gewalt geübt ist; es genügt bereits das Ausholen zu einem Schlage gegen den Pfändenden. Vgl. U. 18/11 82, E. 7, 301; R. 4, 818. Auch das Unternehmen der Einsperrung des Pfändenden genügt. Vgl. U. 29/11 95, E. 28, 32.

7. Rechtswidrige Wegnahme gepfändeter Sachen. „Das FFPG., welches in § 14 Nr. 3 die §§ 137 und 289 StGB. nebeneinander stellt, geht von der Erwägung aus, daß nicht bloß § 137 StGB. über Beseitigung amtlich gepfändeter Gegenstände, sondern auch § 289 gegen Entziehung von Vieh, welches nicht von Feld- oder Forsthütern als öffentlichen Beamten, vielmehr von dem Privatbeschädigten oder den gleich diesem pfändungsberechtigt erklärten anderen Privatpersonen (§ 73) gepfändet ist, keinen ausreichenden strafrechtlichen Schutz verschaffe, und daher ein solcher Schutz durch neue Bestimmungen entsprechend gewährt werden müsse. Mit Anlehnung an den sonstigen Wortlaut des § 289

StGB. wird daher, wie dort, wenn jemand seine bewegliche Sache dem Nutznießer, Pfandgläubiger oder demjenigen, welchem an der Sache ein Gebrauchs- oder Zurückbehaltungsrecht zusteht, in rechtswidriger Absicht wegnimmt, in § 14 Nr. 3 des FFPG. derjenige mit Strafe bedroht, welcher — außer dem Falle des § 289 StGB. — rechtmäßig (§ 73) gepfändetes Vieh dem Pfändenden in rechtswidriger Absicht wegnimmt." So: U. 4/12 82, E. 7, 302. Vgl. U. 19/12 98, E. 32, 13.

8. Rechtswidrige Absicht liegt vor, wenn der Täter die Absicht gehabt hat, die Ausübung des dem Pfändenden an der betreffenden Sache zustehenden Pfandrechts (§§ 73 ff.) zu vereiteln. Der Absicht einer materieller Schädigung des Pfändenden oder einer eigennützigen Absicht des Gepfändeten bedarf es nicht.

9. Der § 137 StGB. bestimmt: „Wer Sachen, welche durch die zuständigen Behörden oder Beamten gepfändet oder in Beschlag genommen worden sind, vorsätzlich beiseiteschafft, zerstört oder in anderer Weise der Verstrickung ganz oder teilweise entzieht, wird mit Gefängnis bis zu einem Jahre oder mit Geldstrafe bestraft." Wenn demnach Vieh, welches durch einen Feld- oder Forsthüter in rechtmäßiger Amtsausübung gepfändet ist, der Verstrickung vorsätzlich entzogen wird, so tritt nicht die Strafe des § 14 Nr. 3 FFPG., sondern diejenige des § 137 StGB. ein. Vgl. oben Anm. 1.

10. Vorsätzlichkeit im Falle des § 14 Nr. 4. Zur Strafbarkeit nach § 14 Nr. 4 wird erfordert, daß der Täter vorsätzlich und mit dem Bewußtsein, daß er zu der Pfändung nicht berechtigt sei, die letztere vorgenommen hat. Die irrige Meinung des Täters, daß die Pfändung eine rechtmäßige sei, schließt die Strafbarkeit aus.

11. Strafantrag. Ein Strafantrag ist zur Verfolgung der im § 14 Nr. 1 bis 4 vorgesehenen Zuwiderhandlungen nicht erforderlich. Dasselbe gilt von den Vergehen gegen §§ 113, 117 und 137 StGB. Dagegen tritt in den Fällen des § 289 die Verfolgung nur auf Antrag ein.

§ 15 (18).

Mit Geldstrafe bis zu einhundertfünfzig Reichsmark oder mit Haft wird bestraft, wer Gartenfrüchte, Feldfrüchte oder andere Bodenerzeugnisse aus Gartenanlagen aller Art, Weinbergen, Obstanlagen, Baumschulen, Pflanz- oder Saatkämpen, von Äckern, Wiesen, Weiden, Plätzen, Gewässern, Wegen oder Gräben entwendet.

1. Allgemeines. In den §§ 15 bis 20 des Gesetzes sind die Strafbestimmungen für Feldentwendungen enthalten. Die Forstentwendungen (Forstdiebstähle) sind im Forstdiebstahlsgesetz vom 15. April 1878 unter Strafe gestellt, dessen § 1 lautet:

„Forstdiebstahl im Sinne dieses Gesetzes ist der in einem Forst oder auf einem anderen hauptsächlich zur Holznutzung bestimmten Grundstücke verübte Diebstahl:

1. an Holz, welches noch nicht vom Stamme oder vom Boden getrennt ist;

2. an Holz, welches durch Zufall abgebrochen oder umgeworfen, und mit dessen Zurichtung noch nicht der Anfang gemacht worden ist;
3. an Spänen, Abraum oder Borke, sofern dieselben noch nicht in einer umschlossenen Holzablage sich befinden, oder noch nicht geworben oder eingesammelt sind;
4. an anderen Walderzeugnissen, insbesondere Holzpflanzen, Gras, Heide, Plaggen, Moos, Laub, Streuwerk, Nadelholzzapfen, Waldsämereien, Baumsaft und Harz, sofern dieselben noch nicht geworben oder eingesammelt sind.

Das unbefugte Sammeln von Kräutern, Beeren und Pilzen unterliegt forstpolizeilichen Bestimmungen."

2. Begriff der Feldentwendung. Die Vorschriften des FFPG. über die Bestrafung der Wegnahme von Feldfrüchten usw. stützen sich zwar im allgemeinen auf die Bestimmungen der früheren preuß. Feldpolizeiordnung vom 1. Nov. 1847, weichen jedoch von denselben in einem wesentlichen Punkte ab. Während nämlich die alte Feldpolizeiordnung das entscheidende Kriterium der Feldentwendung zwar ebenfalls in dem unbedeutenden Wert und in der geringen Menge des Entwendeten fand, im übrigen aber die Annahme einer bloßen Feldentwendung ausschloß, wenn die Wegnahme in gewinnsüchtiger Absicht geschehen war, hat das FFPG. dieses letztere Unterscheidungsmerkmal der sogenannten Feldfrevel von den eigentlichen Diebstählen aufgegeben und dafür der Unterscheidung zwischen Diebstahl und Feldentwendung — für welche letztere doch immerhin nur der Wert des in Frage kommenden Objekts das Bestimmende sein kann — dadurch eine gleichmäßig feste Grundlage gegeben, daß es den Tatbestand der Feldentwendung vor allem von einer sachlichen Wertgrenze des Objekts abhängig gemacht hat. Nach der Vorschrift des § 4 des Gesetzes sollen Feldentwendungen nur dann den milderen Strafbestimmungen des FFPG. unterliegen, wenn der Wert des Entwendeten zehn Reichsmark nicht übersteigt. Als weitere Voraussetzungen für die Anwendbarkeit des § 15 des Gesetzes treten dann hinzu, daß ein Objekt der im § 15 bezeichneten Gattung (Gartenfrüchte, Feldfrüchte oder andere Bodenerzeugnisse) vorliegen, und daß die Wegnahme eines solchen Objekts von einem durch denselben Paragraphen beherrschten Orte (Gartenanlage, Weinberg, Äcker, Wiesen usw.) geschehen sein muß. Im übrigen setzen die im § 15 mit Strafe bedrohten Handlungen unzweifelhaft den vollen Tatbestand des nach § 242 StGB. zu ahndenden Diebstahls voraus, insbesondere also auch hinsichtlich des subjektiven Tatbestandes das Vorhandensein der Absicht einer rechtswidrigen Zueignung und das Bewußtsein von der Rechtswidrigkeit der Zueignung auf seiten des Täters. Mit Recht hebt Günther (a. a. O. S. 48) hervor, daß ein solches Bewußtsein „in allen jenen Fällen nicht wird angenommen werden dürfen, in denen besonders um der absoluten Wertlosigkeit der Objekte willen die Vorstellung ihre Berechtigung hat, daß der Eigentümer gewiß nichts gegen die Handlung (Abpflücken eines Vergißmeinnichts am Grabenrande, Mitnahme einer Kleeblüte aus der Wiese usw.) einzuwenden habe".

Die Bezeichnung „Diebstahl" ist für die nach § 15 strafbaren Entwendungen nur aus dem Grunde nicht gebraucht, um beide Gattungen von Handlungen — die Feldentwendung und den Diebstahl — schon in ihrer Benennung ausreichend voneinander zu unterscheiden. Vgl. die Motive zu §§ 6, 18 bis 20 des Regierungsentwurfs, Nr. 10 der Druckf. des Abg.hauses I, 1879/80 und U. 1/6 81, E. 4, 268; R. 3, 357. U. 26/10 82, E. 7, 190. Vgl. auch U. 5/3 86, E. 13, 391; R. 8, 155, wo ausgeführt wird, daß das FFPG. nur auf Grund der im § 2 Einf.Ges. z. StGB. enthaltenen Ermächtigung bestimmte Gattungen von Diebstählen wegen der Geringfügigkeit ihres Objektes und wegen der Besonderheit ihrer Verübung der milderen Strafe des § 15 unterworfen habe.

3. Objekt der Entwendung. Als Objekte der Entwendung bezeichnet der § 15: Gartenfrüchte, Feldfrüchte oder andere Bodenerzeugnisse. Für die Strafbarkeit der Entwendung dieser Sachen ist es zunächst gleichgültig, ob die letzteren Gegenstände des Anbaues oder der regelmäßig wiederkehrenden Nutzung seitens des Beschädigten bilden, oder ob sie überhaupt einen Marktwert haben oder nicht. Gleichgültig ist es ferner, ob die Gartenfrüchte usw. vom Boden bereits getrennt (geerntet) oder noch ungetrennt sind. Das FFPG. hat das in dem Gesetze vom 15. April 1878 bezüglich des sogenannten Forstdiebstahls aufgestellte Merkmal der größeren oder geringeren Verbindung mit dem Boden oder Stamme nicht angenommen. Die Motive des Regierungsentwurfs heben ausdrücklich hervor, daß die Unterscheidung, ob die Früchte vom Boden oder Stamme getrennt seien oder nicht, für das Privatrecht, namentlich bezüglich der Besitzergreifung, von Wichtigkeit sein möge, daß ihr aber bezüglich der Feldentwendungen eine durchschlagende Bedeutung nicht beigelegt werden könne. Deshalb hat auch das RG. in dem U. v. 1/6 81, E. 4, 268; R. 3, 357, ausgesprochen, daß auch Entwendungen von Bäumen und Strauchwerk im Werte bis zu 10 Mk. auf Grundstücken, welche nicht hauptsächlich zur Holznutzung bestimmt sind (§ 1 Forstdiebst.Ges. v. 15. April 1878), nach § 15 FFPG. strafbar sind, ohne Unterschied, ob eine Abtrennung bereits erfolgt war oder nicht, oder ob die Bäume, Sträucher usw. eine regelmäßig wiederkehrende Nutzung gestatteten oder nicht.

Ob Saatfrüchte zu den Feldfrüchten zu rechnen sind, erscheint zweifelhaft. Das frühere preuß. Obertribunal hat zur Saat ausgelegte Kartoffeln als Feldfrüchte nicht erachtet, da sie nicht Produkte des Feldbaues, sondern nur die Mittel zur Produktion bildeten. (U. v. 21/5 79, G. A. 27, 209.) Von anderer Seite wird dagegen wohl nicht mit Unrecht hervorgehoben, daß auch die Saatfrüchte wieder zu Feldfrüchten oder Bodenerzeugnissen werden, sobald sich in ihnen durch die Verbindung mit dem Grund und Boden zum Zwecke organischer Entwicklung neues pflanzliches Leben betätigt hat. (Herbst in G. A. 30, 400 ff.)

Bodenerzeugnisse — im Gegensatz zu den Garten- und Feldfrüchten — sind diejenigen Pflanzengebilde, welche nicht, wie die Früchte, zum Genusse bestimmt sind. Ob die betr. Pflanzen aus Samen oder Wurzelausschlag dem Boden entsprossen sind oder ihre Existenz in dem betr. Boden, auf dem sie stehen, der Pflanzung verdanken, ist gleichgültig. Die Pflanzen müssen jedoch die Eigenschaft der natürlichen Zugehörigkeit zum Grund und Boden erlangt haben, es muß die zur Ernährung und Entwicklung erforderliche natürliche Verbindung des pflanzlichen Organismus mit dem Grund und Boden eingetreten sein. Also nicht Pflanzen, die nur vorübergehend in den Boden eingeschlagen sind. U. 1/11 92, E. 23, 269; U. 16/1 02, E. 35, 67; s. auch U. 27/10 11, E. 45, 200.

Deshalb hat auch das Reichsgericht auf einem Grabhügel angepflanzten und im Boden wurzelnden Epheu als Bodenerzeugnis i. S. § 15 angesehen. U. 26/10 82, E. 7, 190. Auch die Entwendung von Buschwerk im Werte unter 10 RM., welches auf einem Felde gewachsen ist und abgehauen dort noch liegt, fällt unter § 15. U. 1/6 81, R. 3, 357; desgl. die Entwendung eines weniger als 10 RM. werten Weidenzweigs auf öffentl. Wege, weil der Zweig als Teil eines Baumes ein Bodenerzeugnis ist. KG. 1/4 80, GA. 42, 440. Wertloses Unkraut dagegen scheidet aus. U. 27/10 11, E. 45, 202. Betr. Topfpflanzen siehe unten zu 4, VI.

Auf die Entwendung von Torf findet § 15 keine Anwendung, weil derselbe Bodenbestandteil und kein Bodenerzeugnis ist. In Übereinstimmung mit der Rechtsprechung des früh. Obertribunals (Erk. 12/12 61, OR. 2. 147, Erk. 16/10 78, ebenda 19, 467) hat das Reichsgericht angenommen, daß auch, nachdem das FFPG. an die Stelle der früheren feldpolizeil. Bestimmungen getreten ist, die Entwendung ungestochenen Torfes unter die Vorschrift des § 370 Nr. 2 StGB., die Entwendung gestochenen Torfes dagegen unter die Bestimmungen über Diebstahl fällt. U. 27/6 90, E. 21, 30. Vgl. U. 7/7 80, R. 2, 166 u. Herbst a. a. O. S. 390.

4. Ort der Entwendung. Die Anwendung des § 15 ist davon abhängig, daß die Gartenfrüchte usw. aus Gartenanlagen aller Art, Weinbergen, Obstanlagen, Baumschulen, Pflanz- oder Saatkämpen, von Äckern, Wiesen, Weiden, Plätzen, Gewässern, Wegen oder Gräben entwendet werden. In dieser Beziehung ist zunächst zu beachten, daß das FFPG. — trotz der anscheinend beschränkenden Überschrift — sich nicht bloß auf Forsten und Felder im engeren Sinne des Wortes, sondern nach dem Vorbilde der Feldpolizeiordnung vom 1. Nov. 1847 § 1 „sowohl auf städtische als auch auf ländliche Orte und Feldmarken" bezieht, d. h. auf alle im Gesetze behandelten rechtswidrigen Handlungen nach ihren objektiven und subjektiven Voraussetzungen, im übrigen aber ohne Unterschied des Begehungsortes. (Motive.) Es ist deshalb vollkommen unerheblich, ob die Gartenanlagen, Äcker, Plätze usw. in einer Stadt oder in ländlicher Feldmark liegen. Vgl. U. 26/10 82, E. 7, 190. — Insbesondere ist zu bemerken:

I. Kirchhöfe. In Ausdehnung der Bestimmungen des § 42 Nr. 2 und 3 der Feldpolizeiordnung v. 1. Nov. 1847, welche nur die Entwendungen „in" oder „aus Gärten" mit Strafe bedrohten, hat das FFPG. seinen Schutz „Gartenanlagen aller Art" gewährt, und zwar ist für die Natur des Begehungsortes im Zusammenhange des § 15 lediglich die Art, nicht aber der besondere Zweck der Anlage maßgebend. U. 27/10 96, E. 29, 138. Es kann deshalb einem Bedenken nicht unterliegen, daß auch Kirchhöfe unter die von § 15 beherrschten Orte fallen, wenn sie im konkreten Fall eine Ausstattung haben, welche ihnen mehr oder minder den Charakter einer Gartenanlage gibt. So auch: U. 26/10 82, E. 7, 190. Vgl. U. 15/1 83 und 8/2 83, R. 5, 30 und 96. Die Entwendung von Blumen, Pflanzen usw. von Gräbern eines Kirchhofs kann also unter der angegebenen Voraussetzung nach § 15 bestraft werden, und die Wegnahme der auf den Grabhügeln stehenden Bäume und Ziersträucher nach § 17 Nr. 4 strafbar sein, sofern die Tat nicht etwa nach § 168 StGB. als Beschädigung eines Grabes zu ahnden ist. Letzteres würde anzunehmen sein, wenn durch ein Ausgraben und Wegnehmen von Pflanzen eine Zerwühlung und Einlöcherung des Grabhügels bewirkt wird. Vgl. U. 23/2 82, A. 5, 231 und U. 26/10 82, E. 7, 191.

II. Städtische Parkanlagen. Auch auf Entwendungen von Pflanzen, stehenden Bäumen, Frucht- und Ziersträuchern (§ 17 Nr. 4) aus solchen Anlagen ist unbedenklich § 15 bzw. die erschwerende Vorschrift des § 17 Nr. 4 anwendbar, wenn die Anlage nicht hauptsächlich zur Holznutzung bestimmt ist und also das Forstdiebstahlsgesetz zur Anwendung kommt, sondern wenn „Gattung, Alter, Bestand der Bäume, Art der Pflanzung, die Anlage, Einrichtung und Pflege des mit Bäumen besetzten Terrains nicht nach forstwirtschaftlichen Betriebsregeln, sondern nach den Gesichtspunkten des erhöhten und bequemen Naturgenusses, der Verschönerung der Landschaft und anderer Annehmlichkeiten sich richten, und demgemäß selbst bei Naturparken nicht ein Forst, sondern eine Art Gartenanlage vorliegt". So: v. Bamberg in der Deutschen Juristen-Ztg. 1880, S. 188. Werden Bäume aus einer Anpflanzung weggenommen, die zur Verschönerung einer öffentl. Anlage dient, so findet auch § 304 StGB. Anwendung. U. 10/6 14. DR. 18 Nr. 2371.

III. Saatkämpen. Über den Begriff des Pflanz- und Saatkamps vgl. Anm. 9 zu § 13. Da die Saatkämpen hauptsächlich zur Holzerziehung in Forsten bestimmt sind, werden Entwendungen aus denselben der Regel nach unter die Bestimmungen des Forstdiebstahlsgesetzes fallen. Indessen gibt es auch Saatkämpen, die nicht zu den im § 1 des Forstdiebst.Ges. (siehe Anm. 1 zu § 15) erwähnten Grundstücken gehören, und auf die Entwendungen aus solchen Saatkämpen findet die Strafbestimmung des § 15 Anwendung.

IV. Anlandungen der Flußufer gehören an sich nicht zu den im § 15 bezeichneten Orten. Die Entwendung stehender Weidenruten von solchen Anlandungen wird, wenn die Nutzung des Weidenholzes als eine Hauptbestimmung der letzteren anzusehen ist, nach dem Forstdiebstahlsgesetz v. 15/4 78 zu bestrafen sein. U. 25/10 89, E. 20 11.

V. Äcker und Wiesen. Früchte auf dem Felde. Die Entwendung muß von den Äckern und Wiesen geschehen sein. Den Schutz des § 15 genießen eben nur die Früchte auf dem Felde. Zu diesen gehören aber nicht nur die noch nicht vom Boden getrennten, sondern auch die vom Boden bereits getrennten Früchte bis zu ihrer vollendeten Einheimsung. Insbesondere findet also § 15 auch Anwendung auf die Wegnahme von gesammelten und zum Zwecke der Abfuhr auf den Äckern oder Wiesen aufgestellten Früchten, selbst wenn sie zum einstweiligen Schutz gegen Witterungseinflüsse bedeckt, schon in Säcke geschüttet waren oder sich z. B. bereits auf einem zu ihrer Abfuhr bestimmten, noch auf dem Acker usw. befindlichen Wagen befanden. Vgl. Erk. des Obertrib. 30/10 63, OR. 4, 140 und U. 9/3 08, E. 41, 159. Dagegen sind die Früchte jedenfalls dann nicht mehr als auf dem Felde befindliche anzusehen, wenn sie eingeheimst, d. h. an denjenigen Ort gebracht sind, welcher zu ihrer Verwahrung bis zu ihrem Verbrauch oder ihrer Verwertung, überhaupt zu einer relativ dauernden Aufbewahrung bestimmt ist, ohne Unterschied, ob sich dieser Aufbewahrungsort auf dem Gehöft oder auf dem Felde und insbesondere auf dem Felde, wo die Frucht gewonnen ist, befindet. Vgl. U. 7/2 82, E. 5, 385. Deshalb unterliegen

Entwendungen aus solchen Aufbewahrungsstätten, namentlich auch aus den bestimmungsmäßig zur längeren Aufbewahrung von Feldfrüchten dienenden Mieten, Kuhlen, Staken, Schobern u. dgl. nicht der Strafbestimmung des § 15, sondern den Diebstahlsstrafen des Strafgesetzbuchs. Dies hat das RG. insbesondere auch in dem U. 2/11 83, E. 9, 163 ausgesprochen. In dem diesem Urteil zugrunde liegenden Falle war nach der Ernte in einen Staken untergebrachtes Getreide gedroschen, aber ein Teil davon die Nacht über auf dem Felde liegen gelassen. Von diesem Getreide waren mehrere Scheffel weggenommen Das RG. erachtete lediglich den § 242 StGB. für anwendbar, indem es ausführte: „An der Einheimsung des Getreides wurde nichts geändert durch das Einreißen des Stakens, das gleich dem Ausdreschen nur den Zweck hatte, die bestimmungsmäßige Verwendung des Getreides zu sichern, der bereits die Aufbewahrung im Staken diente. Durch das Einreißen desselben konnte das Getreide nicht wieder zu einer Frucht auf dem Felde im Sinne des § 15 FFPG. werden; und ist es auch hier nicht bezüglich der auf dem Felde verbliebenen Rückstände des Stakens geworden. Sie blieben eingeheimstes Getreide.“ Ebenso ist im U. 27/11 16 (DR. 21 Nr. 304) ausgesprochen, daß die Entwendung von Kartoffeln aus Mieten nicht unter die Bestimmungen des FFPG. fällt, selbst dann nicht, wenn die Kartoffeln auf demselben Acker, auf dem sie geerntet sind, in die Miete eingeheimst wurden. — Unter „Wiese“ ist eine Bodenfläche zu verstehen, die eine wiederkehrende Grasnutzung gestattet und zur Grasnutzung bestimmt ist. Anlandungen eines Flußufers können daher unter § 15 d. G. fallen. RG. 29/1 94, GA. 41, 440.

VI. In Gartenanlagen aufgestellte Topfpflanzen sind keine Bodenerzeugnisse; ein Blumenstock verliert die Eigenschaft eines Bodenerzeugnisses i. S. § 15, wenn er endgültig aus dem Gartenboden entnommen und in den Blumentopf verpflanzt wird. Ob der Blumentopf seinen Standort in dem Garten findet, in welchem früher die Pflanze gezogen wurde, ist gleichgültig. U. 30/7 94, E. 26, 101; U. 10/6 14, DR. 18, 2371.

5. Strafantrag. Ein Strafantrag ist zur Verfolgung der nach § 15 strafbaren Entwendungen nicht erforderlich. Nur in den Fällen, in welchen die Voraussetzungen des § 247 StGB. (siehe unten § 19) vorliegen, tritt die Verfolgung nur auf Antrag ein. Für die Fälle, in denen der Beschädigte bekannt ist und auf die Strafverfolgung keinen Wert legt, gibt § 153 Abs. 1 StPO. die Möglichkeit, von einem Einschreiten abzusehen.

Über die Voraussetzungen des § 247 StGB. siehe unten § 19 d. G. und die Anmerkungen dazu.

6. Versuch. Der Versuch einer nach § 15 strafbaren Entwendung ist strafbar und wird nach § 5 milder als die vollendete Tat bestraft. Über den Begriff des Versuches im allgemeinen vgl. oben Anm. 1 zu § 5. Zu bemerken ist ferner, daß die Entwendung vollendet ist, wenn die Sache aus dem fremden Gewahrsam (Garten, Weinberg usw.) in den eigenen gebracht ist. Ob dies der Fall, ist eine tatsächliche Frage. Jedenfalls gehört die endgültige Fortschaffung der Gartenfrüchte usw. aus dem Garten, von dem Acker, der Wiese usw. oder die Einbringung derselben in den gesichteten Besitz des Täters nicht zum Tatbestand der vollendeten Entwendung. So wird z. B. auch schon das Einfüllen der entwendeten Gartenfrüchte usw. in mitgebrachte Säcke zur Annahme einer vollendeten Entwendung genügen. Vgl. U. 22/12 80, R. 2, 660. U. 9/5 85, E. 12, 353; R. 7, 749. U. 21/10 95, E. 27, 395 u. a. Ein strafbarer Versuch der Entwendung ist u. a. schon dann anzunehmen, wenn der Täter mit der Handlung des Wegnehmens begonnen, d. h. bereits den Arm ausgestreckt hat, um die im Bereich desselben befindlichen Gartenfrüchte usw. an sich zu nehmen. Vgl. U. 9/7 80, R. 2, 179.

7. Raubähnliche Entwendung. Der § 252 StGB. bestimmt: „Wer, bei einem Diebstahl auf frischer Tat betroffen, gegen eine Person Gewalt verübt oder Drohungen mit gegenwärtiger Gefahr für Leib oder Leben anwendet, um sich im Besitze des gestohlenen Gutes zu erhalten, ist gleich einem Räuber zu bestrafen" (§§ 249—251 StGB.). Unter den Begriff des Diebstahls i. S. § 252 fallen auch die nach §§ 15 ff. strafbaren Entwendungen. U. 5/3 86, E. 13, 391; R. 8, 155.

§ 16 (19).

Geldstrafe von fünf bis zu einhundertfünfzig Reichsmark oder Haft tritt ein, wenn die nach § 15 strafbare Entwendung begangen wird

1. unter Anwendung eines zur Fortschaffung größerer Mengen geeigneten Gerätes, Fahrzeugs oder Lasttiers;
2. unter Benutzung von Äxten, Sägen, Messern, Spaten oder ähnlichen Werkzeugen oder Sprengstoffen;
3. aus einem umschlossenen Raume mittelst Einsteigens;
4. von drei oder mehr Personen in gemeinschaftlicher Ausführung;
5. an Kien, Harz, Saft, Wurzeln, Rinde oder Mittel- (Haupt-) Trieben stehender Bäume, oder an Waldbaumfrüchten stehender Bäume, die als Samenträger kenntlich gemacht sind, sofern die Entwendung nicht als Forstdiebstahl strafbar ist.

1. Allgemeines zu den §§ 16, 17 und 18. In den §§ 16, 17 und 18 sind die erschwerenden Umstände, welche bei Verübung der nach § 15 strafbaren Entwendungen eintreten können, einzeln bezeichnet. Für die verschiedenen Arten derselben ist je nach ihrer Schwere ein bestimmtes Strafmaß festgesetzt. Zu beachten ist, daß die Zuwiderhandlungen gegen die §§ 17 und 18 Vergehen im Sinne des StGB. sind, was für die Frage nach der Verjährung derselben von besonderer Wichtigkeit ist. Siehe unten § 51.

2. Anwendung von Geräten, Fahrzeugen oder Lasttieren. Zur Anwendung der höheren Strafe des § 16 muß schon die zufällige und gelegentliche Anwendung der vorbezeichneten Transportmittel für ausreichend erachtet weden. Daß die letzteren zum Zwecke der Entwendung mitgebracht sind (§ 3 Nr. 6 des Forstdiebstahlsges. v. 15 April 1878), ist nicht erforderlich. Ebensowenig ist es notwendig, daß die Geräte usw. an und für sich zur Fortschaffung größerer Mengen von Feldfrüchten usw. (§ 15) bestimmt sind.

Als Fahrzeug ist übrigens auch ein Kahn anzusehen, wenngleich derselbe hier nicht, wie im § 3 Nr. 6 des Forstdiebstahlsges. ausdrücklich neben dem Fuhrwerk hervorgehoben ist.

3. Äxte, Sägen usw. und ähnliche Werkzeuge, sowie Sprengstoffe. Als ähnliche Werkzeuge sind nicht bloß schneidende Werkzeuge im Sinne des § 3 Nr. 4 des Forstdiebstahlsges. (Scheren, Heppen usw.), sondern auch Hauwerkzeuge (Beil, Hacke usw.) anzusehen.

4. Umschlossener Raum. Unter einem umschlossenen Raum ist ein begrenzter Teil der Erdfläche zu verstehen, der mit einer Umschließung versehen ist, welche dazu bestimmt und geeignet ist, das unbefugte Eindringen von Menschen zu hindern. Daß die Umschließung unbeweglich und mit dem Erdboden fest und dauernd verbunden sei, ist nicht erforderlich, und ebensowenig wird der Begriff des umschlossenen Raumes durch das Vorhandensein unverschlossener Eingänge ausgeschlossen. Für die Anwendung des § 16 Nr. 3 ist es im letzgedachten Falle gleichgültig, ob der Täter wußte, daß zur Zeit der Entwendung ein solcher unverschlossener Eingang vorhanden war. Vgl. U. v. 19/2 84, E. 10, 103; R 6, 137. U. 25/4 81, E. 4, 164. U. 29/8 82, R. 4, 696. U. 2/8 11 82, E. 7, 263; R. 4, 852. U. 19/3 86, E. 13, 425; R. 8, 207 u. a. Daß auch ein Flußlauf als eine ausreichende Umschließung zur Herstellung eines umschlossenen Raumes selbst dann angesehen werden kann, wenn die Tiefe des Flusses ein Durchwaten desselben und in solcher Weise den Eintritt in den Raum gestattet, hat das Obertrib. in dem U. 12/11 78 angenommen, GA. 26, 520. Auch mehrere in ihrer Gemeinschaft nach Außen hin umfriedigte Gärten verschiedener Eigentümer können einen umschlossenen Raum bilden. U. 21/5 83, R. 7, 320.

5. Einsteigen. Der Begriff des Einsteigens erfordert, daß der Täter von Außen unter Überwindung der in Anm. 4 erwähnten Abschließungsvorrichtungen (Mauer, Graben, Hecke oder sonstige Einfriedigung) auf einem zum ordnungsmäßigen Eintritt nicht bestimmten Wege in den umschlossenen Raum gelangt ist. Ob das Eindringen durch Steigen, Springen, Sichherablassen oder Hindurchkriechen bewirkt wird, ist gleichgültig, sobald eben nur durch eine dieser Tätigkeiten besondere Schwierigkeiten oder Hindernisse überwunden werden. U. 8/10 86, R. 8, 601. U. 21/1 86, E. 13, 257. U. 14/6 93, GA. 41, 267. Immer wird jedoch ein Betreten des Inneren des umschlossenen Raumes erfordert; das bloße Emporsteigen an der Einfriedigung und Hineinlangen in den umschlossenen Raum zum Zweck des Entwendens genügt nicht. U. 14/5 81, E. 4, 175; R. 3, 302. Im übrigen liegt ein Einsteigen in einen umschlossenen Raum auch dann vor, wenn innerhalb eines größeren umschlossenen Raumes — wie dies bei Gartenanlagen z. B. durch eine Trennung des Ziergartens vom Gemüsegarten nicht selten der Fall ist — mehrere Ateilungen vorhanden sind und der Täter nur in eine dieser Abteilungen von außen eingestiegen, von dort aus aber ohne nochmaliges Einsteigen in eine andere Abteilung gelangt ist und in dieser die Entwendung verübt hat. U. Obertrib. 4/10 77, GA. 25, 542. Der Begriff des Einsteigens ist demnach gleichgeltend mit dem des Einsteigens im Sinne des § 243 Nr. 2 StGB. U. RG. 8/10 06, DR. 11, 913.

6. Gemeinschaftliche Ausführung. Zur Annahme einer gemeinschaftlichen Ausführung wird hier — wie im § 47 StGB. — ein gewolltes Zusammenwirken von drei oder mehr Personen erfordert, ohne daß es jedoch dabei auf das größere oder geringere Maß der äußerlichen Tätigkeit des einzelnen ankommt. Jedenfalls muß aber stets irgendeine materielle Mitwirkung der einzelnen Personen bei Ausführung der betreffenden Zuwiderhandlung vorliegen, die sich allerdings auch auf Vorbereitungshandlungen beschränken kann, falls diese aus dem Vorsatz entspringen, die Zuwiderhandlung als eine gemeinschaftliche zur Ausführung zu bringen. Ein bloßes Mitwissen oder Billigen der Handlung eines anderen kann ebensowenig, wie die bloße Teilnahme an dem Planen der Zuwiderhandlung oder die bloße Anwesenheit bei Verübung der letzteren ohne Feststellung einer bestimmten Mitwirksamkeit die Annahme einer gemeinschaftlichen Ausführung im Sinne des § 16 Nr. 4 begründen.

Die Einfügung der Ziff. 4 ist an dieser Stelle durch die Novelle vom 15. Jan. 1926 erfolgt und beruht auf der Erwägung, daß bei Entwendungen die Zahl der Mittäter für die Beurteilung der Gemeingefährlichkeit wesentlich ist. In der alten Fassung des FFPG. war gemeinschaftliche Ausführung ein allgemeiner Strafschärfungsgrund.

7. Entwendung von Kien, Harz, Saft usw. Die Entwendung von Kien, Harz, Saft (Birkensaft) usw. ist als Forstdiebstahl strafbar, wenn dieselbe in einem Forst oder auf einem anderen hauptsächlich zur Holzbenutzung bestimmten Grundstück verübt ist. Vgl. § 3 Nr. 8 Forstdiebst.Ges. Unter Kien versteht man besonders harzreiche Teile des Kiefernholzes, die zur Teerschwelerei, zur Kienrußbrennerei, zum Feueranzünden (Späne) und als Beleuchtungsmaterial (Leuchtfeuer der Fischer beim Krebsen) gebraucht werden. Harz ist an offenen Stellen der Rinde von Nadelhölzern ausgeschwitzter Saft. Unter Rinde ist hier nur die Rinde von stehenden Bäumen zu verstehen im Gegensatz zu der durch Zufall (Blitzschlag, Trockenheit) oder bei der Holzkulturarbeit unabsichtlich vom Holze getrennten Borke. Wurzeln, besonders von Kiefern, werden zur Korbflechterei, Mitteltriebe von Nadelhölzern zu Quirlen verwendet. Vgl. § 1 Nr. 3 Forstdiebst.Ges. und U. Obertrib. 21/12 54, JMBl. 1855, S. 79.

Abgefallene frische Nadelholzzapfen von Kiefer, Fichte, Weißtanne, Douglastanne, Lärche usw. kommen noch als samentragende Waldbaumfrüchte in Betracht. Da ein Teil des Samens erst nach Abfall der Zapfen unten auf dem Boden ausfällt, sind diese Zapfen dem Waldbesitzer, dessen Revier auf Naturverjüngung (Selbstbesamung) eingestellt ist, unter Umständen noch sehr wertvoll. Im übrigen fällt die Entwendung von Walderzeugnissen wie Nadelholzzapfen, Waldsämereien usw. auch unter § 1 Nr. 4 Forstdiebst.Ges., wo kein Unterschied gemacht wird, ob die Nadelholzzapfen noch am Baume hängen oder bereits abgefallen sind.

Entwendung bereits vom Waldbesitzer oder seinem Beauftragten geworbener oder eingesammelter Zapfen ist gemeiner Diebstahl (§ 242 StGB.) und als Eingriff in die Eigentums- und Besitzverhältnisse zu betrachten.

8. Strafantrag. Auch zur Verfolgung der im § 16 vorgesehenen Entwendungen bedarf es — abgesehen von den Fällen des § 19 d. G. bzw. des § 247 StGB. — eines Strafantrages nicht.

9. Versuch. Siehe hierüber Anm. 6 zu § 15. Das dort Bemerkte trifft auch hinsichtlich der nach § 16 strafbaren Entwendungen zu.

§ 17 (20).

(1) Gefängnisstrafe bis zu einem Jahre tritt ein, wenn die nach § 15 strafbare Entwendung begangen wird

1. unter Mitführung von Waffen;
2. aus einem umschlossenen Raume mittels Einbruchs;
3. dadurch, daß zur Eröffnung der Zugänge eines umschlossenen Raumes falsche Schlüssel oder andere zur ordnungsmäßigen Eröffnung nicht bestimmte Werkzeuge angewendet werden;
4. durch Wegnahme stehender Bäume, Frucht- oder Ziersträucher, sofern die Entwendung nicht als Forstdiebstahl strafbar ist;
5. von dem Aufseher in dem seiner Aufsicht unterstellten Grundstücke;
6. zum Zwecke der Veräußerung des Entwendeten.

(2) Sind mildernde Umstände vorhanden, so kann auf Geldstrafe erkannt werden.

1. Waffen. Der Begriff der Waffe ist hier nicht in dem technischen Sinn eines Werkzeuges, welches zur Beibringung von Verletzungen bestimmt ist, sondern in dem weiteren Sinn eines Werkzeuges gebraucht, mittels dessen mechanischer Einwirkung auf den Körper eines anderen eine Verletzung desselben herbeigeführt werden kann. Unter der Mitführung ist hier, wie im § 243 Nr. 5 StGB., nur das bewußte Innehaben einer Waffe bei Begehung der Tat zu verstehen; der auch nur bedingte Vorsatz des Gebrauches der Waffe gegen Menschen genügt. Vgl. U. 1/10 83, R. 5, 558. U. 24/2 85, E. 72, 69. U. 7/12 96, E. 29, 228. Selbstverständlich genügt die Mitführung einer einzigen Waffe. Wenn die Entwendung von mehreren Personen gemeinschaftlich begangen ist, so werden auch diejenigen unbewaffneten Teilnehmer, welche von dem Waffenführen der Genossen Kenntnis hatten, nach § 17 zu bestrafen sein. Vgl. U. Obertrib. 16/5 76, GA. 24, 466.

2. Umschlossener Raum. Vgl. hierüber Anm. 4 zu § 16.

3. Einbruch. Der Begriff des Einbruchs erfordert, daß der Täter von außen einen Zugang zu dem umschlossenen Raum gewaltsam eröffnet; er ist gleichbedeutend mit dem Einbruch im Sinne des § 243 Nr. 2 StGB. Daß durch die angewendete Kraftanstrengung die Substanz der Umschließung oder ihr mechanischer Zusammenhang verletzt wird, so daß sichtbare Spuren der Einwirkung zurückbleiben, ist nicht erforderlich. Es ist deshalb z. B. auch Einbruch anzunehmen, wenn jemand zum Zwecke der Entwendung aus einem mit einem festen Bretterzaun umschlossenen Raum die Flügel der in diesem Zaun befindlichen verschlossenen Tür mit Gewalt auseinanderbiegt und durch die dadurch bewirkte Spalte Eintritt in den umschlossenen Raum nimmt. Ebenso liegt Einbruch vor, wenn jemand durch gewaltsames Auseinanderbiegen einer dichten lebenden Hecke sich Zugang zu dem durch sie umschlossenen Grundstück verschafft. U. KG. 8/10 06, d. R. 11, 913. Im übrigen wird der Tatbestand einer mittels Einbruchs verübten Entwendung dadurch nicht ausgeschlossen, daß der umschlossene Raum nicht überall verschlossen war, die Ausführung des Diebstahls also auch ohne Anwendung von Gewalt möglich gewesen sein würde. Die Entwendung muß ferner auch im Falle des § 17 Nr. 2 stets im Inneren des umschlossenen Raumes verübt sein; doch ist es nicht nötig, daß der Täter mit seinem ganzen Körper durch die gemachte Öffnung in das Innere eindringt; es genügt auch, wenn die Wegnahme durch Hineinlangen geschieht. U. 25/9 96, E. 29, 70. U. 18/5 97, E. 30, 122. Hat endlich der Täter eine Entwendung mittels Einbruchs begangen, bei einer späteren selbständigen Entwendung aber nur die bei der früheren Entwendung gebrochene Öffnung in die Umschließung wiederum zum Eintritt in den umschlossenen Raum benutzt, so kann die spätere Entwendung nicht als eine durch Einbruch verübte angesehen werden. Vgl. U. des Obertrib. v. 21/3 78, GA. 26, 210.

4. **Falsche Schlüssel usw.** Der Begriff der Eröffnung eines Zuganges zu einem umschlossenen Raum mittels falschen Schlüssels erfordert, daß der betr. Zugang durch ein Schloß, nicht durch einen bloßen Riegel oder dgl. verschlossen ist. Das Begriffsmerkmal, welches für die Anwendung des § 17 Nr. 3 den falschen Schlüssel von dem richtigen unterscheidet, besteht darin, daß ersterem die Bestimmung, zur Eröffnung des Schlosses, welches mit ihm behufs Ausführung der Entwendung geöffnet ist, zu dienen, von dem zur Erteilung solcher Bestimmung berufenen Besitzer des betr. umschlossenen Raumes nicht erteilt war. Daher liegt eine Entwendung mittels falschen Schlüssels auch dann vor, wenn zur Eröffnung des Zugangs ein verloren gegangener richtiger, aber bereits durch einen neuen ersetzter Schlüssel benutzt wurde. Ein fremder Schlüssel, welchen der Eigentümer eines umschlossenen Raumes zeitweise zur Eröffnung desselben benutzt, bleibt trotzdem für jeden Dritten ein falscher Schlüssel, und im allgemeinen kommt es endlich bei Beantwortung der Frage, ob ein Schlüssel der richtige oder der falsche gewesen ist, ausschließlich auf den Zeitpunkt an, in welchem der betr. Schlüssel zur Ausführung der Entwendung gebraucht ist. Vgl. U. 23/9 81, E. 5, 17; 12/4 82, S. 6 157; R. 4, 312; 21/9 81, E. 4, 414 u. a.

Unter anderen, zur ordnungsmäßigen Eröffnung nicht bestimmten Werkzeugen sind nur solche zu verstehen, welche, wie z. B. Haken, Dietriche usw., zur Bewegung des Verschlußmechanismus angewendet werden. Ein vom Inhaber des umschlossenes Raumes selbst zur Eröffnung desselben verwendetes „anderes Werkzeug" kann übrigens sehr wohl den sonst gebräuchlichen Schlüssel ersetzen und ist dann ebensowenig wie der richtige Schlüssel als ein Diebesinstrument anzusehen, dessen Anwendung die Entwendung zu einer nach § 17 Nr. 3 strafbaren macht. Anders liegt die Sache, wenn die Anwendung solcher „anderen Werkzeuge" (Haken u. dgl.) von dem Besitzer nur zeitweise zum Öffnen des Zugangs gestattet war, diese Erlaubnis aber zurückgenommen ist oder sonst aufgehört hat. In solchen Fällen würde evtl. wieder eine Eröffnung mittels eines zur ordnungsmäßigen Eröffnung nicht bestimmten Werkzeugs vorliegen. Vgl. U. 28/2 81, E. 3, 360. U. 16/2 97, E. 29, 388.

Der Anstifter zu einer nach § 17 Nr. 3 strafbaren Entwendung muß die Eigenschaft des Schlüsses oder Werkzeugs als eines falschen oder zur ordnungsmäßigen Eröffnung nicht bestimmten gekannt haben; und es kann endlich auch nicht zweifelhaft sein, eine Entwendung mittels falschen Schlüssels usw. auch dann anzunehmen, wenn der Täter den falschen Schlüssel usw. durch einen unbeteiligten, gutgläubigen Dritten hat anwenden lassen. Vgl. U. 23/9 81, E. 5, 17. U. 12/7 82, R. 4, 689.

5. Wegnahme stehender Bäume usw. Die Wegnahme (Entwendung) stehender Bäume, Frucht- oder Ziersträucher ist als Forstdiebstahl strafbar, wenn sie in einem Forst oder auf einem anderen hauptsächlich zur Holznutzung bestimmten Grundstücke geschieht. § 1 Nr. 1 Forstdiebst.-Ges.

6. Aufseher. Zu den Aufsehern i. S. § 17 Nr. 5 sind auch die Feldhüter und die mit den Befugnissen der Feldhüter ausgestatteten Forstbeamten (§ 59) zu rechnen. Im übrigen setzt die Stellung als Aufseher nur eine gewisse selbständige Tätigkeit voraus; einer besonderen Form für die Bestellung bedarf es ebensowenig, wie etwa einer Verpflichtung oder Beeidigung.

7. Mildernde Umstände. Der § 267 Abs. 3 StPO. bestimmt: „Macht das Strafgesetz die Anwendung einer geringeren Strafe von dem Vorhandensein mildernder Umstände im allgemeinen abhängig, so müssen die Urteilsgründe die hierüber getroffene Entscheidung ergeben, sofern das Vorhandensein solcher Umstände angenommen, oder einem in der Behandlung gestellten Antrage entgegen verneint wird."

8. Strafantrag. Die nach § 17 strafbaren Entwendungen sind nur auf Antrag zu verfolgen in Fällen des § 247 StGB. (s. § 19 d. G.).

9. Versuch. Siehe hierüber Anm. 6 zu § 15. Das dort Bemerkte trifft auch hinsichtlich der nach § 17 strafbaren Entwendungen zu.

§ 18 (21).

(1) Auf Gefängnisstrafe von einer Woche bis zu zwei Jahren ist zu erkennen:

1. wenn die Entwendung von drei oder mehr Personen gemeinschaftlich unter Mitführung von Waffen begangen ist;
2. wenn im Falle einer Entwendung der Schuldige sich im Rückfalle befindet.

(2) Im Rückfalle befindet sich der Schuldige, wenn er zur Zeit der Tat bereits zweimal wegen Entwendung (§§ 15 bis 18) vom Gericht oder durch polizeiliche Strafverfügung rechtskräftig verurteilt worden war und die den Gegenstand der zweiten Verurteilung bildende Tat nach Rechtskraft der ersten Verurteilung begangen hatte.

1. Gemeinschaftliche Ausführung unter Mitführung von Waffen ist hier ebenfalls durch die Novelle vom 15. Jan. 1926 eingefügt. Dieser Strafschärfungsgrund, wie überhaupt die wirksame Erweiterung des Strafverfahrens in schwereren Fällen, war unerläßlich, um den außerordentlichen Mißständen entgegenzutreten, die durch das Überhandnehmen der Feldentwendungen entstanden sind, vor allem auch, um das Auftreten bewaffneter Banden zu bekämpfen.

2. Rückfall. Im FFPG. v. 1. April 1880 war der Rückfall allgemeiner Strafschärfungsgrund (§ 2 Ziff. 6 u. § 3 a. F.), außerdem war der dritte und fernere Rückfall noch weiter als straferhöhend im § 21 a. F. berücksichtigt. Die Novelle v. 15. Jan. 1926 hat ihn als strafschärfend nur für die Entwendungen beibehalten und sich bei der Begriffsbestimmung an die Bestimmungen des Strafgesetzbuchs angelehnt. Als Anfang der Frist, binnen welcher durch die Wiederholung der Tat die verschärfte Strafe des Rückfalls verwirkt wird, ist jedoch abweichend vom StGB. der Zeitpunkt der rechtskräftigen Verurteilung (nicht der Verbüßung oder des gänzlichen oder teilweisen Erlasses der Strafe) bezeichnet, wie es auch schon im FFPG. v. 1. April 1880 der Fall war.

3. Rechtskräftige Verurteilung. Ein richterliches Urteil ist rechtskräftig, wenn es durch ein Rechtsmittel (Berufung oder Revision) nicht mehr angefochten werden kann, auch wenn auf das zulässige Rechtsmittel vor Ablauf der Frist verzichtet worden ist. Vgl. §§ 302, 314—316, 341—343 StPO. und § 55 des gegenwärtigen Gesetzes. — Amtsrichterliche Strafbefehle sind rechtskräftig, sobald der Einspruchstermin abgelaufen oder der Einspruch zurückgenommen ist. Vgl. §§ 409 bis 411 StPO. — Polizeiliche Strafverfügungen, welche den richterlichen Urteilen und Strafbefehlen vollkommen gleichstehen, sind rechtskräftig, sobald die Frist zur Anbringung des Antrages auf gerichtliche Entscheidung abgelaufen oder der Antrag zurückgenommen ist. Vgl. § 413 StPO.

§ 19 (22)

Bei Entwendungen (§§ 15 bis 18) finden die Bestimmungen des § 247 des Strafgesetzbuchs entsprechende Anwendung.

1. Allgemeines. Die Bestimmungen des § 247 StGB. lauten:

„Wer einen Diebstahl oder eine Unterschlagung gegen Angehörige, Vormünder oder Erzieher begeht, oder wer einer Person, zu der er im Lehrlingsverhältnisse steht, oder in deren häuslicher Gemeinschaft er als Gesinde sich befindet, Sachen von unbedeutendem Werte stiehlt oder unterschlägt, ist nur auf Antrag zu verfolgen. Die Zurücknahme des Antrages ist zulässig.

Ein Diebstahl oder eine Unterschlagung, welche von Verwandten aufsteigender Linie gegen Verwandte absteigender Linie oder von einem Ehegatten gegen den anderen begangen worden ist, bleibt straflos.

Diese Bestimmungen finden auf Teilnehmer oder Begünstiger, welche nicht in einem der vorbezeichneten persönlichen Verhältnisse stehen, keine Anwendung."

Was also in diesen Bestimmungen des § 247 StGB. in betreff der Verfolgbarkeit des Diebstahls und der Unterschlagung vorgeschrieben ist, gilt auch hinsichtlich der Verfolgbarkeit einer Entwendung. Auch sie ist nur auf Antrag zu verfolgen, wenn sie gegen Angehörige, Vormünder oder Erzieher begangen oder an Gartenfrüchten usw. von unbedeutendem Wert gegen Personen verübt ist, zu denen der Täter im Lehrlingsverhältnisse stand, oder in deren häuslicher Gemeinschaft er als Gesinde sich befand. Desgleichen finden die Abs. 2 und 3 des § 247 StGB. auf Entwendungen entsprechende Anwendung.

Über die Stellung des Strafantrags, dessen Inhalt und Formen s. oben Anm. 4 zu § 7. Die Zulässigkeit der Zurücknahme des Strafantrages ergibt sich übrigens für die Entwendungen auch aus § 57 d. G., der ganz allgemein bestimmt, daß in allen Fällen, wo nach dem FFPG. die Verfolgung nur auf Antrag eintritt, die Zurücknahme des Antrages zulässig sein soll. Hierbei ist jedoch hervorzuheben, daß die Zurücknahme eines nach § 247 Abs. 1 StGB. gestellten Antrages die Strafverfolgung von Beteiligten nicht ausschließt, welche in keinem der im § 247 Abs. 1 bezeichneten Verhältnisse stehen. Vgl. U. 19/12 81, E. 5, 274.

Im allgemeinen ist endlich noch zu bemerken, daß eine Entwendung gegen Angehörige usw., die Herrschaft oder den Lehrherrn nur dann begangen ist, wenn der Angehörige usw. allein durch die Entwendung verletzt ist. Nur in diesem Falle bedarf es eines Strafantrages. Wenn dagegen der unmittelbar Verletzte (Inhaber) und der Eigentümer der entwendeten Sache verschiedene Personen sind, so ist die Entwendung gegen beide Personen begangen, und es bedarf dann, wenn nur einer von ihnen ein Angehöriger usw. des Täters ist, keines Strafantrages. Dasselbe gilt, wenn die entwendeten Bodenerzeugnisse in gemeinschaftlichem Gewahrsam und Eigentum zweier Personen standen, von welchen nur die eine ein Angehöriger usw. des Täters war. Vgl. U. 30/6 94, E. 26, 43 u. a.

2. Angehörige. Über den Begriff der Angehörigen vgl. Anm. 5 zu § 6. Bei Entwendungen gegen Angehörige tritt die Verfolgung ohne Rücksicht auf den Wert der entwendeten Sachen stets nur auf Antrag ein.

3. Vormünder und Erzieher. Vormünder im Sinne des § 247 StGB. sind nur diejenigen Personen, welchen durch Übertragung des Rechtes und der Pflicht zur Beaufsichtigung der Person und zu persönlicher Pflege und Fürsorge ein Autoritätsverhältnis über den Pflegebefohlenen eingeräumt ist, nicht auch diejenigen, die nur für eine bestimmte Rechtshandlung oder zur Aufsicht über das Vermögen bestellt sind. U. 9/12 86, E. 15, 172; R. 8, 737. Vgl. §§ 1773 ff. BGB. — Unter Erziehern sind diejenigen Personen zu verstehen, welchen die ganze Leitung der körperlichen und sittlichen Ausbildung eines anderen berufsmäßig übertragen ist, ohne daß es sich, wie bei dem Lehrer, nur um Unterweisung in einem bestimmten Fach handelt. Vgl. U. 27/4 1882, E. 6, 233; R. 4, 395; GA. 19, 815. Auch eine Person, welche von der Behörde ein Kind in Pflege oder zur Erziehung erhalten hat, ist als Erzieher im Sinne des § 247 StGB. anzusehen. U. 19/10 94, GA. 42, 389. U. 20/6 98, E. 31, 203. — Auch bei Entwendungen gegen Vormünder und Erzieher tritt die Verfolgung ohne Rücksicht auf den Wert der entwendeten Sachen stets nur auf Antrag ein.

4. Lehrlinge und Gesinde. Häusliche Gemeinschaft. Als Lehrling ist jeder zu betrachten, welcher bei einem Lehrherrn zur Erlernung eines Gewerbes — Handwerks oder Fabrikgewerbes — in Arbeit tritt und dadurch der väterlichen Zucht des Lehrherrn unterworfen wird, ohne Unterschied, ob die Erlernung gegen Lehrgeld oder unentgeltliche Hilfeleistung stattfindet, ob für die Arbeit Lohn oder Kost gewährt wird, oder ob der Lehrling sich in häuslicher Gemeinschaft mit dem Lehrherrn befindet oder nicht.

Für den Begriff des Gesindes sind nach der durch den Aufruf vom 12. Nov. 1918 (RGBl. S. 1303) erfolgten Außerkraftsetzung der Ge=

sindeordnung v. 8. Nov. 1810 die Vorschriften des BGB. über den Dienstvertrag (§§ 611 ff.) maßgebend. Jedoch muß weiter als entscheidend betrachtet werden die Annahme zur Dienstleistung im Hausstande, d. h. für die Person des Berechtigten und seiner Familie bzw. bei landwirtschaftlichem Dienstpersonal in der zum Hausstande gehörigen Wirtschaft. Vgl. U. 19/10 97, GA. 45, 439. — Häusliche Gemeinschaft liegt vor, wenn das Gesinde mit dem Bestohlenen so zusammen wohnt, wie dies unter Angehörigen einer Familie zu geschehen pflegt. Die Frage ist in der Hauptsache Tatfrage.

§ 20 (23).

(1) In den Fällen der §§ 15 bis 18 sind neben der Geldstrafe oder der Freiheitsstrafe die Waffen (§ 17), welche der Täter bei der Zuwiderhandlung bei sich geführt hat, einzuziehen, auch wenn sie weder dem Täter noch einem Teilnehmer gehören.

(2) In denselben Fällen können die zur Begehung der strafbaren Zuwiderhandlung geeigneten Werkzeuge, welche der Täter bei der Zuwiderhandlung bei sich geführt hat, eingezogen werden, auch wenn sie weder dem Täter noch einem Teilnehmer gehören. Die Tiere und andere zur Wegschaffung des Entwendeten dienenden Gegenstände, welche der Täter bei sich führt, unterliegen nicht der Einziehung.

1. Allgemeines. Das Gesetz hat es für erforderlich erachtet, ausdrückliche Vorschriften über die Einziehung zu geben, weil der § 40 StGB. die Einziehung nur bei Verbrechen und Vergehen, nicht auch bei Übertretungen gestattet, während auch bei den letzteren auf dem Gebiete der Feld- und Forstfrevel sich dieselbe stets als ein bewährtes Mittel zum Schutze der Felder und Forsten erwiesen hat. Abweichend von den allgemeinen Bestimmungen im § 40 des Strafgesetzbuchs ist die Einziehung ohne Rücksicht darauf zugelassen, ob die betreffenden Gegenstände dem Schuldigen gehören oder nicht. (Mot. S. 33.)

Die Einziehung ist — abgesehen von der Einziehung von Holz im Falle des § 39 — überhaupt nur zulässig in den Fällen der §§ 15 bis 18, des § 29, § 32 Nr. 1 und § 36 Nr. 1 des gegenwärtigen Gesetzes; sie muß ausgesprochen werden in den Fällen der §§ 15 bis 18 in betreff der Waffen, welche der Täter bei der Zuwiderhandlung bei sich geführt hat.

Dem allgemeinen Grundsatz des § 42 StGB. entsprechend, kann in denjenigen Fällen, wo die Verfolgung oder Verurteilung einer bestimmten Person nicht ausführbar ist, die Einziehung auch selbständig verhängt werden, und zwar ist diese selbständige Verhängung der Einziehung nicht nur auf Fälle der wegen der Vergehen gegen die §§ 17 und 18 dieses Gesetzes zu erkennenden Einziehung zu beschränken, sondern auch bei den Übertretungen der §§ 15, 17, 20, 32 Nr. 1 und 36 Nr. 1 d. G. gestattet.

2. Verfahren bei der Einziehung. Die Einziehung der betreffenden Gegenstände ist in dem Urteil, dem amtsrichterlichen Strafbefehl oder in der polizeilichen Strafverfügung auszusprechen. Vgl. § 40 Abs. 2 StGB., § 407 Abs. 2 und § 413 Abs. 2 StPO.

Der einzuziehende Gegenstand ist in dem die Einziehung aussprechenden Urteil usw. genau zu bezeichnen; ein nur allgemein auf „Einziehung der Waffen, welche der Täter bei sich geführt hat", lautender Ausspruch würde unwirksam und insbesondere nicht vollstreckbar sein.

In den Fällen, in welchen auf Einziehung selbständig erkannt werden kann, ist der Antrag, sofern die Entscheidung nicht in Verbindung mit einem Urteil in der Hauptsache erfolgt, seitens des Amtsanwalts bei demjenigen Gerichte zu stellen, welches für die Verfolgung einer bestimmten Person zuständig sein würde. (§ 430 StPO.) Die Verhandlung und Entscheidung erfolgt in einem Termine, auf welchen die Bestimmungen der Strafprozeßordnung über die Hauptverhandlung entsprechende Anwendung finden. Personen, welche einen rechtlichen Anspruch auf den Gegenstand der Einziehung haben, sind, soweit dies ausführbar erscheint, zu dem Termine zu laden. Dieselben können alle Befugnisse ausüben, welche einem Angeklagten zustehen, sich auch durch einen mit schriftlicher Vollmacht versehenen Verteidiger vertreten lassen. Durch ihr Nichterscheinen wird das Verfahren und die Urteilsfällung nicht aufgehalten. Die Rechtsmittel gegen das Urteil stehen dem Amtsanwalt und den vorerwähnten Personen zu.

Die Einziehung ist ihrer Natur nach eine Vermögensstrafe. Ihre Vollstreckung erfolgt in Feld- und Forstpolizeisachen durch das Amtsgericht als der für diese Sachen zuständigen Behörde (Allg. Verf. des J.-Min. v. 14. Aug. 1879 betr. Strafvollstreckungen usw., JMBl. S. 237), und zwar in Gemäßheit der in den §§ 846 ff. der Zivilprozeßordnung über die Zwangsvollstreckung zur Erwirkung der Herausgabe von Sachen gegebenen Vorschriften. Vgl. § 463 StPO. Falls also der einzuziehende Gegenstand nicht schon vor Erlaß des Urteils mit Beschlag belegt war, ist der Gerichtsvollzieher mit der Wegnahme desselben zu beauftragen. Wenn der einzuziehende Gegenstand nicht vorzufinden ist, so kann das Amtsgericht von dem zur Herausgabe der Sache Verpflichteten die Leistung eines Offenbarungseides dahin erfordern: „daß er die Sache nicht besitze, auch nicht wisse, wo sich dieselbe befinde." Zuständig für die Abnahme dieses Eides ist dasjenige Amtsgericht, in dessen Bezirk der zur Eidesleistung Verpflichtete seinen Wohnsitz oder in Ermangelung eines solchen seinen Aufenthalt hat. Das Verfahren regelt sich im übrigen nach den Vorschriften der §§ 900 bis 914 ZPO. Vgl. auch die Allg. Verf. des J.-Min. v. 28. Nov. 1869, betr. die Vollstreckung der Straferkenntnisse hinsichtlich der Konfiskate in Untersuchungen wegen unberechtigten Jagens. JMBl. S. 435. — Die Vollstreckung der Einziehung kann unbedenklich auch gegen die Erben bzw. gegen den Nachlaß erfolgen. In betreff der Vollstreckung gegen dritte Personen vgl. die §§ 727, 886 ZPO.

3. Verfahren mit den eingezogenen Gegenständen. Über die Ausführung der Einziehung in Feld- und Forstpolizeisachen fehlt es an besonderen Bestimmungen. Es erscheint jedoch unbedenklich, die Grundsätze, welche für die Behandlung der in Forstdiebstahlssachen eingezogenen Gegenstände in der Zirkularverf. des Fin.-Min. v. 1. Sept. 1853 und in den Allg. Verfügungen des J.-Min. v. 6. Okt. 1883 bzw. v. 28. Febr. 1860 (JMBl. 1853 S. 370 u. 1860 S. 91) aufgestellt sind, in rechtsähnlicher Anwendung auch für die Konfiskate in Feld- und Forstpolizeisachen für maßgebend zu erachten. Danach wird man auch hier unterscheiden müssen zwischen: A) wertvolleren Gegenständen und solchen, deren Verkauf und Rückkehr in den Gebrauch ohne überwiegende Nachteile für zulässig zu erachten ist, und B) wertlosen Gegenständen und solchen, deren Verkauf und Rückkehr in den Gebrauch aus polizeilichen Gründen nicht angemessen, deren Vernichtung vielmehr ratsam ist. Zu den letzteren sind nicht nur diejenigen zu rechnen, welche nach ihrer Konstruktion speziell für Feld- und Forstfrevel gefertigt sind, sondern auch solche, welche zur Begehung von Zuwiderhandlungen gegen das FFPG. fernerhin gebraucht werden können (Sägen, Messer, Haken zum Abreißen der Äste, Beile, Äxte, Hippen, Sicheln, Rechen usw.). In der Allg. Verf. v. 28. Febr. 1860 wird in dieser Beziehung vollkommen zutreffend hervorgehoben, daß der Verlust der zur Begehung der Feld- und Forstfrevel gebrauchten Werkzeuge der Erfahrung nach sehr oft empfindlicher sei und von der Wiederholung mehr abschrecke, als die geringe Geld- und Freiheitsstrafe. Diese Wirkung der Konfiskation wird aber aufgehoben oder doch erheblich geschwächt, wenn die Verurteilten bei dem von der Behörde angeordneten Verkauf der ihnen abgenommenen Werkzeuge Gelegenheit finden, dieselben um einen geringen Kostenpreis wieder zu erlangen.

4. Waffen. Die Einziehung der Waffen, welche der Täter bei der Zuwiderhandlung, d. h. bei der Entwendung in den Fällen der §§ 15 bis 18 bei sich geführt hat, muß erfolgen. Es genügt, daß der Täter die Waffen bei sich geführt hat; es ist nicht erforderlich, daß von den Waffen Gebrauch gemacht ist.

Über den Begriff der Waffe vgl. oben Anm. 1 zu § 17.

5. Werkzeuge. Ob die Einziehung der Werkzeuge notwendig erscheint, ist der Beurteilung des einzelnen Falles überlassen. Auch zur Einziehung der Werkzeuge genügt es im übrigen, daß der Täter dieselben bei sich geführt hat, und daß sie zur Begehung der strafbaren Zuwiderhandlung, d. h. der Entwendung in den Fällen der §§ 15 bis 18 geeignet sind. Es ist nicht erforderlich, daß die Werkzeuge wirklich gebraucht sind oder daß sie überhaupt zur Begehung der betreffenden Zuwiderhandlung gebraucht zu werden pflegen.

6. Tiere und Transportmittel. Die Tiere und die zur Wegschaffung des Entwendeten dienenden Gegenstände unterliegen, abgesehen von dem Fall des § 29 Abs. 2 niemals der Einziehung. Vgl. die §§ 32 und 36 und die betr. Anmerkung dazu.

§ 21 (24).

Mit Geldstrafe bis zu einhundertfünfzig Reichsmark oder mit Haft bis zu drei Tagen wird bestraft, wer, abgesehen von den Fällen der §§ 15 und 26, unbefugt

1. das auf oder an Grenzrainen, Wegen, Triften oder an oder in Gräben wachsende Gras oder sonstige Viehfutter abschneidet oder abrupft;

2. von Bäumen, Sträuchern oder Hecken Laub abpflückt oder Zweige abbricht, insofern dadurch ein Schaden entsteht.

1. Allgemeines zu den §§ 21 und 22. Die §§ 21 und 22 stellen Handlungen unter Strafe, die der öffentlichen Ordnung wegen geahndet werden müssen. Als Entwendungen sind dieselben in der Regel nicht anzusehen, da ihr Gegenstand vielfach keinen Wert hat oder von dem Eigentümer aufgegeben ist. Liegen indes die Voraussetzungen der Entwendung (Absicht der rechtswidrigen Zueignung) vor, dann müssen die hierüber in den §§ 15 ff. gegebenen Bestimmungen selbstverständlich zur Anwendung kommen. (Mot.).

2. Abschneiden von Gras usw. auf Wiesen. Das Abschneiden oder Abrupfen von Gras oder sonstigen Viehfutter auf Wiesen fällt nicht unter § 21 Nr. 1, sondern unter die härtere Strafvorschrift des § 15, wenn sonst die Voraussetzungen der Entwendung in subjektiver Beziehung (Absicht der rechtswidrigen Zueignung und Bewußtsein der Rechtswidrigkeit) vorliegen.

3. Abpflücken von Laub, Abbrechen von Zweigen. Nur diejenigen Beschädigungen von Sträuchern und Bäumen, welche durch Abpflücken von Laub oder Abbrechen von Zweigen verursacht werden, sind nach § 21 Nr. 2 strafbar. Alle sonstigen Beschädigungen stehender Bäume, Sträucher oder Hecken, also auch das Abschneiden von Zweigen, unterliegen, falls nicht etwa § 304 StGB. zur Anwendung kommt, der strengeren Strafbestimmung des § 26 Nr. 5. Vgl. v. Bülow u. Sterneberg a. a. O. S. 39.

Das Abpflücken von Laub oder Abbrechen von Zweigen von Bäumen, Sträuchern oder Hecken ist straflos, wenn dadurch kein Schaden entstanden ist. Ob die Entstehung eines Schadens anzunehmen, ist eine Frage tatsächlicher Beurteilung. Dabei ist nicht erforderlich, daß sich der Schaden in einer bestimmten Geldsumme ausdrücken läßt.

Die Vorschrift des § 21 Nr. 2 bezieht sich auch auf Forstgrundstücke. (Mot.)

§ 22 (25).

Mit Geldstrafe bis zu einhundertfünfzig Reichsmark oder mit Haft bis zu einer Woche wird bestraft, wer unbefugt:

1. Dungstoffe von Äckern und Wiesen, Weiden, Gärten, Obstanlagen oder Weinbergen aufsammelt;
2. Knochen gräbt oder sammelt;
3. Nachlese hält.

1. Aufsammeln von Dungstoffen. Unter dem Aufsammeln von Dungstoffen ist nur das allmähliche Zusammenbringen des auf Äckern, Wiesen, Weiden usw. zerstreut liegenden Düngers zu verstehen. Die Wegnahme einer größeren Menge aufgeschütteten Düngers wird regelmäßig als Diebstahl nach § 242 StGB. zu bestrafen sein. U. 16/12 90, E. 21, 245 u. U. 1/10 97 GA. 45, 430. Als Dungstoff kann übrigens außer dem eigentlichen, natürlichen oder künstlichen Dünger auch Straßenkot oder Bauschutt, der auf einen Acker gebracht ist, angesehen werden. Vgl. U. Obertrib. 3/10 61 und 26/2 68, OR. 1, 567 und 9, 152.

2. Knochensammeln. Hierunter ist ebenfalls nur das allmähliche Zusammenlesen der Knochen zu verstehen, nicht die mittels einer einzigen Handlung erfolgende Wegnahme eines bereits aufgestapelten Knochenhaufens. Auch diese letztere würde lediglich unter § 242 StGB. fallen. — Abgeworfene Wildstangen fallen nicht unter die im § 22 Ziff. 2. erwähnten Knochen. U. KG. 13/12 97, Joh. 18, 282.

3. Nachlese. Im Sinne des § 22 ist eine Nachlese nur dann vorhanden, wenn das Absuchen der Felder nach vollständig beendigter Ernte erfolgt und sich auf solche Früchte erstreckt, welche der Eigentümer in der Absicht, sie nicht für sich einzusammeln, hat liegen lassen. Das unbefugte Aneignen von Feldfrüchten vor beendeter Ernte, namentlich also während der Ernte, fällt nicht unter die Vorschrift des § 22 Nr. 2; auf solche Handlungen finden vielmehr die Vorschriften über Entwendung in den §§ 15 ff. beziehungsweise, wenn der Wert des Entwendeten mehr als 10 M. beträgt, über Diebstahl im Strafgesetzbuch Anwendung. (Mot. S. 34) — Die Ernte ist nicht eher beendet, als bis die vom Boden getrennten Früchte von demselben entfernt sind. Bei Wiesen ist die Beendigung der Ernte erst nach dem zweiten (Grummet-) Schnitte anzunehmen.

Nur die unbefugte Ausübung der Nachlese ist strafbar. Eine Befugnis zur Nachlese steht nur demjenigen zu, welcher selbst nutzungsberechtigt ist oder eine Erlaubnis vom Nutzungsberechtigten erhalten hat.

Die Frage, ob jemand auf Grund eines Herkommens oder eines speziellen Rechtstitels nutzungsberechtigt ist, muß notfalls im Zivilprozeß entschieden werden.

Es ist in dieser Beziehung die Bestimmung des § 262 StPO. zu beachten, welche lautet: „Hängt die Strafbarkeit einer Handlung von der Beurteilung eines bürgerlichen Rechtsverhältnisses ab, so entscheidet das Strafgericht auch über dieses nach den für das Verfahren und den Beweis in Strafsachen geltenden Vorschriften. Das Gericht ist jedoch befugt, die Untersuchung auszusetzen und einem der Beteiligten zur Erhebung der Zivilklage eine Frist zu bestimmen oder das Urteil des Zivilgerichts abzuwarten."

Die Aussetzung der Untersuchung erfolgt durch Beschluß, welcher auch schon vor Eröffnung der Hauptverhandlung gefaßt werden kann.

Das Gesetz über das Verfahren in Wald- Feld- und Jagdfrevelsachen bei Zivileinreden v. 31. Januar 1845 ist durch § 262 StPO. aufgehoben.

Über die Begründung der Berechtigungseinrede vgl. noch Anm. 1 zu § 31.

§ 23 (26).

Mit Geldstrafe bis zu einhundertfünfzig Reichsmark oder mit Haft bis zu vierzehn Tagen wird bestraft, wer unbefugt:

1. abgesehen von den Fällen des § 366 Nr. 7 des Strafgesetzbuchs, Steine, Scherben, Schutt oder Unrat auf Grundstücke wirft oder in dieselben bringt;

2. Leinwand, Wäsche oder ähnliche Gegenstände zum Bleichen, Trocknen oder anderen derartigen Zwecken ausbreitet oder niederlegt;
3. tote Tiere liegen läßt, vergräbt oder niederlegt;
4. Bienenstöcke aufstellt.

1. Der § 366 Nr. 7 StGB. bestimmt: „Mit Geldstrafe bis zu einhundertfünfzig Reichsmark oder mit Haft bis zu vierzehn Tagen wird bestraft: 7) wer Steine oder andere harte Körper oder Unrat auf Menschen, auf Pferde oder andere Zug- oder Lasttiere, gegen fremde Häuser, Gebäude oder Einschließungen, oder in Gärten oder eingeschlossene Räume wirft."

Der § 23 Nr. 1 dehnt dieses Verbot ganz allgemein auf fremde, auch nicht eingeschlossene, Grundstücke aus. Das Verunreinigen fremder Privatwege ist im § 26 Nr. 1 d. G. besonders mit Strafe bedroht. Besondere Strafvorschriften bestehen übrigens noch gegen das Werfen von Steinen „auf Staats-Chausseen und andere chaussierte öffentliche Wege" (KabO. v. 31. Aug. 1832. GS 1832 S. 214) in den §§ 11 bzw. 17 und 21 der zusätzlichen Vorschriften zum Chausseegeld-Tarif v. 29. Februar 1840 (GS. S. 94), welche lauten:

§ 11: „Die Fahrbahn darf nicht durch Anhalten, oder auf irgendeine andere Weise gesperrt oder verengt werden. Weder auf der Fahrbahn, den Brücken oder den Banquets, noch in den Seitengräben dürfen Gegenstände niedergelegt werden oder liegen bleiben, welche nicht der Chaussee-Verwaltung angehören. Ebensowenig dürfen Scherben, Kehricht, Unkraut oder anderer Unrat hinauf- oder hineingeworfen werden."

§ 17: „Wer den Vorschriften unter 8 bis 16 entgegenhandelt, hat außer dem Schadensersatze eine Strafe von zehn Silbergroschen bis fünf Taler verwirkt."

§ 21: „Im Unvermögensfalle tritt verhältnismäßiges Gefängnis (jetzt: Haft: Art. VIII Abs. 3 des Einf.Ges. zum preuß. StGB. v. 14 April 1851) an die Stelle der vorstehend zu 5 bis 20 angeordneten Geldstrafen."

Unter **Unrat** sind nicht nur ekelerregende Gegenstände zu verstehen, sondern überhaupt alle verunreinigenden Stoffe (Straßenschmutz, Erde, Farbstoffe, frisch gemischter Kalk usw.). U. 5/2 91, E. 21, 314. Auch Unkrautsamen in größeren Mengen kann als Unrat gelten. Im übrigen kann sich das Aussäen größerer Unkrautmengen auf Getreideland als Sachbeschädigung nach § 303 StGB. und als Übertretung des § 26 Nr. 1 FFPG. darstellen. Zwischen diesen beiden §§ besteht Idealkonkurrenz, nicht Gesetzeseinheit. Vgl. U. KG. 28/9 14, Johow 46, 368.

2. Niederlegen von Wäsche usw. Wenn durch das Ausbreiten oder Niederlegen von Leinwand, Wäsche oder ähnlichen Gegenständen auf öffentlichen Wegen usw. der freie Verkehr gehindert oder die Reinlichkeit, Bequemlichkeit oder Sicherheit dieser Wege usw. gefährdet wird, so treten im geeigneten Fall die Strafbestimmungen des § 366 Nr. 9 und 10 StGB. ein, welche lauten: „Mit Geldstrafe bis zu einhundertundfünfzig Reichsmark oder mit Haft bis zu vierzehn Tagen wird bestraft: 9) wer auf öffentlichen Wegen, Straßen, Plätzen oder Wasserstraßen Gegenstände, durch welche der freie Verkehr gehindert wird, aufstellt, hinlegt oder liegen läßt, — 10) wer die zur Erhaltung der Sicherheit,

Bequemlichkeit, Reinlichkeit und Ruhe auf den öffentlichen Wegen, Straßen, Plätzen oder Wasserstraßen erlassenen Polizeiverordnungen übertritt."

3. Liegenlassen toter Tiere. Nur das unbefugte Liegenlassen toter Tiere ist strafbar. Unbefugt läßt aber nur derjenige liegen, der verpflichtet ist, das tote Tier nicht liegen zu lassen. Diese Verpflichtung kann den Eigentümer des Grundstückes treffen, aber auch andere Personen. Werden wildernde Hunde oder Katzen, Tauben zur Saatzeit usw. nach den polizeil. Vorschr. berechtigt getötet, so ist der Eigentümer der Tiere zur Beseitigung verpflichtet, falls er bekannt und benachrichtigt ist, sonst der Tötende, in letzter Linie der Eigentümer des Grundstücks.

Vgl. auch das Ges. über die Beseitigung von Tierkadavern vom 17. Juni 1911 (RGBl. S. 248) und RdErl. des M. für LduF. vom 11. April 1926 über Tierkadaverbeseitigung (Lw. MBl. S. 248) sowie AV. des JM. vom 3. Mai 1926 (JMBl. S. 182).

4. Aufstellen von Bienenstöcken. An und für sich steht das Recht, Bienen auf seinem Eigentum zu halten, also auch Bienenstöcke aufzustellen, jedem Eigentümer zu. Trotzdem kann unter Umständen auch die Aufstellung von Bienenstöcken auf eigenem Grund und Boden zu einer unbefugten werden, wenn sie z. B. wegen der Nähe öffentlicher Spielplätze oder sonst im Interesse der öffentlichen Sicherheit gerade an dem betreffenden Orte polizeilich untersagt ist.

Wegen der Bienenschwärme vgl. §§ 961 ff. BGB. und insbesondere wegen des Rechtes des Eigentümers, bei der Verfolgung seines ausgezogenen Bienenschwarms fremde Grundstücke zu betreten, § 962 ebenda.

§ 24 (28).

Mit Geldstrafe bis zu einhundertfünfzig Reichsmark oder mit Haft bis zu vierzehn Tagen wird bestraft, wer unbefugt

1. fremde auf dem Felde zurückgelassene Ackergeräte gebraucht;
2. die zur Sperrung von Wegen oder Eingängen in eingefriedigte Grundstücke dienenden Vorrichtungen öffnet oder offen stehen läßt;
3. Gruben auf fremden Grundstücken anlegt.

1. Gebrauch fremder Ackergeräte. Die Strafbarkeit des Gebrauches auf dem Felde zurückgelassener Ackergeräte wird selbstverständlich durch die ausdrückliche oder stillschweigende Einwilligung des Eigentümers ausgeschlossen; es liegt dann kein unbefugter Gebrauch vor.

2. Öffnen und Offenstehenlassen von Sperrvorrichtungen. Das unbefugte Öffnen der zur Sperrung von Wegen oder Eingängen in eingefriedigte Grundstücke dienenden Vorrichtungen (Gatter, Pforten oder dgl.) und das unbefugte Offenstehenlassen derselben sind zwei besondere strafbare Handlungen. Es kann jemand sehr wohl eine der in Rede stehenden Vorrichtungen befugt öffnen, dieselbe aber, nachdem er hindurchgegangen ist, unbefugt offen stehen lassen. Strafbar nach § 24 Nr. 2 ist auch derjenige, welcher eine derartige Vorrichtung, welche er offen gefunden hat, nach dem Hindurchgehen unbefugt offen stehen läßt.

3. Anlegen von Gruben. Die Motive heben hervor, daß zu

den im § 24 Nr. 3 erwähnten Gruben namentlich die nicht selten unbefugter Weise auf fremden Grundstücken angelegten Kartoffelgruben zu rechnen seien. Desgleichen gehören hierher die Gruben und Löcher, welche zum Fangen von Wild, Hamstern, Maulwürfen usw. unbefugt, d. h. ohne Erlaubnis des Eigentümers usw. auf fremden Grundstücken gegraben werden. Handelt es sich um Anlegung von Fallen zum Zweck des Einfangens von jagdbaren Tieren, so kommen eventuell die härteren Strafbestimmungen der §§ 292 ff. StGB., das unberechtigte Jagen betreffend, zur Anwendung. Wenn also jemand z. B. auf einem fremden Grundstück, auf welchem er zu jagen nicht berechtigt ist, die Jagd dadurch ausübt, daß er dem Wilde durch eine Falle nachstellt, welche in einer von ihm angelegten Grube besteht, so ist er lediglich nach § 293 StGB. zu bestrafen; die Anlegung der Grube als solcher kommt dann als besondere Übertretung des § 24 Nr. 3 FFPG. nicht in Betracht.

§ 25 (29).

Mit Geldstrafe bis zu einhundertfünfzig Reichsmark oder mit Haft wird bestraft, wer, abgesehen von den Fällen des § 367 Nr. 12 des Strafgesetzbuchs, den Anordnungen der Behörden zuwider es unterläßt.

1. Steinbrüche, Lehm-, Sand-, Kies-, Mergel-, Kalk- oder Tongruben, Bergwerksschachte, Schürflöcher oder die durch Stockroden entstandenen Löcher, zu deren Einfriedigung oder Zuwerfung er verpflichtet ist, einzufriedigen oder zuzuwerfen;
2. Öffnungen, welche er in Eisflächen gemacht hat, durch deutliche Zeichen zur Warnung vor Annäherung zu verwähren.

1. Der § 367 Nr. 12 StGB. bestimmt: „Mit Geldstrafe bis zu einhundertfünfzig Reichsmark oder mit Haft wird bestraft: 12) wer auf öffentlichen Straßen, Wegen oder Plätzen, auf Höfen, in Häusern und überhaupt an Orten, an welchen Menschen verkehren, Brunnen, Keller, Gruben, Öffnungen oder Abhänge dergestalt unverdeckt und unverwahrt läßt, daß daraus Gefahr für andere entstehen kann."

Der § 25 erweitert diese Bestimmung namentlich zum Schutze des Weideviehes und zur Vermeidung von Unglücksfällen und bestraft das bloße Unterlassen der Einfriedigung, Zuwerfung usw. ohne Rücksicht darauf, ob dadurch eine Beschädigung von Menschen oder Tieren verursacht worden ist. Wenn durch die Verabsäumung eine Körperverletzung verursacht wird, so wird in idealer Konkurrenz auch § 230 StGB. anwendbar, welcher lautet: „Wer durch Fahrlässigkeit die Körperverletzung eines anderen verursacht, wird mit Geldstrafe oder mit Gefängnis bis zu zwei Jahren bestraft. War der Täter zu der Aufmerksamkeit, welche er aus den Augen setzte, vermöge seines Amtes, Berufes oder Gewerbes besonders verpflichtet, so kann die Strafe auf drei Jahre Gefängnis erhöht werden." — Die Verfolgung einer fahrlässigen Körperverletzung tritt nur auf Antrag ein, insofern die letztere nicht mit Übertretung einer Berufs- usw. Pflicht begangen worden ist. (§ 232 StGB.) — Zur Verfolgung der bloßen Zuwiderhandlung gegen § 25 bedarf es eines Strafantrages nicht.

2. Verpflichtung zur Einfriedigung usw. Die Verpflichtung zur Einfriedigung oder Zuwerfung von Steinbrüchen usw. trifft nicht unbedingt nur den Eigentümer, sondern unter Umständen auch den Pächter, Verwalter oder Inhaber des Steinbruchs usw., wenn derselbe in der Lage war, die Einfriedigung oder das Zuwerfen zu bewirken. Vgl. U. 23/11 86, E. 15, 58. U. 23/28 2, E. 6, 64; R. 4, 188.

3. Bergwerksschachte. Schürflöcher. Die strafrechtliche Verantwortlichkeit des Bergwerksbesitzers (Repräsentanten) wegen unterlassener Einfriedigung oder Zuwerfung von Bergwerksschachten oder Schürflöchern wird dadurch nicht ausgeschlossen, daß das Allgemeine Berggesetz v. 24. Juni 1865 (GS. S. 705) den Bergbau auch in betreff des Schutzes der Oberfläche im Interesse der persönlichen Sicherheit und des öffentlichen Verkehrs unter die polizeiliche Aufsicht der Bergbehörden stellt (§§ 196ff. Berg-Ges.) und im § 76 die Betriebsführer usw. für die Befolgung aller im Gesetze enthaltenen oder auf Grund desselben ergangenen Vorschriften und Anordnungen verantwortlich macht (vgl. U. Obertrib. v. 1/7 75, OR. 16, 508). Die strafrechtliche Verantwortlichkeit ist außerdem nicht auf rein bergpolizeiliche Übertretungen zu beschränken, sondern erstreckt sich auf alle aus der verantwortlichen Leitung und Beaufsichtigung des Bergwerkseigentums sich ergebenden strafbaren Verschuldungen. U. 26/11 81, E. 5, 182. Vgl. Oppenhoff, Allg. Berg-Ges. S. 113 Anm. 473, 474.

4. Anordnungen der Behörden. Die im § 25 vorausgesetzten Anordnungen der Behörden (polizeiliche Anordnungen: § 42) sind den nach dem Ges. v. 11. März 1850 bzw. der Verordg. v. 20. Sept. 1867 erlassenen Polizeiverordnungen (s. oben Anm. 3 zu § 9) nicht gleichzustellen. Beide Begriffe sind keineswegs gleichbedeutend. Die §§ 5ff. des Ges. v. 11. März 1850 bzw. der Verordg. v. 20. Sept. 1867 beziehen sich nur auf allgemeine Polizeivorschriften, und nur solche polizeilichen Vorschriften werden als „Polizeiverordnungen“ bezeichnet. Das Gebiet der polizeilichen Tätigkeit wird nun aber durch den Erlaß solcher Polizeiverordnungen nicht erschöpft und kann, selbst wenn von dem Polizeiverordnungsrecht der ausgedehnteste Gebrauch gemacht wird, nicht darin aufgehen. Die polizeiliche Tätigkeit äußert sich vielmehr außerdem in Geboten und Verboten an einzelne Personen und für einzelne Fälle, welche technisch im Gegensatze zu den Polizeiverordnungen als „polizeiliche Verfügungen“ („Anordnungen“) bezeichnet werden. Vgl. § 20 Ges. v. 11. März. 1850 bzw. § 18 der Verordg. v. 20. Sept. 1867 und insbesondere die §§ 127ff. des Ges. über die allgem. Landesverwaltung v. 30. Juli 1883 (GS. S. 195). Zu diesen polizeilichen Verfügungen gehören die in den §§ 25, 30, und 42 FFPG. gedachten Anordnungen. Die zur Durchsetzung der polizeilichen Anordnungen gesetzlich gewährten Zwangsbefugnisse der Polizeibehörden (§ 132 Land.-V.-Ges.) erleiden bezüglich derjenigen Anordnungen, deren Übertretung — wie in den §§ 25, 30 und 42 FFPG. — mit allgemeinen Strafen bedroht ist, insofern eine Einschränkung, als daneben wegen des Grundsatzes des Strafverbrauchs Exekutivstrafen als Zwangsmittel nicht angewendet werden dürfen. In solchen Fällen dürfen daher als Zwangsmittel nur die im § 132 Nr. 1 und Nr. 3 Land.-V.-Ges. bezeichneten Maßregeln (Ausführung der zu erzwingenden Handlung durch einen Dritten auf Kosten des Verpflichteten und unmittelbarer Zwang) zur Anwendung kommen. Vgl. Entsch. OVG. 8, 363; 9, 280 und 7, 378, wo ausgeführt wird, daß eine besondere polizeiliche Verfügung mit Strafandrohung, wodurch das Betreten fremden Ackers verhindert werden soll, sich neben den gesetzlichen Vorschriften des § 369 Nr. 9 StGB. und des § 8 FFPG nur in dem Falle rechtfertigen lassen würde, wo besondere, polizeilich zu schützende Interessen in Frage ständen, welche nicht im ordentlichen, gesetzlich geregelten Strafverfahren zu wahren wären.

§ 26 (30.)

Mit Geldstrafe bis zu einhundertfünfzig Reichsmark oder mit Haft wird bestraft, wer unbefugt:

1. abgesehen von den Fällen des § 305 des Strafgesetzbuchs, fremde Privatwege oder deren Zubehörungen beschädigt oder verunreinigt oder ihre Benutzung in anderer Weise erschwert,
2. auf ausgebauten öffentlichen oder Privatwegen die Bankette befährt, ohne dazu genötigt zu sein (§ 8 Abs. 2), Holz auf ausgebauten Wegen schleift oder die zur Bezeichnung der Fahrbahn gelegten Steine, Faschinen oder sonstigen Zeichen entfernt oder in Unordnung bringt,
3. abgesehen von den Fällen des § 274 Nr. 2 des Strafgesetzbuchs, Steine, Pfähle, Tafeln, Stroh- oder Hegewische, Hügel, Gräben oder ähnliche zur Abgrenzung, Absperrung, oder Vermessung von Grundstücken oder Wegen dienende Merk- oder Warnungszeichen, desgleichen Merkmale, die zur Bezeichnung eines Wasserstandes bestimmt sind, sowie Wegweiser fortnimmt, vernichtet, umwirft, beschädigt oder unkenntlich macht,
4. Einfriedigungen, Geländer oder die zur Sperrung von Wegen oder Eingängen in eingefriedigte Grundstücke dienenden Vorrichtungen beschädigt oder vernichtet,
5. abgesehen von den Fällen des § 304 des Strafgesetzbuchs, stehende Bäume, Sträucher, Pflanzen oder Feldfrüchte, die zum Schutze von Bäumen dienenden Pfähle oder sonstigen Vorrichtungen beschädigt. Sind junge stehende Bäume, Frucht- oder Zierbäume oder Ziersträucher beschädigt, so darf die Geldstrafe nicht unter zehn Reichsmark betragen.

1. Unbefugt. Die Strafandrohung setzt ein unbefugtes Handeln voraus. Nicht betroffen wird daher, wer in zulässiger Selbsthilfe aus § 229 BGB. oder in Nothilfe aus § 904 BGB. eine Berechtigung herleitet. U. 6/7 08, JW. 37, 611.

2. Der § 305 StGB. bestimmt: „Wer vorsätzlich und rechtswidrig ein Gebäude, ein Schiff, eine Brücke, einen Damm, eine gebaute Straße, eine Eisenbahn oder ein anderes Bauwerk, welche fremdes Eigentum sind, ganz oder teilweise zerstört, wird mit Gefängnis nicht unter einem Monat bestraft. Der Versuch ist strafbar." Brücken gehören im übrigen auch zu den Zubehörungen von Privatwegen. Ihre Beschädigung ist daher nach § 26 FFPG., ihre ganze oder teilweise Zerstörung nach § 305 StGB. zu bestrafen. U. 24/5 83, R. 5, 383.

3. Beschädigung usw. fremder Privatwege. Die im § 26 Nr. 1 mit Strafe bedrohten Beschädigungen fremder Privatwege oder deren Zubehörungen sind nicht nur dann, wenn sie vorsätzlich, sondern auch, wenn sie durch Fahrlässigkeit verursacht sind, strafbar. Beschädigungen von Chausseen und der ihnen gleichgestellten öffentlichen Straßen oder deren Zubehörungen, insbesondere der Chausseebäume sind — und zwar ebenfalls ohne Unterschied, ob sie vorsätzlich oder durch fahrlässiges Verschulden verursacht sind (U. KG. 20/6 81, Joh. 2, 251) — nach Nr. 18, 19 der zusätzlichen Vorschriften zum Chausseegeld-Tarif v. 29. Febr. 1840 (GS. S. 94) zu bestrafen. Beschädigungen anderer öffentlicher Wege oder deren Zubehörungen, insbesondere der zu denselben gehörigen Bäume sind strafbar nach den Bestimmungen der ZirkVerf. des Fin.Min. und des Min. d. Inn. an sämtliche Regierungen, ausschließlich der Rheinischen, betr. die Bestrafung der Beschädigungen an Chausseen, Landstraßen, öffentlichen Wegen usw. v. 8. April 1846, MBl. f. d. i. V. S. 125. (Abgedruckt bei Borchert, Codex des deutsch.-preuß. Strafrechts und Strafprozesses I S. 118). Diese Strafbestimmungen der Nr. 18, 19 der zusätzlichen Vorschriften zum Chausseegeld-Tarif bzw. der ZirkVerf. v. 8. April 1846 finden jedoch auch nur dann Anwendung, wenn die allgemeinen Strafgesetze nicht eine härtere Strafe bestimmen, wenn also z. B. die Fälle des § 305 StGB. nicht vorliegen.

4. Verunreinigung und Erschwerung der Benutzung. Besondere Vorschriften bestehen betr. der Verunreinigung von Chausseen und anderen öffentlichen Wegen in Nr. 11 der zusätzlichen Vorschriften zum Chausseegeld-Tarif v. 29. Febr. 1840. Siehe oben Anm. 1 zu § 23.

5. Befahren usw. der Bankette. Unter Bankett ist der nicht zum befestigten Teil eines Planums gehörige übrige Teil eines Weges zu verstehen, der zur Niederlegung des Unterhaltungsmaterials oder für die Fußgänger bestimmt ist. KG. 3/5 08 bei Dalcke, FFPG. § 30 Anm. 40a. Das Befahren der Bankette auf ausgebauten öffentlichen oder Privatwegen bleibt straflos, wenn jemand dazu durch die schlechte Beschaffenheit des zum gemeinen Gebrauch bestimmten Weges oder durch ein anderes auf dem Wege befindliches Hindernis genötigt worden ist (§ 8 Abs. 2 d. G.). Im übrigen ist die Strafe wegen unbefugten Fahrens auf den Banketten ohne Rücksicht darauf, ob durch die Handlung ein Schaden verursacht ist, zu verhängen, und das Fahren bleibt endlich auch dann strafbar, wenn der Fahrende sich in dem guten Glauben befindet, daß der Besitzer des Fuhrwerks dazu berechtigt sei. U. KG. 9/12 95, Joh. 17, 400.

Zu den ausgebauten öffentlichen Wegen gehören unbedenklich auch die Chausseen und die ihnen gleichgestellten Straßen; die besondere, das Fahren auf den Banketten der Chausseen betreffende

Strafvorschrift der Nr. 12 der zusätzlichen Vorschriften zum Chausseegeld-Tarif kann deshalb nicht mehr zur Anwendung kommen. Vgl. U. 9/12 95, Joh. 17, 400. Dagegen sind die Bestimmungen der letztgedachten Nr. 12 der zusätzlichen Vorschriften in soweit in Kraft geblieben, als sie auch das Fahren auf den Böschungen und in den Gräben der Chausseen, das Reiten auf den Banketten, Böschungen und in den Gräben derselben und das Gehen auf den Böschungen und in den Gräben der Chausseen bei Strafe verbieten.

Das Reiten auf den Banketten ausgebauter öffentlicher oder Privatwege ist — wenn es sich nicht um eigentliche Chausseen handelt — nicht strafbar. Das Gehen auf den Banketten ist ebenfalls nicht mit Strafe bedroht.

6. In Unordnung bringen. Eine besondere Strafvorschrift besteht betr. der Chaussee-Materialien. Das „In Unordnung bringen" derselben wird in Nr. 18 der zusätzlichen Vorschriften zum Chausseegeld-Tarif v. 29. Febr. 1840, sofern nicht nach den allgemeinen Strafvorschriften eine härtere Strafe verwirkt wird, mit einer Geldstrafe von 3 bis 15 Mark bedroht.

7. Der § 274 Nr. 2 StGB. bestimmt: „Mit Gefängnis, neben welchem auf Geldstrafe erkannt werden kann, wird bestraft, wer: 2. einen Grenzstein oder ein anderes zur Bezeichnung einer Grenze oder eines Wasserstandes bestimmtes Merkmal in der Absicht, einem anderen Nachteil zuzufügen, wegnimmt, vernichtet, unkenntlich macht, verrückt oder fälschlich setzt."

8. Fortnahme, Vernichtung, Beschädigungen usw. von Grenz- und Warnungszeichen usw. Das Gesetz gewährt den im § 26 Nr. 3 aufgeführten Grenz- und Warnungszeichen im öffentlichen Interesse dadurch einen besonderen Schutz, daß es das bloße unbefugte Fortnehmen, Beschädigen usw. derselben unter Strafe stellt. Es wird hierbei als selbstverständlich vorausgesetzt, daß dem Täter die Eigenschaft der Steine, Pfähle usw. als zur Abgrenzung usw. dienender Gegenstände bekannt war oder bei gehöriger Aufmerksamkeit bekannt sein mußte. Vgl. § 59 StGB. und U. KG. 12/2 94, Joh. 15, 310. Auch vorläufige Grenzzeichen genießen den Schutz dieser Bestimmung, nicht aber bloß vorbereitende oder einseitig gesetzte Grenzzeichen. U. KG. 16/2 06, DR. 11, 913; E. 31, 143.

Die Verletzung von Grenzzeichen in der Absicht, einem anderen Nachteil zuzufügen, wird als Vergehen nach dem in Anm. 7 angeführten § 274 Nr. 2 StGB. und die Verletzung der Grenze durch Abgraben oder Abpflügen als Übertretung nach § 370 Nr. 1 StGB. bestraft, welcher lautet:

„Mit Geldstrafe bis zu einhundertfünfzig Mark oder mit Haft wird bestraft: 1. wer unbefugt ein fremdes Grundstück, einen öffentlichen oder Privatweg oder einen Grenzrain durch Abgraben oder Abpflügen verringert.

Die Wegnahme von Steinen, Pfählen, Wegweisern usw. in der Absicht rechtswidriger Zueignung ist als Diebstahl nach § 242 StGB. zu bestrafen.

Die vorsätzliche Beschädigung oder Vernichtung von Grenz-Vermessungs-Zeichen usw. ist nach den Vorschriften des StGB. (§§ 303,

304) zu bestrafen, wenn der angerichtete Schaden den Betrag von 10 Mark übersteigt. (§ 4 FFPG.)

9. Vermessungszeichen. Als solche sind die zur Legung eines trigonometrischen Netzes über das Land nach den Gesetzen v. 7. Okt. 1865 (GS. S. 1033) bzw. 7. April 1869 (GS. S. 729) errichteten Marksteine besonders hervorzuheben. Vorsätzliche Beschädigungen dieser Marksteine unterliegen der Bestrafung nach § 304 StGB. jedenfalls dann, wenn der angerichtete Schaden den Betrag von 10 Mark übersteigt. Vgl. § 6 Ges. v. 7. April 1869 und § 4 FFPG.

10. Wasserstandsmerkmale. Als Merkmale, die zur Bezeichnung eines Wasserstandes bestimmt sind, sind auch die nach dem Gesetz wegen des Wasserstauens bei Mühlen und wegen Verschaffung der Vorflut v. 15. Nov. 1811 (GS. S. 352) bzw. nach dem Vorflutsgesetz für Neuvorpommern und Rügen v. 9. Febr. 1867 (GS. S. 220) zur Vergleichung des Wasserstandes bestimmten sog. Fixpunkte anzusehen. Vgl. Erk. Obertrib. 28/3 67. OR. 8, 213. Das Gesetz wegen des Wasserstauens bei Mühlen usw. v. 15. Nov. 1811 und das Vorflutgesetz für Neuvorpommern und Rügen v. 9 Febr. 1867 sind durch § 399 Abs. 2 Ziff. 3 und 23 des Wassergesetzes v. 7. Febr. 1913 aufgehoben. Betr. die jetzt geltenden Vorschriften über „Staumarken" vgl. Wassergesetz §§ 92 bis 95. — Gegenstände, welche nur die künftige Bezeichnung eines Wasserstandes vorbereiten oder ermöglichen sollen, sind keine Wasserstandsmerkmale i. S. § 26 Nr. 3. U. 10/5 98, E. 31, 143.

11. Wegweiser. Das Obertribunal hatte bereits im Erk. 8/10 62 (OR. 2, 59) ausgesprochen, daß das Umstürzen eines aufgestellten Wegweisers, selbst ohne sonstige Verletzung, als Beschädigung (Zerstörung) desselben anzusehen sei. Durch die Bestimmung des § 26 Nr. 3 d. G. ist jetzt das bloße Umwerfen eines Wegweisers besonders unter Strafe gestellt.

12. Beschädigung und Vernichtung von Einfriedigungen usw. Die vorsätzliche Beschädigung und Vernichtung fremder Einfriedigungen usw. ist nach den §§ 303, 304 StGB. zu bestrafen, wenn der angerichtete Schaden den Betrag von 10 Mark übersteigt. (§ 4 d. G.) — Die Entwendung losgelöster oder losgebrochener Teile einer Einfriedigung ist als Diebstahl nach § 242 StGB. zu bestrafen. U. 11/1 95, E. 26, 367. Einfriedigungen im Sinne dieser Bestimmung sind nur die von Feld- oder Forstgrundstücken. U. 17/3 14, E. 48, 212.

13. Der § 304 StGB. — soweit derselbe hier interessiert — lautet: „Wer vorsätzlich und rechtswidrig — — — Gegenstände, welche zum öffentlichen Nutzen oder zur Verschönerung öffentlicher Wege, Plätze oder Anlagen dienen, beschädigt oder zerstört, wird mit Gefängnis bis zu drei Jahren oder mit Geldstrafe bestraft Neben der Gefängnisstrafe kann auf Verlust der bürgerlichen Ehrenrechte erkannt werden. Der Versuch ist strafbar."

Beschädigungen von Bäumen, Sträuchern und Pflanzen, welche zum öffentlichen Nutzen oder zur Verschönerung öffentlicher Wege, Plätze oder Anlagen dienen, sowie Beschädigungen der zum Schutze der vorerwähnten Bäume usw. dienenden Pfähle oder sonstigen Vorrichtungen sind demnach nach § 304 StGB. zu bestrafen, vorausgesetzt allerdings, daß dieselben vorsätzlich und rechtswidrig begangen sind, und daß es sich wirklich um Beschädigungen handelt, durch welche die Bäume usw. zur Erfüllung ihres im § 304 besonders geschützten Zweckes minder tauglich werden. Ein bloßes mutwilliges Abpflücken von Laub oder Zweigen von Bäumen, die zum öffentlichen Nutzen usw. dienen, wird deshalb stets nur nach § 21 Nr. 2 bzw. § 26 Nr. 5 FFPG. und nicht nach der schweren Strafbestimmung des § 304 zu ahnden sein. — Für die Frage, ob die Bäume usw. zur „Verschönerung" dienen, sind im allgemeinen die örtlichen Verhältnisse entscheidend, und unter dem „Dienen zum öffentlichen Nutzen" ist nur ein Dienen zum Nutzen des Publikums oder zum gemeinen (z. B. nicht bloß militärischen oder dgl.) Gebrauch zu verstehen. Im übrigen sind die Begriffe des Dienens zur Verschönerung und des Dienens zum öffentlichen Nutzen nicht grundsätzlich auf den Fall zu beschränken, wenn in dem öffentlichen Nutzen oder der Verschönerung die den Bäumen usw. ursprünglich beiwohnende oder beigelegte Zweckbestimmung besteht; es genügt vielmehr ein den Dienst des öffentlichen Nutzens oder der Verschönerung leistender tatsächlicher Zustand. Vgl. U. 17/9 81, E. 4, 288.

14. Beschädigungen von jungen stehenden Bäumen, von Frucht- oder Zierbäumen oder Ziersträuchern — bei welchen letzteren drei Arten es nicht darauf ankommt, ob sie jung oder alt sind — müssen in allen Fällen mindestens mit einer Geldstrafe von zehn Mark bestraft werden, wenn nicht, was bei dem landeskulturschädlichen Charakter derartiger Beschädigungen in der Regel geschehen wird, sofort auf Haft erkannt wird.

15. Beschädigung von Chausseebäumen. Die Nr. 19 der zusätzlichen Vorschriften zum Chausseegeld-Tarif v. 29/2 40, betreffend die Beschädigung der Chausseebäume, ist durch § 26 Nr. 5 nicht aufgehoben. U. KG. 27/2 96, Joh. 17, 401.

§ 27 (31).

Mit Geldstrafe bis zu einhundertfünfzig Reichsmark oder mit Haft wird bestraft, wer abgesehen von den Fällen der §§ 321 und 326 des Strafgesetzbuchs, unbefugt das zur Bewässerung von Grundstücken dienende Wasser ableitet, oder Gräben, Wälle, Rinnen oder andere zur Ab- und Zuleitung des Wassers dienende Anlagen herstellt, verändert, beschädigt oder beseitigt.

1. Der § 321 StGB. bestimmt: „Wer vorsätzlich Wasserleitungen, Schleusen, Wehre, Deiche, Dämme oder andere Wasserbauten oder Brücken, Fähren, Wege oder Schutzwehre oder dem Bergwerksbetriebe dienende Vorrichtungen zur Wasserhaltung, zur Wetterführung oder zum Ein- und Ausfahren der Arbeiter zerstört oder beschädigt, oder in schiffbaren Strömen, Flüssen oder Kanälen das Fahrwasser stört und durch eine dieser Handlungen Gefahr für das Leben oder die Gesundheit Anderer herbeiführt, wird mit Gefängnis nicht unter drei Monaten bestraft. Ist durch eine dieser Handlungen eine schwere Körperverletzung verursacht worden, so tritt Zuchthausstrafe bis zu fünf Jahren und, wenn der Tod eines Menschen verursacht worden ist, Zuchthausstrafe nicht unter fünf Jahren ein."

2. **Der § 326 StGB.** bestimmt: „Ist eine der im § 321 bezeichneten Handlungen aus Fahrlässigkeit begangen worden, so ist, wenn durch die Handlung ein Schaden verursacht worden ist, auf Gefängnis bis zu einem Jahre und, wenn der Tod eines Menschen verursacht worden ist, auf Gefängnis von einem Monat bis zu drei Jahren zu erkennen."

3. **Die Strafbarkeit nach § 27** ist durch die Entstehung eines Schadens oder gar einer Gefahr für das Leben oder die Gesundheit Anderer nicht bedingt.

§ 28 (32).

Mit Geldstrafe bis zu einhunderfünfzig Reichsmark oder mit Haft wird bestraft, wer, abgesehen von den Fällen des § 308 des Strafgesetzbuchs, eigene Torfmoore, Heidekraut oder Bülten im Freien ohne vorgängige Anzeige bei der Ortspolizeibehörde oder bei dem Ortsvorstand in Brand setzt oder die bezüglich dieses Brennens polizeilich angeordneten Vorsichtsmaßregeln außer acht läßt.

1. **Der § 308 StGB.** bestimmt: „Wegen Brandstiftung wird mit Zuchthaus bis zu zehn Jahren bestraft, wer vorsätzlich — — — Vorräte von landwirtschaftlichen Erzeugnissen oder von Bau- oder Brennmaterialien, Früchte auf dem Felde, Waldungen oder Torfmoore in Brand setzt, wenn diese Gegenstände entweder fremdes Eigentum sind, oder zwar dem Brandstifter eigentümlich gehören, jedoch ihrer Beschaffenheit und Lage nach geeignet sind, das Feuer einer der in § 306 Nr. 1 bis 3 bezeichneten Räumlichkeiten (Kirchen, Gebäude, Schiffe, Hütten und sonstige zum Aufenthalt von Menschen dienende Räumlichkeiten) oder einem der vorstehend bezeichneten fremden Gegenstände mitzuteilen. Sind mildernde Umstände vorhanden, so tritt Gefängnisstrafe nicht unter sechs Monaten ein."

2. **Unterschied von § 368 Nr. 6 StGB.** Abweichend von der Bestimmung des § 43 Nr. 5 der früheren Feldpolizeiordnung v. 1. Nov. 1847, welche das unbefugte Anzünden der Torfmoore überhaupt unter Strafe stellte, bezieht sich der § 28 nur auf die eigenen Torfmoore, da das vorsätzliche Abbrennen fremder Torfmoore nach den Vorschriften des StGB. (§ 308) zu bestrafen ist. Die Bestimmung des § 368 Nr. 6 StGB. unterscheidet sich von der Vorschrift des § 28 dadurch, daß sie die gefährliche Nähe von Wäldern, Gebäuden oder feuerfangenden Sachen voraussetzt, während § 28 im Interesse des Feld- und Forstschutzes das unbefugte Abbrennen von eigenen Torfmooren, von eigenem Heidekraut u. dgl. auch ohne eine solche Voraussetzung unter Strafe stellt.

3. **Eigene Torfmoore.** Unter eigenen Torfmooren sind auch gepachtete zu verstehen.

4. **Bülten und Heidekraut.** Bülten sind die besonders auf nassen Wiesen und Mooren an kleinen Plätzen durch üppigeren, meist stark verfilzten Graswuchs entstehenden trockeneren und festeren Boden-

höhungen, die zur Feuerung oder als Streu benutzt werden. Nur das unbefugte Abbrennen von eigenem Heidekraut und von eigenen Bülten ist nach § 28 strafbar. Das vorsätzliche Abbrennen von fremdem Heidekraut oder von fremden Bülten ist nach den Bestimmungen des § 303 StGB. (§ 308 StGB. erwähnt Bülten und Heidekraut nicht) unter der Voraussetzung, daß ein Strafantrag seitens des Verletzten gestellt wird, zu bestrafen.

Eine Ausdehnung der Strafbestimmung des § 28 auf das Abbrennen ähnlicher Gegenstände, z. B. Kartoffelkraut, Quecken u. dgl. ist nicht zulässig.

5. Ortspolizeibehörde. Abgesehen von denjenigen Städten, in welchen die Ortspolizei von staatlichen Behörden verwaltet wird (Berlin, Magdeburg, Danzig, Breslau usw.), ist die Ortspolizeibehörde:

I. in den Provinzen Ostpreußen, Pommern, Brandenburg, Schlesien und Sachsen:
   1. in denjenigen Städten, für welche die Städteordnung für die 6 östlichen Provinzen der preuß. Monarchie v. 30. Mai 1850 bzw. das Gesetz v. 31. Mai 1853, betreffend die Verfassung der Städte in Neuvorpommern und Rügen gilt: der Bürgermeister;
   2. in den Landgemeinden und in denjenigen Städten, für welche die Städteordnung nicht gilt: der Amtsvorsteher;

II. in der Rheinprovinz: in den Städten und in den Landgemeinden: der Bürgermeister;

III. in der Provinz Hannover:
   1. in denjenigen 43 Städten, auf welche die Hannoversche revidierte Städteordnung vom 24. Juni 1858 Anwendung findet: der Magistrat (oder eine besondere städtische Polizeidirektion);
   2. in den Landgemeinden (Kirchspielen) des Kreises Hadeln: der Gemeindevorstand (das Kirchspielgericht), abgesehen von gewissen, hier nicht näher zu berührenden Funktionen;
   3. in allen übrigen Gemeinden und Gutsbezirken: der Landrat oder — für die Ostfriesischen Inseln, das Jadegebiet, Teile der Kreise Ilfeld, Blekede, Geestemünde, Osterholz und Grafschaft Bentheim — ein Hilfsbeamter des Landrats, insofern ein solcher bestellt ist;

IV. in der Provinz Westfalen:
   1. in denjenigen Städten, für welche die Städteordnung vom 19. März gilt: der Bürgermeister;
   2. in allen übrigen Städten und in den Landgemeinden: der Amtmann;

V. in der Provinz Schleswig-Holstein:
   1. in den Städten: der Bürgermeister;
   2. in den Landgemeinden: der Hardesvogt bzw. der Kirchspielsvogt und in den selbständigen Gutsbezirken: der gutsherrliche Polizeiverwalter;

IV. in dem vormaligen Kurfürstentum Hessen, dem vormaligen Herzogtum Nassau, in den Hohenzollernschen Landen, in den vormals Großherzogl. Hessischen Landesteilen, in dem vormals Hessen-Homburgschen Amte Homburg und in den vormals Bayerischen Landesteilen: der Bürgermeister bzw. Gemeinde- oder Gutsvorsteher:

VII. in der Stadt Frankfurt a. M. und den zum Stadtkreise Frankfurt a. M. gehörigen Landgemeinden; der Polizeipräsident.

6. In Brand setzen. Ein Torfmoor usw. ist erst dann in Brand gesetzt, wenn das Feuer von dem Zündstoffe dem Torfmoor usw. selbst in der Art mitgeteilt ist, daß es aus eigener Kraft, auch nach Entfernung des Zündstoffes, sich selbst fortzuentwickeln vermag. U. 30/4 94, E. 25, 326. Ein blosses Ankohlen genügt nicht; im übrigen ist es aber gleichgültig, in welcher Weise das Brennen sich kundgibt, ob das Feuer in eine Flamme ausgebrochen ist oder nur fortglimmt (schwelt). Vgl. U. Obertrib. 4/3 58. JMBl. S. 172 und U. RG. 20/10 82, E. 7, 131; R. 4, 752. U. 3/1 89, E. 18, 355. U. 17/1 89, E. 18, 362.

7. Polizeilich angeordnete Vorsichtsmaßregeln. Als „polizeilich angeordnete" Vorsichtsmaßregeln können hier sowohl allgemeine Polizeiverordnungen, welche hinsichtlich des Abbrennens von Bülten usw. gegeben sind, als auch besondere, an einzelne Personen gerichtete bzw. für das einzelne Brennen erlassene polizeiliche Verfügungen in Betracht kommen. Vgl. oben Anm. 4 zu § 25.

§ 29 (33).

(1) Mit Geldstrafe bis zu einhundertfünfzig Reichsmark oder mit Haft bis zu einer Woche wird bestraft, wer, abgesehen von den Fällen des § 368 Nr. 11 des Strafgesetzbuchs und des Vogelschutzgesetzes vom 30. Mai 1908 (Reichsgesetzbl. S. 314), auf fremden Grundstücken unbefugt nicht jagdbare Vögel fängt, Sprenkel oder ähnliche Vorrichtungen zum Fangen von Vögeln aufstellt, Vogelnester zerstört oder Eier oder Junge von Vögeln ausnimmt, Kaninchen, Hamster oder Maulwürfe fängt.

(2) Die zur Begehung der strafbaren Zuwiderhandlung geeigneten Werkzeuge und Tiere (Hunde, Frettchen usw.), die der Täter bei der Zuwiderhandlung bei sich geführt hat, können eingezogen werden, auch wenn sie weder dem Täter noch einem Teilnehmer gehören.

1. Das Vogelschutzgesetz v. 22. März 1888 in der Fassung v. 30. Mai 1908 (RGBl. S. 317) hat die Vorschrift des § 368 Nr. 11 StGB., welche lautet:

> „Mit Geldstrafe bis zu einhundertfünfzig Reichsmark oder mit Haft bis zu vierzehn Tagen wird bestraft:
> 11. wer unbefugt Eier oder Junge von jagdbarem Federwild oder von Singvögeln ausnimmt"

in betreff der Singvögel beseitigt. Das Vogelschutzgesetz ist im Anhang I abgedruckt und erläutert.

2. § 29 verfolgt den Zweck, den Grundstücksbesitzer vor einer Störung seiner Nutzungen zu bewahren, die leicht die Handhabe zu anderen Zuwiderhandlungen bieten kann. (Begr. zur Novelle v. 15. 1. 1926.)

3. Wegen der Einziehung vgl. die Anm. 1 bis 3 zu § 20. Bemerkenswert ist, daß im Falle des § 29 auch die Tiere, die der Täter bei der Zuwiderhandlung bei sich geführt hat, der Einziehung unterliegen.

§ 30 (34).

(1) Die zuständigen Minister und die nachgeordneten Polizeibehörden können Anordnungen zum Schutze von Tierarten, von Pflanzen und von Naturschutzgebieten sowie zur Vernichtung schädlicher Tiere und Pflanzen erlassen, und zwar auch für den Meeresstrand und das Küstenmeer.

(2) Die Übertretung dieser Anordnungen wird mit Geldstrafe bis zu einhundertfünfzig Reichsmark oder mit Haft bestraft.

1. Die jetzige Fassung des § 30 beruht auf dem Gesetz zur Änderung des FFPG. v. 8. Juli 1920 (GS. S. 437).

2. Wegen der polizeilichen Anordnungen vgl. oben Anm. 3 zu § 9 und Anm. 4 zu § 25. — Auf Grund des § 30 d. Ges. haben die Min. f. Landwirtsch. u. f. Wiss. am 20. Mai 1921 eine Polizeiverordnung erlassen, die in zwei Anlagen die über das Vogelschutzgesetz und die Jagdgesetze hinaus im ganzen Staatsgebiet geschützten Tiere und die allgemein geschützten wildwachsenden Pflanzen bezeichnen (Reichsanzeiger Nr. 172 vom 26. Juli 1921; abgedruckt im Anhang X).

§ 31 (35).

Mit Geldstrafe bis zu einhundertfünfzig Reichsmark oder mit Haft bis zu vier Wochen wird bestraft, wer unbefugt

1. an stehenden Bäumen, an Stockausschlägen, an gefällten Stämmen, an aufgeschichteten Stößen von Torf, Holz oder anderen Walderzeugnissen das Zeichen des Waldhammers oder Rissers, die Stamm- oder Stoßnummer oder die Losnummer vernichtet, unkenntlich macht, nachahmt oder verändert;
2. gefällte Stämme oder aufgeschichtete Stöße von Holz, Torf oder Lohrinde beschädigt, umstößt oder der Stützen beraubt.

1. **Allgemeines.** Die Bestimmungen der §§ 31 bis 35 bezwecken, wie die Motive (S. 36) hervorheben, die Ordnung im Walde aufrechtzuerhalten und den Wald mit seinen Erzeugnissen, sowie die mit dem Walde häufig in Verbindung stehenden großen Torfmoore zu schützen. Die einzelnen Bestimmungen sind allgemeiner, für alle Landesteile mehr oder weniger zutreffender Natur. Ist es notwendig, in dieser Beziehung für einzelne Gegenden wegen obwaltender besonderer Verhältnisse speziellere Strafbestimmungen zu erlassen, so werden sie ihren Platz in Polizeiverordnungen zu finden haben.

Der Regel nach wird der § 31 nur für Forstgrundstücke von Bedeutung sein, es steht aber nichts im Wege, ihn auch auf andere Grundstücke, z. B. auf die außerhalb der Forsten liegenden Holzabladeplätze, zur Anwendung zu bringen.

Im allgemeinen soll übrigens hier noch bemerkt werden, daß auch bei der Berechtigungs- (Zivil-) Einrede in Forstfrevelsachen die Bestimmung des § 262 StPO. zur Anwendung kommt. Vgl. oben Anm. 3 zu § 22. Wegen der vorherrschend polizeilichen Natur der Bestimmungen der §§ 31 ff. kommt es bei der Entscheidung über die Berechtigungseinrede nicht darauf an, ob der Zuwiderhandelnde sich in dem guten Glauben eines ihm vermeintlich zustehenden Rechts befunden hat; die subjektive Meinung über sein Recht kann ihm vielmehr nur dann zustatten kommen, wenn ihm das Recht auch objektiv wirklich zur Seite steht. Vgl. Erk. Obertrib. 5/9 55 und 4/12 63, OR. 4, 241.

2. Stockausschläge sind Ausschläge an Laubstöcken, die das Unterholz im Mittel- und Niederwalde bilden; sie werden wohl oft kurzweg als „Schlagholz“ bezeichnet, fallen aber nicht unter die eigentlichen Schlaghölzer, d. h. die zum Einschlag bestimmten stehenden Bäume.

2. Waldhammer. Risser. Waldhammer ist ein mit einem Stempel versehener Hammer, welcher zum Anschlagen des aufgearbeiteten, zu fällenden oder entwendeten und mit Beschlag belegten Holzes dient und hierdurch die Besitzergreifung bzw. eine Kontrolle des Eigentümers oder dessen Vertreters anzeigen soll. Als Risser wird ein Instrument bezeichnet, welches von den Forstbeamten zum Auszeichnen von Schlaghölzern oder zur Bezeichnung der zurückgebliebenen Erdstöcke gestohlenen Holzes benutzt wird.

Nach § 41 Abs. 9 der Dienst-Instruktion für die Preuß. Förster v. 23. Okt. 1868 sind die Stöcke (Stubben, Stucken) entwendeter Stämme von den Forstbeamten mit dem im Walde stets mitzuführenden Reißhaken (Risser) zu bezeichnen, und wird in Ermangelung solcher Bezeichnung angenommen, daß die Entwendung unbemerkt geblieben ist.

4. Stamm- oder Stoßnummer. Losnummer. Stamm- oder Stoßnummern sind die an den aufgearbeiteten Holzstämmen oder Holzstößen zur Bezeichnung derselben angebrachten Nummern. Unter Losnummer ist diejenige Nummer zu verstehen, welche mehreren zu einem Verkaufslose vereinigten Stämmen oder Stößen zu deren Bezeichnung gegeben wird. Vgl. über die Nummerierung des Holzes § 53 der Dienst-Instruktion für die Preuß. Förster v. 23. Oktober 1868 und die von den einzelnen Regierungen den örtlichen Verhältnissen entsprechend gegebenen besonderen Vorschriften.

5. Betrügerische Absicht. Wenn die im § 31 Nr. 1 erwähnten strafbaren Handlungen in betrügerischer Absicht vorgenommen werden, so kommen selbstverständlich die einschlagenden Bestimmungen des Strafgesetzbuchs über Betrug oder Urkundenfälschung zur Anwendung. So hat z. B. das Obertrib. im U. 13/12 72, OR. 13, 662 ausdrücklich ausgesprochen, daß der Waldhammeranschlag an einem Baum als Urkunde im Sinne des § 267 StGB. anzusehen sei, und somit der Gebrauch eines in rechtswidriger (betrügerischer) Absicht gefälschten Waldhammeranschlags als Urkundenfälschung bestraft werden könne, und auch das Reichsgericht hat im U. 12/4 94, E. 25, 244 den Anschlag mit dem Waldhammer für eine Urkunde erklärt, wenn durch denselben nach

Vereinbarung der Parteien Besitzübertragung bzw. Eigentumsübergang des angeschlagenen Holzes von dem einen auf den anderen Kontrahenten beurkundet werden sollte. Ein nach § 263 StGB. strafbarer Betrug würde ferner z. B. vorliegen, wenn jemand, um sich rechtswidrig einen wertvolleren, als den von ihm in Wirklichkeit gekauften Holzstamm zu verschaffen, den wertvolleren, nicht von ihm gekauften Stamm mit der Stammnummer des von ihm gekauften Holzstammes versieht und dadurch den Forstbeamten täuscht.

6. Lohrinde. Unter Lohrinde versteht man die in der Saftzeit verschiedener Holzarten, namentlich der Eichen, geschälte Rinde, welche zum Gerben des Leders dient.

§ 32 (36).

(1) Mit Geldstrafe bis zu einhundertfünfzig Reichsmark oder mit Haft bis zu vierzehn Tagen wird bestraft, wer unbefugt auf Forstgrundstücken

1. außerhalb der öffentlichen oder solcher Wege, zu deren Benutzung er berechtigt ist, mit einem Werkzeuge, welches zum Fällen von Holz, oder mit einem Geräte, welches zum Sammeln oder Wegschaffen von Holz, Gras, Streu, Waldbaumfrüchten oder Harz seiner Beschaffenheit nach bestimmt erscheint, sich aufhält;
2. Holz ablagert, bearbeitet, beschlägt oder bewaldrechtet;
3. Einfriedigungen übersteigt;
4. Forstkulturen betritt;
5. solche Schläge betritt, in welchen die Holzhauer mit dem Einschlagen oder Aufarbeiten der Hölzer beschäftigt, oder welche zur Entnahme des Abraums nicht freigegeben sind.

(2) In den Fällen der Nr. 1 können neben der Geldstrafe oder der Haft die Werkzeuge eingezogen werden, auch wenn sie weder dem Täter noch einem Teilnehmer gehören.

1. Bloßes Betreten der Feldgrundstücke außerhalb der Wege. Der § 32 stellt das unbefugte Betreten von Forstgrundstücken außerhalb der öffentlichen oder solcher Wege, zu deren Benutzung der Betreffende berechtigt ist, nur für den Fall unter Strafe, daß der Betretende im Besitze eines Werkzeuges zum Holzfällen oder eines Gerätes zum Sammeln von Holz oder Waldprodukten ist, sein Übertreten also in einer das Eigentum des Forstbesitzers an Walderzeugnissen gefährdenden Weise erfolgt. Das bloße Betreten der Forstgrundstücke außerhalb der Wege ist — wenn es sich nicht um eine Forstkultur handelt (siehe § 32 Nr. 4) — nicht strafbar und kann auch durch besondere Polizeiverordnungen nicht verboten werden. Entgegenstehende Polizeiverordnungen sind für aufgehoben zu erachten. Vgl. U. KG. 5/6 82. Joh. 3, 358 (Pol.-Verord. der Regier. zu Merseburg v. 26. August 1868 betr. das

Betreten der Forsten außerhalb erlaubter Wege, Amtsbl. 1868 S. 233). § 32 [1] FFPG. enthält keine erschöpfende und ausschließliche Regelung der Fragen des Wegerechtes. Die Materie des unbefugten Betretens von Forstgrundstücken ist außerdem geregelt in § 368 Ziff. 9 StGB. U. KG. 26/11 08, DR. 13 Sp. 157 u. U. KG. 30/5 05, GA. 53, 181.

2. Werkzeuge usw. Die im § 32 Nr. 1 erwähnten Werkzeuge und Geräte müssen zum Fällen von Holz oder zum Sammeln oder Wegschaffen von Holz usw. ihrer Beschaffenheit nach bestimmt erscheinen; es genügt nicht, daß dieselben zu den angegebenen Zwecken an und für sich geeignet sind. Ob das betreffende Werkzeug seiner Beschaffenheit nach zum Fällen, Sammeln usw. von Holz usw. bestimmt ist, muß der Beurteilung des Einzelfalles überlassen bleiben. Bei der Beratung des FFPG. im Abgeordnetenhause wurde in dieser Beziehung hervorgehoben, daß man z. B. eine Schultasche, welche ein Schüler im Walde bei sich führe, nicht ohne weiteres als ein zum Sammeln und Wegschaffen bestimmtes Gerät werde ansehen können, obwohl dieselbe an und für sich zu solchem Zweck geeignet sei.

3. Ablagern von Holz. Der Begriff des Ablagerns von Holz im Sinne des § 32 Nr. 2 setzt eine positive Handlung des Täters voraus. Auf denjenigen, welcher angekauftes Holz über den bestimmten Abfuhrtermin hinaus auf Forstgrundstücken liegen läßt, findet § 32 Nr. 2 keine Anwendung. In dem Regierungsentwurf war allerdings auch dieses bloße Liegenlassen besonders unter Strafe gestellt. Eine derartige Strafbestimmung ist aber in das Gesetz nicht aufgenommen. Vgl. U. KG. 9/5 81, Joh. 2, 276. Wegen Wegschaffens von unverarbeiteten Hölzern vgl. VO. v. 30. Juni 1839 (GS. S. 223), abgedruckt im Anh. VIII.

4. Bewaldrechten (Berappen) von Holz ist das leichte, nicht scharfkantige (waldkantige) Beschlagen von Holz, um dasselbe geeigneter zum Austrocknen und transportfähiger zu machen und zugleich das Saftstocken, Aufreißen und Beschädigen durch Insekten zu verhüten.

5. Einfriedigungen. Unter Einfriedigungen sind hier die besonderen Vorrichtungen zu verstehen, durch welche der Zugang zu Anpflanzungen oder Forstgrundstücken überhaupt verwehrt oder erschwert wird. Die Beschädigung der Einfriedigungen ist nach § 26 d. G. strafbar.

6. Forstkulturen. Über den Begriff der Forstkulturen s. oben Anm. 7 zu § 13 d. G. Nach § 12 Abs. 1 des Preußischen Fischereigesetzes vom 11. Mai 1916 (GS. S. 55) sind Forstkulturen bei der Überflutung von der Befischung ausgeschlossen; desgl. nach § 13 Abs. 4 Ziff. 1 vom Betreten bei Ausübung des Fischereirechts.

7. Abraum. Unter Abraum versteht man die auf den Schlägen zurückgelassenen geringen Äste, Zweige, Hauspäne, Rindenteile usw., soweit dieselben nicht zur Aufarbeitung gelangt sind. Vgl. § 1 Nr. 3 Forstdiebst Ges.

8. Betreten von Forstkulturen und Holzschlägen. Die mangelnde Bezeichnung von Forstkulturen als solcher kann an und für sich vor der Strafe des § 32 nicht schützen. Wenn das Betreten von Schonungen durch besondere Warnungszeichen untersagt ist, so wird dasselbe nach § 368 Nr. 9 StGB. (Geldstrafe bis 150 Mark oder Haft bis zu 14 Tagen) zu bestrafen sein.

Jedenfalls muß jedoch das Betreten der in § 32 Nr. 4 und 5

bezeichneten Forstkulturen und Holzschläge absichtlich und bewußt geschehen. Wer durch einen entschuldbaren Irrtum in eine Forstkultur oder in einen der im § 32 Nr. 5 bezeichneten Holzschläge gerät, bleibt straflos. Vgl. § 59 StGB.

Nach § 11 des Naturalleistungs-Gesetzes v. 6. April 1925 (RGBl. I, 44) sollen Holzschonungen von jeder Benutzung bei Truppenübungen ausgeschlossen bleiben. Da diese Schonungen bei niedrigem Holzstande nicht immer zu erkennen sind, so sollen die Landräte, sobald ihnen von einer bevorstehenden Truppenübung durch die Militärbehörde Mitteilung gemacht ist, die Vorsteher der Gemeinde- und Gutsbezirke zur kenntlichen Bezeichnung solcher Schonungen auffordern (Zirk.-Reskript des Min. des Innern v. 4. Mai 1881).

9. Einziehungen. Nach dem Wortlaut des § 32 Abs. 2 können nur die in Nr. 1 erwähnten Werkzeuge eingezogen werden. Die zum Sammeln oder Wegschaffen von Holz usw. bestimmten Geräte dürfen niemals eingezogen werden. Vgl. § 20 Abs. 2 und § 36 Abs. 2 d. G. Trotz der das Gegenteil andeutenden Fassung der Motive muß diese Auslegung unbedenklich erscheinen. So auch: Günther a. a. O. S. 71 und v. Bülow und Sterneberg a. a. O. S. 52. In betreff der Einziehung und deren Ausführung vgl. oben die Anmerkungen zu § 20 d. G.

§ 33 (37).

Mit Geldstrafe bis zu einhundertfünfzig Reichsmark oder mit Haft bis zu vier Wochen wird bestraft, wer unbefugt auf Forstgrundstücken

1. zum Wiederausschlagen bestimmte Laubholzstöcke aushaut, abspänt oder zur Verhinderung des Lohdentriebes (Stockausschlags) mit Steinen belegt;
2. Ameisen oder deren Puppen (Ameiseneier) einsammelt oder Ameisenhaufen zerstört oder zerstreut.

1. Zu Nr. 1. Zum Wiederausschlage bestimmte Laubholzstöcke sind die bei dem Niederwald- oder Schlagholzbetrieb nach dem Abhieb des Holzes stehengebliebenen Stöcke, welche neue Ausschläge entwickeln und hierdurch den Bestand verjüngen. — Aushauen, d. h. in der Wurzel so entfernen, daß kein Wiederausschlag erfolgen kann. — Abspänen, d. h. den oberirdischen Teil des Stockes absplittern. — Zur Verhinderung des Lohdentriebes (Stockausschlages) mit Steinen belegen, d. h. Abhiebe der Stöcke mit Steinen bedecken, so daß die hervorbrechenden Knospen erstickt werden.

2. Ameisen. Durch die Strafbestimmung des § 33 Nr. 2 ist der Schutz der Waldameisen neu und vollständig geregelt. Damit sind die in älteren Polizeiverordnungen enthaltenen, dieselbe Materie betreffenden Vorschriften (z. B. § 21 der Verord. der Reg. zu Merseburg v. 19. Febr. 1853 betr. das Verbot des Einsammelns von Ameiseneiern) für aufgehoben zu erachten. Vgl. die Gründe des U. KG. 5/6 82, Joh. 3, 358.

§ 34 (38).

(1) Mit Geldstrafe bis zu einhundertfünfzig Reichsmark wird bestraft, wer aus einem fremden Walde Holz, welches er erworben hat oder zu dessen Bezug in bestimmten Maßen er berechtigt ist, unbefugt ohne Genehmigung des Grundeigentümers vor Rückgabe des Verabfolgezettels oder an anderen als den bestimmten Tagen oder Tageszeiten, oder auf anderen als den bestimmten Wegen fortschafft.

(2) Die Verfolgung tritt nur auf Antrag ein.

1. Allgemeines. Die Vorschriften des § 34 sind auf das unbefugte oder nicht rechtzeitige Fortschaffen von Torf nicht auszudehnen.

2. Genehmigung des Grundeigentümers. In fiskalischen oder Kommunalwaldungen ist die Genehmigung des verwaltenden Forstbeamten (Oberförsters) erforderlich.

3. Verabfolgezettel. Darunter sind die von dem Waldbesitzer oder dessen Beauftragten ausgestellten Zettel zu verstehen, auf Grund deren das Holz im Wald dem Käufer oder Berechtigten von den Lokalbeamten überwiesen und verabfolgt wird. — Vgl. über die Holzanweisung, Holzabgabe und die Holverabfolgezettel in den preußischen Staatsforsten die §§ 56 ff. der Dienst-Instr. für die Förster vom 23. Okt. 1868 und § 22 der Geschäftsanweisung für die Oberförster vom 4. Juni 1870, welcher lautet: „Zu jeder Holzabgabe muß ausgestellt werden 1. ein Holzverabfolgezettel, welcher a) der Forstkasse . . ., b) dem Holzempfänger als Legitimation zum Holzempfange, c) dem Forstschutzbeamten als unbedingt notwendige und allein vollgültige Autorisation zur Anweisung und Verabfolgung des darauf bezeichneten Holzes dient.“ — Über die Urkundenqualität der in vorschriftsmäßiger Form von einer Forstkasse ausgestellten Holzverabfolgezettel vgl. Erk. des Obertrib. v. 20. Mai 1871, JMBl. S. 198. Hierzu ist jedoch zu bemerken, daß nach § 19 Abs. 5 der neuen Geschäftsanweisung für die Forstkassenrendanten v. 1. Juni 1902 der Oberförster fortan die Holzverabfolgezettel auszustellen hat. Nur in besonderen Ausnahmefällen kann die Regierung diese Arbeit ganz oder teilweise dem Rendanten übertragen. Vgl. Verf. der Min. f. L. D. u. F. v. 12. Juli 02 (Min.Bl. f. d. i. V. S. 162). Die Holzverabfolgezettel eines Oberförsters sind als zum Beweise von Rechtsverhältnissen dienliche Privaturkunden anerkannt im U. 17/10 99, GA. 46, 431.

4. Holzversteigerungsbestimmungen. Die Stelle 7 der für die preußischen Staatsforsten geltenden Holzversteigerungsbestimmungen, wie solche in den Schema L der Gesch.-Anw. f. d. Oberförster formuliert sind, hat infolge der Bestimmung des § 34 folgende Fassung erhalten: „Über das zugeschlagene Holz erhält der Käufer nach Bezahlung des Steigerpreises einen Holzverabfolgezettel vom Rendanten oder Untererheber. Nur nach Abgabe dieses Zettels an den betreffenden Förster darf das Aufladen und die Abfuhre, und zwar nur auf den dazu angewiesenen Wegen, und nur an den Wochentagen . . . . aber niemals vor Aufgang oder nach Untergang der Sonne erfolgen. Zuwiderhandlungen werden nach § 34 des Feld- und Forstpolizeigesetzes vom 1. April 1880 bestraft." Verf. d. Min. für Landw. usw. v. 29. Mai 1880. Vgl. Anm. 3.

5. Geldstrafe. Zu beachten ist, daß die Übertretung des § 34 ausschließlich mit Geldstrafe, nicht auch wahlweise mit Haft bedroht ist. Für den Fall des Unvermögens ist jedoch auch hier die Geldstrafe in Haft umzuwandeln und zwar unter Beobachtung der Vorschrift des § 29 StGB., welcher, soweit er hier interessiert, lautet: „An die Stelle einer uneinbringlichen Geldstrafe tritt bei Vergehen Gefängnis .... bei Übertretungen Haft .... „Die Dauer der Ersatzstrafe ist mindestens ein Tag und bei Gefängnis höchstens ein Jahr .... bei Haft höchstens sechs Wochen .... Die Ersatzstrafe darf nur nach vollen Tagen bemessen werden. Im übrigen richtet sich das Maß der Ersatzstrafe nach freiem Ermessen des Gerichts .... Der Verurteilte kann die Vollstreckung der Ersatzstrafe jederzeit dadurch abwenden, daß er den noch zu zahlenden Betrag der Geldstrafe entrichtet. Kann die Geldstrafe ohne Verschulden des Verurteilten nicht eingebracht werden, so kann das Gericht anordnen, daß die Vollstreckung der Ersatzstrafe unterbleibt." Vgl. auch § 50 d. G.

6. Strafantrag. Vgl. hierüber Anm. 4 zu § 7 und § 57. Antragsberechtigter ist im Falle des § 34 der Grundeigentümer; bei fiskalischen oder Kommunalwaldungen der zuständige verwaltende Forstbeamte (Oberförster).

§ 35 (39).

(1) Mit Geldstrafe bis zu einhundertfünfzig Reichsmark oder mit Haft bis zu vier Wochen wird bestraft, wer aus einem fremden Torfmoor oder Walde an Stelle der ihm vom Eigentümer durch Verabfolgezettel zugewiesenen Posten von Torf, Holz oder anderen Walderzeugnissen aus Fahrlässigkeit andere als die auf dem Verabfolgezettel bezeichneten Posten oder Teile derselben fortschafft.

(2) Die Verfolgung tritt nur auf Antrag ein.

1. Allgemeines. Für die Anwendbarkeit der Strafbestimmungen des § 35 wird vorausgesetzt, daß der Torf, das Holz usw. durch Verabfolgezettel zugewiesen wird. Wo solche Verabfolgezettel (vgl. Anm. 2 § 34) überhaupt nicht ausgeteilt werden, kommt § 35 nicht zur Anwendung.

2. Holzversteigerungsbestimmungen. Die Stelle 9 der für die preußischen Staatsforsten geltenden Holzversteigerungen, wie solche in dem Schema L der Gesch.-Anw. f. d. Oberförster formuliert sind, hat infolge der Bestimmung des § 35 jetzt folgende Fassung erhalten: „Bei der Abfuhre muß der Käufer oder der von ihm beauftragte Fuhrmann sich der Mitnahme von Holz, welches er nicht gekauft hat, und der Verwechslung der Nummern enthalten, widrigenfalls Bestrafung nach § 35 des Feld- und Forstpolizeigesetzes vom 1. April 1880 eintritt."

Die Stelle 10 der frgl. Holzversteigerungsbestimmungen, wonach jeder Käufer für die mit der Abfuhr beauftragten Personen als Selbstschuldner haften sollte, ist jetzt vollständig weggefallen. Verf. d. Min. für Landw. usw. v. 29. Mai 1880.

3. Fahrlässigkeit. Nur das fahrlässige Fortschaffen anderer als der auf dem Verabfolgezettel bezeichneten Posten von Holz usw. ist nach § 35 zu bestrafen. Ob eine strafbare Fahrlässigkeit vorliegt, wird nach den besonderen Umständen des einzelnen Falles zu beurteilen sein; jedenfalls muß das Fortschaffen, wenn es strafbar sein soll, auf einem nicht entschuldbaren Irrtum beruhen.

Die vorsätzliche, in der Absicht rechtswidriger Zueignung bewirkte Fortschaffung anderer als der auf dem Verabfolgezettel bezeichneten Posten von Torf, Holz oder anderen Walderzeugnissen ist selbstverständlich nach den Bestimmungen des Strafgesetzbuchs als Diebstahl zu bestrafen.

4. Strafantrag. Vgl. hierüber Anm. 4 zu § 7 und § 57 Antragsberechtigter ist im Falle des § 35 der Eigentümer des Torfmoores oder des Waldes, im Falle des Eigentums des Staates oder einer Kommune der zuständige verwaltende Forstbeamte (Oberförster).

§ 36 (40).

(1) Mit Geldstrafe bis zu einhundertfünfzig Reichsmark oder mit Haft bis zu vier Wochen wird bestraft, wer auf Forstgrundstücken oder Torfmooren als Dienstbarkeits- oder Nutzungsberechtigter oder als Pächter

1. unbefugt seine Berechtigung in nicht geöffneten Distrikten oder in einer Jahreszeit, in welcher die Berechtigung auszuüben nicht gestattet ist, oder an anderen als den bestimmten Tagen oder Tageszeiten ausübt, oder sich anderer als der gestatteten Werbungswerkzeuge oder Fortschaffungsgeräte bedient,
2. den gesetzlichen Vorschriften, oder Polizeiverordnungen oder dem Herkommen oder dem Inhalte der Berechtigung zuwider ohne Legitimationsschein oder ohne Überweisung von seiten der Forstbehörde oder des Grundeigentümers die Gegenstände der Berechtigung sich aneignet,
3. die zur Aufrechterhaltung der Ordnung und Sicherheit bei Ausübung von Berechtigungen erlassenen Gesetze oder Polizeiverordnungen übertritt.

(2) In den Fällen der Nr. 1 können neben der Geldstrafe oder der Haft die Werbungswerkzeuge eingezogen werden, auch wenn sie weder dem Täter noch einem Teilnehmer gehören.

(3) Die Verfolgung tritt nur auf Antrag ein.

1. Allgemeines. Das Gesetz hat sich bei Aufstellung allgemeiner Strafbestimmungen bezüglich solcher unerlaubter Handlungen, welche bei Ausübung der Forstberechtigungen — mögen solche auf einer Dienstbarkeit oder auf einem anderen privat- oder öffentlich rechtlichen Titel beruhen — begangen werden, auf das geringste im Interesse des Forstschutzes erforderliche Maß beschränkt und für einzelne Gegenden, in welchen sich die Notwendigkeit besonderer, weitergehender Strafbestimmungen ergeben sollte, den Weg der Polizeiverordnung offen gelassen. (Mot.)

2. Unbefugte Ausübung der Berechtigung im Falle der Nr. 1. Die Strafbestimmung des § 36 Nr. 1 wird namentlich bei Ausübung der Waldstreuberechtigung Anwendung finden. Nach § 4 der vorläufigen Verordnung über die Ausübung der Waldstreuberechtigung v. 5. März 1843 (Anhang IX) darf die gedachte Berechtigung nur:

a) in den vom Waldeigentümer nach Maßgabe einer zweckmäßigen Bewirtschaftung des Forstes geöffneten Distrikten,
b) in den sechs Wintermonaten vom 1. Okt. bis zum 1. April,
c) an bestimmten vom Waldeigentümer mit Rücksicht auf die bisherige Observanz festzusetzenden, jedoch auf höchstens zwei Tage in der Woche zu beschränkenden und von den Raff- und Leseholztagen verschiedenen Wochentagen,
d) mit den in den Zetteln bezeichneten, nach der bisherigen Observanz zu bestimmenden Transportmitteln, und
e) nicht mit eisernen, sondern nur mit hölzernen unbeschlagenen Rechen oder Harken, deren Zinken ebenfalls nur von Holz sein dürfen und mindestens 2 ½ Zoll voneinander abstehen müssen,

ausgeübt werden.

3. Werbungswerkzeuge sind diejenigen Geräte, welche zur Entnahme und zum Einsammeln (nicht aber zum Fortschaffen) von Waldprodukten dienen (Äxte, Beile, Sägen, Messer, Harken, Hacken usw.). Welche Werbungswerkzeuge und Fortschaffungsgeräte zu den gestatteten gehören, ergibt sich teils aus der Natur und dem Inhalt der Berechtigung, teils aus den gesetzlichen oder polizeilichen Bestimmungen (vgl. Anm. 2), teils aus dem Ortsgebrauche und dem Herkommen.

4. Polizeiverordnungen. Vgl. Anm. 3 zu § 9. Die Unkenntnis von dem Vorhandensein oder dem Inhalt der im § 36 Nr. 2 und 3 erwähnten gesetzlichen Vorschriften oder Polizeiverordnungen bewirkt keine Straflosigkeit.

5. Herkommen. Als Herkommen im Sinne des Feld- und Forstpolizeigesetzes läßt sich im allgemeinen jede Rechtsnorm (Berechtigung) bezeichnen, welche durch die stillschweigende Anerkennung und Befolgung einer gewissen Klasse von Personen der Bevölkerung eine bindende Kraft für ähnliche Fälle erhalten hat. Vgl. auch Dernburg, Pandekten, Bd. I (1894) S. 59ff. Ob ein solches Herkommen vorliegt, wird der Richter im einzelnen Fall auf Grund der Offenkundigkeit oder der sonst dafür sprechenden Tatsachen oder Beweise nach seiner freien Überzeugung beurteilen müssen. (Vgl. Sten. Ber. A. S. 1213ff.)

6. Ohne Legitimationsschein. Zur Strafbarkeit nach § 36 Nr. 2 wird vorausgesetzt, daß der Dienstbarkeits- oder Nutzungsberechtigte oder Pächter den gesetzlichen Vorschriften usw. zuwider einen Legitimationsschein (Zettel usw.) überhaupt nicht gelöst hat. Der § 37 bestraft dagegen das Nichtbeisichführen des Legitimationsscheins. — Fälschliche Anfertigung oder Verfälschung eines Legitimationsscheins ist nach § 267 oder § 363 StGB. strafbar. U. 4/2 90, E. 20 229.

7. Forstbehörde. In fiskalischen Forsten ist der Oberförster als Forstbehörde im Sinne des § 36 Nr. 2 anzusehen. Vgl. über die Überweisung der Forstnebennutzungen durch die Oberförster die §§ 48ff. der Gesch.-Anweisung für dieselben v. 4. Juni 1870.

8. Einziehung. Nur die im § 36 Nr. 1 erwähnten Werbungswerkzeuge können eingezogen werden. Die Fortschaffungsgeräte unterliegen niemals der Einziehung. Vgl. § 20 Abs. 2 und § 32 Abs. 2 d. G. In betreff der Einziehung und deren Ausführung vgl. oben Anm. 1 u. 2 zu § 20.

9. **Strafantrag.** In dieser Beziehung gelten die Bemerkungen in Anm. 4 zu § 35 auch für die Fälle des § 36.

§ 37 (41).

(1) Mit Geldstrafe bis zu einhundertfünfzig Reichsmark oder mit Haft bis zu drei Tagen wird bestraft, wer auf Forstgrundstücken bei Ausübung einer Waldnutzung den Legitimationsschein, den er nach den gesetzlichen Vorschriften oder Polizeiverordnungen, nach dem Herkommen oder nach dem Inhalte der Berechtigung lösen muß, nicht bei sich führt.

(2) Die Verfolgung tritt nur auf Antrag ein.

1. **Allgemeines.** Der § 37 handelt von einer an sich erlaubten Ausübung der Waldnutzung auf Forstgrundstücken. Im Interesse der Durchführung einer wirksamen Kontrolle ordnet derselbe an, daß, wo die Verpflichtung zur Lösung eines Legitimationsscheins besteht, der Nutzungsberechtigte sich strafbar macht, wenn er den Schein bei Ausübung der Berechtigung nicht bei sich führt. (Mot. S. 37.)

2. **Waldnutzung.** Die Waldnutzung begreift nicht nur die Nutzung von Holz und anderen Erzeugnissen, die der Wald hervorbringt (Kräuter, Beeren, Pilze, Streu usw.), sondern auch die Nutzung dessen, was der Wald sonst darbietet (Nebennutzungen), also auch von Stein- und Torflagern, Kies-, Sand- und Lehmgruben usw. Neben der Holztaxe ist für die preußischen Staatsforsten eine besondere Nebennutzungs-Taxe eingeführt, in welcher auch die Einnahmen aus der Nebennutzung von Torf, Steinen und Erden besonders hervorgehoben werden.

3. **Herkommen. Strafantrag.** Vgl. Anm. 5 zu § 36 und Anm. 4 zu § 7 und § 57. Antragsberechtigter ist der Waldeigentümer, bei Staats- und Kommunalwaldungen der zuständige verwaltende Forstbeamte (Oberförster).

4. **Nicht bei sich führen.** Vgl. Anm. 6 zu § 36. Der § 37 bestraft denjenigen, welcher den gelösten Legitimationsschein nicht bei sich führt. Hat der Täter einen Legitimationsschein überhaupt nicht gelöst, so findet die strengere Strafbestimmung des § 36 Nr. 2 d. G. Anwendung.

5. **Sammeln von Kräutern, Beeren und Pilzen.** In bezug hierauf ist in der Allg. Verf. des Min. für Landw. usw. v. 12. Mai 1880 folgendes hervorgehoben: „Nach dem für die ganze Monarchie geltenden Holzdiebstahlsgesetze vom 2. Juni 1852 war die Entwendung jener Walderzeugnisse als Holzdiebstahl strafbar. Durch das mit dem 1. Oktober 1879 in Kraft getretene Forstdiebstahlsgesetz v. 15. April 1878 ist dies geändert, indem dasselbe im letzten Absatz des § 1 bestimmt, daß das unbefugte Sammeln von Kräutern, Beeren und Pilzen forstpolizeilichen Bestimmungen unterliegen sollte. In Ausführung dieser Bestim-

mung enthielt der Entwurf des vorliegenden Gesetzes eine Vorschrift, wonach derjenige mit Geldstrafe bis zu 10 Mark oder mit Haft bis zu drei Tagen bestraft werden solle, wer unbefugt auf Forstgrundstücken ohne Erlaubnis des Waldeigentümers Kräuter, Beeren oder Pilze sammelt, oder, falls er einen Erlaubnisschein erhalten hat, denselben beim Sammeln nicht bei sich führt. Nach eingehenden und lebhaften Verhandlungen wurde jedoch diese Bestimmung, weil nicht für alle Teile passend, gestrichen und damit der durch das Forstdiebstahlsgesetz v. 15. April 1878 geschaffene Zustand beibehalten, wonach diese Materie der Regelung durch Polizeiverordnungen überwiesen ist.

Durch die oben erwähnten Polizeiverordnungen kann nun für diejenigen Landesteile, in welchen das Sammeln von Kräutern, Beeren und Pilzen nach der früheren Gesetzgebung und Praxis unzweifelhaft bereits verboten oder doch nur unter gewissen Voraussetzungen gestattet war, dieses Sammeln unbedenklich entsprechend den jetzigen Verhältnissen geregelt werden. Für diejenigen Landesteile aber, in welchen solches nicht der Fall war, werden bezüglich dieser Materien, insbesondere für fiskalische Domänen- und Forstgrundstücke, Polizeiverordnungen überhaupt nicht zu erlassen sein, ohne daß vorher über die einschlagenden Verhältnisse bei Einreichung von Entwürfen solcher Verordnungen besonders Bericht erstattet wird."

In der Verfügung betr. die Ausführung des FFPG. in fiskalischen Forsten v. 29. Mai 1880 hat der Minister für Landw. usw. sodann mit Bezug hierauf bemerkt, daß es seine Absicht sei, an den Grundsätzen nichts zu ändern, welche in der Zirkularverfügung v. 12. November 1858 (II, 14417) ausgesprochen sind, also insbesondere nach wie vor aus dem für die Ausgabe von Erlaubnisscheinen zum Sammeln von Beeren und Pilzen zu erhebenden Entgelt in den fiskalischen Forsten eine Einnahmequelle nicht zu machen. Die fragliche Abgabe habe vielmehr nur den Zweck, eine Rekognitionsgebühr, bzw. eine Entschädigung für die Kosten des Druckes usw. der Erlaubnisscheine darzustellen. Die Ausgabe der letzteren soll lediglich geschehen, um die Ordnung und die Kontrolle im Walde aufrechtzuerhalten, um vorzeitigem Sammeln unreifer Beeren vorzubeugen und um die den Forsten zunächst wohnenden Eingesessenen gegen übermäßigen Zudrang oder Verdrängung durch Einwohner entfernter Ortschaften zu schützen. Ich bestimme deshalb hiermit, daß vom laufenden Jahre einschließlich ab der Preis für einen Erlaubnisschein zum Sammeln von Beeren oder Pilzen, soweit nicht etwa für einzelne Bezirke besondere Umstände zur ganz unentgeltlichen Abgabe veranlassen, durchweg auf nur 5 Pf. auch dort festgesetzt werde, wo bisher nach der Zirkularverfügung v. 12. November 1858 (II, 14417) der höhere Satz bis zu 25 Pf. erhoben worden ist.

Sofern nach Maßgabe der besonderen Verhältnisse Veranlassung vorliegt, von der Erhebung eines Entgeltes oder der Ausgabe von Erlaubnisscheinen und einer Kontrolle der Beeren- und Pilznutzung ganz abzusehen, ist dieserhalb von der Regierung usw. Bericht zu erstatten.

Eine Ausnahme von den vorstehenden Bestimmungen findet nur in betreff der Trüffeln statt. Bei der Verwertung derselben ist auch fernerhin so zu verfahren, wie bisher."

§ 38 (42).

Mit Geldstrafe bis zu einhundertfünfzig Reichsmark oder mit Haft bis zu vier Wochen wird bestraft, wer als Dienstbarkeits- oder Nutzungsberechtigter Walderzeugnisse, die er, ohne auf ein bestimmtes Maß beschränkt zu sein, lediglich zum eigenen Bedarfe zu entnehmen berechtigt ist, veräußert.

1. Allgemeines. Der § 38 ist aus der Erwägung hervorgegangen, daß der Waldeigentümer gegen die Veräußerung von Walderzeugnissen, welche nur zum eigenen Bedarf des Berechtigten verwendet werden dürfen, durch das Zivilrecht nicht ausreichend geschützt ist. Vgl. § 1038 BGB. Eines Antrages bedarf es zur Strafverfolgung nach § 38 nicht.

2. Walderzeugnisse. Unter Walderzeugnissen ist alles zu verstehen, was der Wald an Holz- und Nebennutzungen (s. Anm. 2 zu § 37) darbietet. So sind z. B. sehr häufig die Berechtigungen zur Nutzung der im Walde befindlichen Kies-, Sand- oder Lehmgruben auf den eigenen wirtschaftlichen Bedarf des Berechtigten beschränkt. Eine Veräußerung derartiger Walderzeugnisse (im weiteren Sinne) würde ebenfalls nach § 38 zu bestrafen sein.

3. Beschränkung auf ein beschränktes Maß. Wenn die Berechtigung zur Entnahme von Walderzeugnissen auf eine bestimmte Menge beschränkt ist, so können die zu dieser bestimmten Menge gehörigen Walderzeugnisse frei und unbeschränkt veräußert werden. Der Waldeigentümer hat in diesem Fall kein rechtliches Interesse mehr daran, wie der Dienstbarkeits- oder Nutzungsberechtigte über die ihm zustehenden Walderzeugnisse verfügt.

Die Entnahme von Walderzeugnissen über ein bestimmt gewährtes Maß hinaus ist, wenn sie in der Absicht und mit dem Bewußtsein rechtswidriger Zueignung geschieht, als Diebstahl bzw. Forstdiebstahl strafbar.

4. Veräußerung. Unter Veräußerung im Sinne des § 38 ist nicht nur die gegen Entgelt erfolgende, sondern auch die unentgeltliche Überlassung der Walderzeugnisse an andere zu verstehen.

§ 39 (43).

(1) Mit Geldstrafe bis zu einhundertfünfzig Reichsmark oder mit Haft bis zu vierzehn Tagen wird bestraft, wer den Gesetzen oder Polizeiverordnungen über den Transport von Brennholz oder unverarbeitetem Bau- oder Nutzholze zuwiderhandelt, oder den Gesetzen oder Polizeiverordnungen zuwider Brennholz oder unverarbeitetes Bau- oder Nutzholz in Ortschaften einbringt. Dies gilt insbesondere auch von Bandstöcken (Reifstäben) jeder Holzart, birkenen Reisern, Korbruten, Faschinen und jungen Nadelhölzern.

(2) Das Holz ist einzuziehen, wenn nicht der rechtmäßige Erwerb desselben nachgewiesen wird.

1. Allgemeines. Der § 39 hat in erster Linie die über den Transport und die Einbringung von Brennholz und unverarbeitetem

Bau und Nutzholz bestehenden Gesetze und Polizeiverordnungen (Verordnung vom 30. Juni 1839 für Sachsen, Westfalen und Rheinprovinz — siehe Anhang VIII —; § 24 Pomm. Forstordnung vom 24. Dezember 1777; § 14 der Forstordnung v. 3. Dezember 1775 für Ostpreußen und Litauen und Publikandum vom 31. März 1794 sowie die zahlreichen von den einzelnen Regierungen erlassenen diesbezüglichen Polizeiverordnungen) mit der Maßgabe aufrecht erhalten, daß etwaige abweichende Bestimmungen über die Höhe der Strafe oder über die Einziehung in Einklang mit den Bestimmungen des § 39 gebracht werden müssen. (Vgl. § 87 und die Motive.)

2. Einziehung. Bezüglich der Einziehung ist in den vorerwähnten älteren Gesetzen und Polizeiverordnungen vielfach die Bestimmung getragen, daß dieselbe verwirkt sein soll, wenn das vorschriftsmäßige Legitimationsattest nicht beigebracht ist, oder der Nachweis des redlichen Erwerbes nicht auf der Stelle geführt werden kann. Der § 39 hat diese Bestimmungen dahin abgeändert, daß die Einziehung fortan nur dann erfolgen soll, wenn der rechtmäßige Erwerb überhaupt nicht nachgewiesen werden kann. Dieser Nachweis kann deshalb jetzt auch nicht allein durch Legitimations- und Ursprungsatteste, sondern auch auf jede andere Art und Weise und selbstverständlich bis zur rechtskräftig entschiedenen Sache geführt werden. — In betreff der Einziehung und deren Ausführung vgl. im übrigen die Anm. 1 und 2 zu § 20.

3. Birkene Reiser. Junge Nadelhölzer. Zu den birkenen Reisern gehört insbesondere das Besenreisig und zu den jungen Nadelhölzern sind namentlich die Weihnachtsbäume zu rechnen.

4. Einbringen von Wildpret. Auf das legitimationslose Einbringen von Wildpret in die Städte findet § 39 keine unmittelbare Anwendung. U. KG. 24/9 91, Joh. 12, 230.

§ 40 (44).

(1) Mit Geldstrafe bis zu einhundertfünfzig Reichsmark oder mit Haft bis zu vierzehn Tagen wird bestraft, wer

1. mit unverwahrtem Feuer oder Licht den Wald oder Moor- oder Heideflächen betritt oder sich denselben in gefahrbringender Weise nähert,
2. in der Zeit vom 1. März bis 31. Oktober im Walde oder auf Moor- oder Heideflächen ohne Erlaubnis des Grundeigentümers oder seines Vertreters raucht;
3. im Walde oder auf Moor- oder Heideflächen brennende oder glimmende Gegenstände fallen läßt, fortwirft oder unvorsichtig handhabt,
4. abgesehen von den Fällen des § 368 Nr. 6 des Strafgesetzbuchs, im Walde oder auf Moor- oder Heideflächen oder in gefährlicher Nähe derselben im Freien ohne Erlaubnis des Grundeigentümers oder seines Vertreters Feuer anzündet oder das gestattetermaßen angezündete

Feuer gehörig zu beaufsichtigen oder auszulöschen unterläßt,

5. abgesehen von den Fällen des § 360 Nr. 10 des Strafgesetzbuchs, bei Wald-, Moor- oder Heidebränden von der Polizeibehörde, dem Ortsvorsteher, dem Grundeigentümer oder deren Stellvertreter zur Hilfe aufgefordert, keine Folge leistet, obgleich er der Aufforderung ohne erhebliche eigene Nachteile genügen konnte.

(2) Als Vertreter im Sinne der Nummern 2, 4 und 5 gelten auch die zuständigen Forst- und Flurschutzbeamten.

1. **Unverwahrtes Feuer oder Licht. Betreten des Waldes. Gefahrbringendes Nähern.** Ob im Einzelfalle das hingebrachte Feuer usw. (z. B. eine brennende, aber mit einem Deckel versehene Pfeife) ein verwahrtes, d. h. gegen die Mitteilung und Verbreitung nach außen sichergestelltes, oder ein unverwahrtes sei, wird, wie der Rhein. Kassationshof im U. 22/12 52, RA. 48, II, 16 und das Reichsgericht im U. 2/11 82, E. 7, 201 angenommen haben, wesentlich Tatfrage sein. Jedenfalls wird eine brennende Zigarre nicht ohne weiteres als „unverwahrtes Feuer" anzusehen sein, und deshalb das bloße Betreten des Waldes mit einer solchen in der Zeit vom 1. November bis Ende Febr. nicht nach § 40 Nr. 1 bestraft werden können. Anders liegt die Sache, wenn die noch brennende Zigarre im Walde fortgeworfen wird. Vgl. Anm. 4. — Ein Betreten des Waldes usw. mit unverwahrtem Feuer oder Licht ist übrigens nach U. 4/5 97, E. 30, 108 auch dann anzunehmen, wenn jemand erst in dem Walde unverwahrtes Feuer oder Licht entzündet, mag auch der Eintritt in den Wald noch nicht mit solchem Feuer oder Licht erfolgt sein. Es ist danach also jeder Aufenthalt im Walde oder auf Moor- oder Heideflächen mit unverwahrtem Feuer oder Licht nach § 40 Nr. 1 strafbar. — Ob ein gefahrbringendes Nähern vorliegt, muß im Einzelfall nach den Terrainverhältnissen, der Bodenbeschaffenheit, der Windrichtung usw. beurteilt werden.

2. **Wald.** Unter einem Wald ist hier, ebenso wie im § 308 StGB., eine umfangreichere, mit Bäumen oder sonstigen Walderzeugnissen bewachsene, in sich zusammenhängende Grundfläche zu verstehen. Von welchem Umfange diese Grundfläche sein müsse, um einen Wald darstellen zu können, läßt sich nach Rechtsregeln nicht bestimmen; es kann eine geringere, mit dichtem Waldwuchs bedeckte Grundfläche als ein Wald bezeichnet werden, während eine größere, nur spärlich bewachsene Grundfläche unter Umständen diese Bezeichnung nicht verdient. Jedenfalls genügt eine Mehrzahl einzeln stehender Waldbäume noch nicht zur Annahme eines Waldes, und andererseits kann es auch nicht für absolut erforderlich erachtet werden, daß die betr. Waldfläche zur Holznutzung bestimmt ist. Vgl. U. 3/1 84, E. 9, 381.

3. **Das Verbot des Rauchens** in der Zeit vom 1. März bis 31. Oktober dient der Bekämpfung der Waldbrände. Auch das Rauchen aus einer Pfeife mit Deckel ist also in der genannten Zeit ohne Erlaubnis nicht gestattet. Der Waldeigentümer wird in seinem eigenen Interesse bei der Erteilung der Raucherlaubnis vorsichtig verfahren.

4. Brennende oder glimmende Gegenstände. Zu den glimmenden Gegenständen sind insbesondere glimmender Tabak, glimmende Zigarren, angebrannte Zündhölzer u. dgl. zu rechnen.

5. Der § 368 Nr. 6 StGB. bestimmt: „Mit Geldstrafe bis zu einhundertundfünfzig Mark oder mit Haft bis zu vierzehn Tagen wird bestraft: 6) wer an gefährlichen Stellen in Wäldern oder Heiden — — Feuer anzündet."

6. Im Walde. Der § 40 Nr. 4 bestraft das ohne Erlaubnis vorgenommene Anzünden von Feuer im Walde überhaupt, ohne Rücksicht darauf, ob das Feueranzünden an einer gefährlichen Stelle des Waldes stattgefunden hat. Ist letzteres der Fall, d. h. wird das Feuer an einer Stelle angezündet, an welcher die Möglichkeit einer weiteren Verbreitung desselben durch die Bodenbedeckung (Gräser, Laub u. dgl.) gegeben ist, so findet die strengere Strafbestimmung des § 368 Nr. 6 StGB. Anwendung.

Das Anzünden von Feuer außerhalb des Waldes ist nur dann nach § 40 Nr. 4 strafbar, wenn dasselbe in gefährlicher Nähe des Waldes geschieht. Ob eine gefährliche Nähe vorliegt, ist auch hier wesentlich Tatfrage. Vgl. oben Anm. 1.

7. Anzünden eines Feuers. Forstlich angeordnetes Feueranzünden. Das Anzunden eines Feuers fällt nicht nur dem zur Last, der zuerst ein Feuer zur Entstehung bringt, sondern auch dem, welcher irgendwie für das Weiterbrennen eines schon erstandenen Feuers tätig wird. U. 14/1 98, GA. 46, 114. Eine von den Forstbehörden im Interesse des Forstschutzes oder der Forstkultur angeordnete, mit entsprechenden Vorsichtsmaßregeln vorgenommene Verbrennung von Holzteilen in dem Forst kann selbstverständlich der Strafbestimmung des § 40 nicht unterliegen. Vgl. U. des Gerichtshofes zur Entsch. der Kompetenzkonfl. 11/3 76 (BMBl. 1876 S. 128). Dagegen werden sich auch Forstbeamte, welche bei der solchergestalt angeordneten Verbrennung das Feuer gehörig zn beaufsichtigen oder auszulöschen unterlassen, nach § 40 strafbar machen können.

8. Zuständiger Forst- und Flurschutzbeamter in den Fällen des § 44 Abs. 2. Als zuständiger Forstbeamter ist jeder Förster (Revierförster, Hegemeister, Forstaufseher, Waldwärter usw.), der Oberförster und unter Umständen auch ein höherer Forstbeamter, soweit ihm im Einzelfall pflichtmäßig die Fürsorge für den gefährdeten Waldteil obliegt, innerhalb des ihm anvertrauten Schutzbezirks anzusehen. Die staatlichen Förster sind durch § 43 ihrer Dienstinstruktion vom 23. Oktober 1868 angewiesen, vor allem das Feueranmachen ohne Erlaubnis nicht zu dulden, vielmehr stets zur Bestrafung anzuzeigen, insbesondere auch darauf zu achten, daß die Holzhauer und Kulturarbeiter und sonstigen Arbeiter, namentlich wenn ihnen etwa zur Speisebereitung das Anmachen von Feuer gestattet werden mußte, stets die nötige Vorsicht beobachten. Desgleichen ist durch Cirk.-Reskr. des Min. für Landwirtschaft usw. v. 27. Mai 1882 auf die energische Handhabung der forstpolizeilichen Bestimmungen zur Verhütung von Waldbränden seitens der Forstbeamten besonders hingewiesen. Den nichtstaatlichen Forstbeamten (Flurschutzbeamten) stehen die Befugnisse des Grundstückseigentümers innerhalb des ihnen anvertrauten Schutzbezirks ebenfalls zu.

9. Der § 360 Nr. 10 StGB. bestimmt: „Mit Geldstrafe bis

zu einhundertfunfzig Mark oder mit Haft wird bestraft: 10. wer bei Unglücksfällen oder gemeiner Gefahr oder Not, von der Polizeibehörde oder deren Stellvertreter zur Hilfe aufgefordert, keine Folge leistet, obgleich er der Aufforderung ohne erhebliche eigene Gefahr genugen konnte."

10. Verweigerung der Hilfe bei Waldbränden. Durch die Bestimmung des § 40 Nr. 5 ist die Vorschrift des § 360 Nr. 10 StGB. nach zwei Seiten hin erweitert. Es sollen zunächst nicht nur die Polizeibehörde (Amtsvorsteher), sondern auch der Ortsvorsteher, der Grundeigentümer oder deren Stellvertreter einschl. der zuständigen Forst- und Flurschutzbeamten das Recht haben, bei Waldbränden jedermanns Hilfe zu beanspruchen. Es soll alsdann aber auch die Hilfeleistung nicht an die Bedingung „Not oder gemeine Gefahr" (§ 360 Nr. 10 StGB.), sondern an einen Waldbrand schlechthin geknüpft werden. Bei jedem Waldbrand, selbst wenn derselbe eine gemeine Gefahr an sich noch nicht bedingen würde, sind also die Polizeibehörde, der Ortsvorsteher, der Grundeigentümer oder deren Stellvertreter einschl. der zuständigen Forst- und Flurschutzbeamten berechtigt, einen jeden zur unentgeltlichen Hilfe heranzuziehen. Wer die Hilfe nicht leistet, obgleich er der an ihn gerichteten Aufforderung ohne erhebliche eigene Nachteile genügen konnte, verfällt der Strafe des § 40 Nr. 5 d. G. Der Richter hat nicht zu prüfen, ob die seitens der Polizeibehörde usw. geforderte Hilfe zweckmäßig oder notwendig war, vielmehr nur über die Frage nach der Erheblichkeit der zur Entschuldigung der Hilfeverweigerung angegebenen eigenen Nachteile zu entscheiden. Was als ein erheblicher eigener Nachteil anzusehen sei, bleibt lediglich dem richterlichen Ermessen überlassen.

11. Die Leitung der Löschanstalten ist in den Provinzen der Kreis- und Provinzialordnung für die staatlichen Forsten nicht der Polizeibehörde (Amtsvorsteher), sondern dem Oberförster übertragen. Vgl. Erlaß des Min. des Inn. u. d. Min. für Landwirtschaft usw. v. 22. März 1882.

12. Posthalter. Die im § 22 des Reichs-Postgesetzes vom 28. Oktober 1871 ausgesprochene Befreiung der Postillone und Postpferde von Spanndiensten bezieht sich lediglich auf solche Spanndienste, welche behufs der Staats- und Kommunalbedürfnisse zu leisten sind. Deshalb können die Postpferde auch unbedenklich zur Hilfeleistung bei Waldbränden herangezogen werden. Ein Posthalter, welcher bei einem Waldbrand die Gestellung der Pferde verweigert, ohne erhebliche Nachteile nachweisen zu können, ist deshalb auch nach § 40 Nr. 5 zu bestrafen Vgl. U. Obertrib. 2/3 60, JMBl. 1860 S. 267 und Dambach, Postgesetz, Anm. 1 zu § 22.

§ 41 (45).

(1) Mit Geldstrafe bis zu einhundertfünfzig Reichsmark oder mit Haft wird bestraft, wer im Walde oder in gefährlicher Nähe desselben

1. ohne Erlaubnis des Waldeigentümers oder seines Vertreters Kohlenmeiler errichtet,
2. Kohlenmeiler anzündet, ohne dem Waldeigentümer oder dessen Vertreter Anzeige gemacht zu haben,

3. brennende Kohlenmeiler zu beaufsichtigen unterläßt,
4. aus Meilern Kohlen auszieht oder abfährt, ohne dieselben gelöscht zu haben.

(2) Als Vertreter im Sinne der Nummern 1 und 2 gilt auch der zuständige Forstbeamte.

1. Wald. Gefährliche Nähe. Vgl. die Anm. 1 und 6 zu § 40.

2. Zuständiger Forstbeamter. In den staatlichen Forsten ist als zuständiger Forstbeamter im Sinne des § 41 in erster Linie der verwaltende Forstbeamte, d. h. der Oberförster anzusehen. Derselbe ist allerdings für befugt zu erachten, im besonderen Fall den Belaufsförster zur Erteilung der im § 41 Nr. 1 erwähnten Erlaubnis zu ermächtigen. Zur Errichtung von Kohlenmeilern in Kommunal- und Privatforsten hat der Waldeigentümer oder dessen Vertreter einschl. des zuständigen Forstbeamten die Erlaubnis zu erteilen, an welchen auch die im § 41 Nr. 2 gedachte Anzeige zu erstatten ist.

§ 42 (46).

Mit Geldstrafe von zehn bis zu einhundertfünfzig Reichsmark oder mit Haft wird bestraft, wer den über das Brennen einer Waldfläche, das Abbrennen von liegenden oder zusammengebrachten Bodendecken und das Sengen von Rotthecken erlassenen polizeilichen Anordnungen zuwiderhandelt.

1. Abbrennen von liegenden oder zusammengebrachten Bodendecken. Darunter versteht man ein Verfahren, welches bei dem periodischen Fruchtbau behufs Zerstörung der obersten Bodendecke und gleichzeitiger Düngung des Bodens stattfindet.

2. Sengen von Rotthecken, d. h. das Zerstören des Bodenüberzuges in den zeitweise zur landwirtschaftlichen Benutzung gezogenen Niederwaldschlägen durch Feuer.

3. Polizeiliche Anordnungen. Vgl. hierüber Anm. 4 zu § 25.

§ 43 (47).

Wer in der Umgebung einer Waldung, welche mehr als fünf Hektar in räumlichem Zusammenhange umfaßt, innerhalb einer Entfernung von fünfundsiebzig Meter eine Feuerstelle errichten will, bedarf einer Genehmigung derjenigen Behörde, welche für die Erteilung der Genehmigung zur Errichtung von Feuerstellen zuständig ist. Vor der Aushändigung der Genehmigung darf die polizeiliche Bauerlaubnis nicht erteilt werden.

1. Allgemeines. Das Gesetz v. 25. Aug. 1876, betr. die Verteilung der öffentl. Lasten bei Grundstücksteilungen und die Gründung neuer Ansiedelungen in der Prov. Preußen, Brandenburg, Pommern, Posen, Schlesien, Sachsen u. Westfalen (GS. S. 405), hat die bereits bestehenden Bestimmungen, welche die Errichtung von Feuerstellen in der Nähe von Forsten polizeilichen Beschränkungen unterwerfen, nicht berührt, die Revision dieser Vorschriften vielmehr einem später zu erlassenden Forstpolizeigesetz überlassen. Die §§ 43 bis 48 des FFPG. bezwecken, diese Revision für den ganzen Umfang des Staates zu bewirken.

Zu beachten ist, daß nach § 43 die Genehmigung zur Errichtung einer Feuerstelle nur dann erforderlich ist, wenn die Feuerstelle in der Umgebung einer Waldung angelegt werden soll. Deshalb bedarf der Waldeigentümer, welcher innerhalb einer ihm gehörigen Waldung eine Feuerstelle errichten will, der in den §§ 43, 44 vorgeschriebenen Genehmigung nicht, wodurch allerdings nicht ausgeschlossen wird, daß er die sonst vorgeschriebene Bauerlaubnis oder Ansiedlungsgenehmigung nachsuchen muß. Die besonderen baupolizeilichen Vorschriften, wie solche in den verschiedenen Baupolizeiordnungen sich vorfinden, werden durch die §§ 43ff. d. G. überhaupt nicht berührt. Wenn demnach die Anlage der Feuerstelle — wie dies der Regel nach der Fall ist — noch besonderen baupolizeilichen Beschränkungen unterworfen ist, so sind auch diese letzteren bei Vermeidung der im § 367 Nr. 15 StGB. angedrohten Strafen zu beachten. Der § 367 Nr. 15 StGB. lautet: „Mit Geldstrafe bis zu einhundertfünfzig Reichsmark oder mit Haft wird bestraft: 15) wer als Bauherr, Baumeister oder Bauhandwerker einen Bau oder eine Ausbesserung, wozu die polizeiliche Genehmigung erforderlich ist, ohne diese Genehmigung oder mit eigenmächtiger Abweichung von dem durch die Behörde genehmigten Bauplane ausführt oder ausführen läßt."

2. Waldung. Über den Begriff einer Waldung vgl. im allgemeinen Anm. 2 zu § 40. Hier tritt noch als weiteres Erfordernis hinzu, daß die Waldung mehr als fünf Hektare im räumlichen Zusammenhange umfassen muß. Auf die Zahl fünf (früher einhundert) ist man zurückgegangen in der Erwägung, daß auch die Erhaltung der kleineren Wälder von volkswirtschaftlicher Bedeutung ist.

Im übrigen finden die Bestimmungen der §§ 43ff. nicht nur bei Staats- und Gemeindewaldungen, sondern auch bei Privatwaldungen Anwendung.

3. Feuerstelle. Als Feuerstellen sind alle mit einer Feuerung verbundenen Anlagen, also auch Teeröfen, Back- und Kalköfen, Schornsteine, Lokomobilen usw. anzusehen. Daß die Feuerungseinrichtungen auf eine längere Dauer berechnet und zu diesem Zwecke mit dem Grund und Boden, unmittelbar oder mittelbar, in eine dauernde Verbindung gebracht sind (so: Günther a. a. O. S. 84), kann nicht als Voraussetzung des § 43 angesehen werden, und ebensowenig ist es erforderlich, daß die Feuerstelle sich in einem Wohngebäude befindet.

4. Zuständige Behörde. Für die Erteilung der Genehmigung zur Errichtung von Feuerstellen ist im größten Teile von Preußen die Ortspolizeibehörde (s. oben Anm. 5 zu § 28) zuständig. Nur in einzelnen Landesteilen liegt dieser Zweig der Polizeiverwaltung anderen Behörden ob, und zwar: in den Hohenzollernschen Landen dem Oberamtmann, in dem vormaligen Kurfürstentum Hessen, in den vormals Großherzoglich Hessischen Landesteilen, im vormaligen Großherzogtum Nassau, in den vormals Landgräfl. Hessen-Homburgischen Landesteilen und in den vormals Bayerischen Landesteilen dem Landrat.

§ 44 (48).

(1) Die Genehmigung der Behörde (§ 43) darf versagt oder an Bedingungen, welche die Verhütung von Feuersgefahr bezwecken, geknüpft werden, wenn aus der Errichtung der Feuerstelle eine Feuersgefahr für die Waldung zu besorgen ist.

(2) Die Genehmigung darf nicht versagt werden, wenn die Feuerstelle innerhalb einer im Zusammenhange gebauten Ortschaft oder vom Waldeigentümer oder in der Ausführung eines Enteignungsrechts errichtet werden soll; jedoch darf die Genehmigung an Bedingungen geknüpft werden, welche die Verhütung von Feuersgefahr bezwecken.

Bedingungen. Die Bedingungen, an welche nach § 44 die Genehmigung der Behörde zur Errichtung einer Feuerstelle (§ 43) geknüpft werden kann, dürfen lediglich zu dem Zweck gestellt werden, um eine aus der Errichtung der Feuerstelle zu besorgende Feuersgefahr für die betreffende Waldung zu verhüten. Vgl. Entsch. des OVG. Bd. 10 S. 322.

§ 45 (49).

(1) Der Antrag auf Erteilung der Genehmigung ist dem Waldeigentümer, falls dieser nicht der Bauherr ist, mit dem Bemerken bekannt zu machen, daß er innerhalb einer Frist von einundzwanzig Tagen bei der Behörde (§ 43) Einspruch erheben könne.

(2) Der erhobene Einspruch ist von der Behörde (§ 43), geeignetenfalls nach Anhörung des Antragstellers und des Waldeigentümers sowie nach Aufnahme des Beweises zu prüfen.

1. Die Bestimmungen der §§ 45 und 46 entsprechen den §§ 16 und 17 des Gesetzes vom 25. Aug. 1876 mit der sich von selbst ergebenden Änderung, daß die Mitteilung des Antrages auf Erteilung der Genehmigung an den Waldeigentümer nicht erfolgt, falls dieser der Bauherr ist und den Antrag also selbst gestellt hat.

2. Einspruchsfrist. Die einundzwanzigtägige Frist des § 45 ist im Geltungsbereich des Gesetzes über die allgemeine Landesverwaltung vom 30. Juli 1883 durch § 51 des letzteren nicht geändert worden. Die Frist ist präklusivisch. (§ 84 d. G.) Nach Ablauf derselben kann also ein Einspruch gegen die Erteilung der Genehmigung nicht mehr erhoben werden. Tatsächliche Hindernisse, welche dem Waldeigentümer die Innehaltung der Frist unmöglich machen, begründen keine Restitution. Die Beteiligten können die Frist auch nicht durch Übereinkunft verlängern.

In betreff des Beginns und der Berechnung der Frist ist im Geltungsbereich des Ges. über die allgem. Landesverwaltung des § 52 Abs. 1 dieses letzteren Gesetzes maßgebend, welcher lautet: „Die Fristen für die Anbringung der Beschwerde und der Klage beziehungsweise des Antrags auf mündliche Verhandlung im Verwaltungsstreitverfahren, sowie alle Fristen im Verwaltungsstreitverfahren sind präklusivisch und beginnen, sofern nicht die Gesetze anderes vorschreiben, mit der Zustellung. Für die Berechnung der Fristen sind die bürgerlichen Prozeßgesetze maßgebend." In letzterer Beziehung sind hervorzuheben der § 222 ZPO., welcher lautet:

„Für die Berechnung der Fristen gelten die Vorschriften des Bürgerlichen Gesetzbuchs.

Fällt das Ende einer Frist auf einen Sonntag oder allgemeinen Feiertag, so endigt die Frist mit Ablauf des nächstfolgenden Werktages.

Bei der Berechnung einer Frist, welche nach Stunden bestimmt ist, werden Sonntage und allgemeine Feiertage nicht mitgerechnet."

und die §§ 187—192 BGB., welche lauten:

§ 187: Ist für den Anfang einer Frist ein Ereignis oder ein in den Lauf eines Tages fallender Zeitpunkt maßgebend, so wird bei der Berechnung der Frist der Tag nicht mitgerechnet, in welchen das Ereignis oder der Zeitpunkt fällt.

Ist der Beginn eines Tages der für den Anfang einer Frist maßgebende Zeitpunkt, so wird dieser Tag bei der Berechnung der Frist mitgerechnet. Das gleiche gilt von dem Tage der Geburt bei der Berechnung des Lebensalters.

§ 188: Eine nach Tagen bestimmte Frist endigt mit dem Ablaufe des letzten Tages der Frist.

Eine Frist, die nach Wochen, nach Monaten oder nach einem mehrere Monate umfassenden Zeitraume — Jahr, halbes Jahr, Vierteljahr — bestimmt ist, endigt im Falle des § 187 Abs. 1 mit dem Ablaufe desjenigen Tages der letzte Wochen oder des letzten Monats, welcher durch seine Benennung oder seine Zahl dem Tage entspricht, in den das Ereignis oder der Zeitpunkt fällt, im Falle des § 187 Abs. 2 mit dem Ablaufe desjenigen Tages der letzten Woche oder des letzten Monats, welcher dem Tage vorhergeht, der durch seine Benennung oder seine Zahl dem Anfangstage der Frist entspricht.

Fehlt bei einer nach Monaten bestimmten Frist in dem letzten Monate der für ihren Ablauf maßgebende Tag, so endigt die Frist mit dem Ablaufe des letzten Tages dieses Monats.

§ 189: Unter einem halben Jahre wird eine Frist von sechs Monaten, unter einem Vierteljahre eine Frist von drei Monaten, unter einem halben Monat eine Frist von fünfzen Tagen verstanden.

Ist eine Frist auf einen oder mehrere ganze Monate und einen halben Monat gestellt, so sind die fünfzehn Tage zuletzt zu zählen.

§ 190: Im Falle der Verlängerung einer Frist wird die neue Frist von dem Ablaufe der vorigen Frist an berechnet.

§ 191: Ist ein Zeitraum nach Monaten oder nach Jahren in dem Sinne bestimmt, daß er nicht zusammenhängend zu verlaufen braucht, so wird der Monat zu dreißig, das Jahr zu dreihundertfünfundsechzig Tagen gerechnet.

§ 192: Unter Anfang des Monats wird der erste, unter Mitte des Monats der fünfzehnte, unter Ende des Monats der letzte Tag des Monats verstanden.

Die allgemeinen Feiertage in Preußen s. in Anm. 2 zu § 2 d. G. Andere besondere Feiertage einzelner Konfessionen werden hier nicht berücksichtigt.

Über die Unterbrechung der Fristen vgl. §§ 239 ff. ZPO.

§ 46 (50).

(1) Die Versagung der Genehmigung, die Erteilung der Genehmigung unter Bedingungen sowie die Zurückweisung des erhobenen Einspruchs erfolgt durch einen Bescheid der Behörde, welcher mit Gründen zu versehen und dem Antragsteller sowie dem Waldeigentümer zu eröffnen ist.

(2) Gegen den Bescheid steht dem Antragsteller sowie dem Waldeigentümer innerhalb einer Frist von zwei Wochen die Klage im Verwaltungsstreitverfahren offen. Zuständig ist

a) der Kreisausschuß, wenn der Bescheid von der Ortspolizeibehörde eines Landkreises erteilt worden ist;

b) der Bezirksausschuß, wenn der Bescheid vom Landrat oder von der Ortspolizeibehörde eines Stadtkreises, in der Provinz Hannover von der Polizeibehörde einer selbständigen Stadt erteilt worden ist.

1. **Bescheid der Behörde.** Der im § 46 erwähnte Bescheid der Behörde bzw. die im Verwaltungsstreitverfahren ergangenen Entscheidungen des Kreisausschusses usw. machen die Erteilung der im § 43 erwähnten Genehmigung zur Errichtung der Feuerstelle nicht entbehrlich, diese Genehmigung ist vielmehr nach Beendigung des Verwaltungsstreitverfahrens von der im § 43 bezeichneten Behörde noch besonders auszufertigen.

2. **Eröffnung des Bescheides.** Eine bestimmte Form für die Eröffnung des Bescheides ist nicht vorgeschrieben. Es kann deshalb an und für sich auch eine mündliche Eröffnung genügen. Jedenfalls muß aber Tag und Ort der Eröffnung (Zustellung) aktenmäßig vermerkt werden, um im Streitfall darüber amtliche Auskunft geben zu können.

3. **Klagefrist.** An die Stelle der im § 50 a. F. ursprünglich bestimmten zehntägigen Klagefrist ist nach § 51 des Ges. über die allgem. Landesverw. v. 30. Juli 1883 eine Frist von zwei Wochen getreten. Auch diese Frist ist präklusivisch (§ 84 d. G.). Nach Ablauf derselben kann eine Klage nicht mehr erhoben werden. Die Frist beginnt mit der Eröffnung (Zustellung) des im § 46 Abs. 1 erwähnten Bescheides. Im übrigen vgl. hierüber sowie über die Berechnung der Frist die Anm. 2 zu § 45.

4. **Verwaltungsstreitverfahren.** Das Verfahren vor dem Kreisausschuß und dem Bezirksausschuß regelt sich nach den Vorschriften der §§ 63 ff. des Ges. über die allgem. Landesverwaltung v. 30. Juli 1883, von denen hier insbesondere hervorzuheben sind:

§ 63: Die Klage ist bei dem zuständigen Gericht schriftlich einzureichen. Die Klage beim Kreisausschusse kann zu Protokoll erklärt werden. In der Klage ist ein bestimmter Antrag zu stellen, und sind die Personen des Beklagten, der Gegenstand des Anspruchs, sowie die den Antrag begründenden Tatsachen genau zu bezeichnen.

§ 65: ... Die Klage ist [wenn sie nicht nach § 64 sofort wegen rechtlicher Unzulässigkeit oder mangelnder Begründung durch Bescheid zurückgewiesen ist] dem Beklagten mit der Aufforderung zuzufertigen, seine Gegenerklärung innerhalb einer bestimmten, von einer bis zu vier

Wochen zu bemessenden Frist schriftlich einzureichen. Wenn das Verfahren bei dem Kreisausschusse anhängig ist, so kann die Gegenerklärung auch zu Protokoll erklärt werden.

Die Frist kann in nicht schleunigen Sachen der Regel nach nicht über zwei Wochen verlängert werden. Die Gegenerklärung des Beklagten wird dem Kläger zugefertigt.

§ 66: Allen Schriftstücken sind die als Beweismittel in bezug genommenen Urkunden im Original oder in Abschrift beizufügen. Von allen Schriftstücken und deren Anlagen sind Duplikate einzureichen.

Das Gericht kann geeignetenfalls gestatten, daß statt der Einreichung von Duplikaten die Anlagen selbst zur Einsicht der Beteiligten in seinem Geschäftslokale offen gelegt werden.

§ 73: Die Parteien sind in der Wahl der von ihnen zu bestellenden Bevollmächtigten nicht beschränkt.

Das Gericht kann Vertreter, welche, ohne Rechtsanwälte zu sein, die Vertretung vor dem Gerichte geschäftsmäßig betreiben, zurückweisen. Eine Anfechtung dieser Anordnung findet nicht statt.

Gemeindevorsteher, welche als solche legitimiert sind, bedürfen zur Vertretung ihrer Gemeinden einer besonderen Vollmacht nicht.

§ 76: Das Gericht ist befugt — geeignetenfalls schon vor Anberaumung der mündlichen Verhandlung — Untersuchungen an Ort und Stelle zu veranlassen, Zeugen und Sachverständige zu laden und eidlich zu vernehmen, überhaupt den angetretenen oder nach dem Ermessen des Gerichts erforderlichen Beweis in vollem Umfange zu erheben.

§ 79: Das Gericht hat nach seiner freien, aus dem ganzen Inbegriffe der Verhandlungen und Beweise geschöpften Überzeugung zu entscheiden. Beim Ausbleiben der betreffenden Partei oder in Ermangelung einer Erklärung derselben können die von der Gegenpartei vorgebrachten Tatsachen für zugestanden erachtet werden. Die Entscheidungen dürfen nur die zum Streitverfahren vorgeladenen Parteien und die in demselben erhobenen Ansprüche betreffen.

§ 80: Die Entscheidung kann ohne vorgängige Anberaumung einer mündlichen Verhandlung erlassen werden, wenn beide Teile auf eine solche ausdrücklich verzichtet haben.

§ 81: Die Verkündigung der Entscheidung erfolgt der Regel nach in öffentlicher Sitzung des Gerichts. Eine mit Gründen versehene Ausfertigung der Entscheidung ist den Parteien und, sofern ein besonderer Kommissar zur Wahrnehmung des öffentlichen Interesses bestellt war (§ 74 Abs. 2), gleichzeitig auch diesem zuzustellen. Die Zustellung genügt, wenn die Verkündigung in öffentlicher Sitzung nicht erfolgt ist.

§ 47 (51).

Wer vor Erteilung der vorgeschriebenen Genehmigung mit der Errichtung einer Feuerstelle beginnt, wird mit Geldstrafe bis zu einhundertfünfzig Reichsmark oder mit Haft bestraft. Auch kann die Behörde (§ 43) die Weiterführung der Anlage verhindern und die Wegschaffung der errichteten Anlage anordnen.

1. Verhältnis des § 47 zu § 368 Nr. 3 StGB. Der § 368 Nr. 3 StGB. bestimmt: „Mit Geldstrafe bis zu 150 Reichsmark oder mit Haft bis zu 14 Tagen wird bestraft: 3) wer ohne polizeiliche Erlaubnis eine neue Feuerstätte errichtet oder eine bereits vorhandene an einen anderen Ort verlegt.“ Wie auch die Motive hervorheben, kann diese Strafvorschrift mit der Strafbestimmung des § 47 d. G. nicht kollidieren, da die letztere einen besonders gearteten Tatbestand enthält. Nur derjenige, welcher in der Umgebung einer Waldung, welche mehr als 5 Hektare in räumlichem Zusammenhange umfaßt, innerhalb einer Entfernung von 75 Metern eine Feuerstelle, ohne die vorgeschriebene Genehmigung (§ 43) erhalten zu haben, errichtet, wird nach der strengeren Strafvorschrift des § 47 bestraft. Die gleichzeitige Anwendung des § 368 Nr. 3 StGB. ist dann selbstverständlich ausgeschlossen.

Wenn zur Errichtung der Feuerstelle, z. B. wenn sie mit einem Wohngebäude verbunden werden soll, auch eine Ansiedlungsgenehmigung erforderlich ist, so kann allerdings evtl. auch § 20 des Ges. v. 10. Aug. 1904 zur Anwendung kommen, welcher lautet: „Wer vor Erteilung der Ansiedlungsgenehmigung mit einer Ansiedlung beginnt, wird mit Geldstrafe bis einhundert und fünfzig Mark oder Haft bestraft. Auch kann die Ortspolizeibehörde die Weiterführung der Ansiedlung verhindern und die Wegschaffung der errichteten Anlagen anordnen.“

2. Verhinderung der Weiterführung usw. Zur Durchführung der gegen die Weiterführung bzw. die Wegschaffung der Anlage gerichteten Verfügung stehen der Behörde (§ 43) die im § 132 Nr. 1—3 des Ges. über die allgem. Landesverwaltung v. 30. Juli 1883 bezeichneten Zwangsmittel zu Gebote. Um den Beginn der Errichtung zu verhindern, kann nötigenfalls nur das unter Nr. 3 a. a. O. bezeichnete Zwangsmittel (unmittelbarer Zwang) zur Anwendung kommen, da Nr. 1 a. a. O. sich nur auf Unterlassungen bezieht und die unter Nr. 2 vorgesehenen Exekutivstrafen wegen der allgemeinen Strafvorschrift des § 47 d. G. nicht Platz greifen können.

In betreff der gegen die polizeilichen, die Weiterführung usw. betreffenden Anordnungen der Behörde zulässigen Rechtsmittel sind die Vorschriften der §§ 127, 133 des Ges. v. 30. Juli 1883 zu beachten.

§ 48.

Die Bestimmungen der Gesetze vom 10. August 1904 (Gesetzsamml. S. 227) vom 1. März 1923 (Gesetzsamml. S. 49), vom 4. November 1874 (Wochenbl. S. 291 — für den Kreis Herzogtum Lauenburg), vom 4. Juli 1887 (Gesetzsamml. S. 327 — für Hannover), vom 13. Juni 1888 (Gesetzsamml. S. 243 — für Schleswig-Holstein) und vom 11. Juni 1890 (Gesetzsamml. S. 173 — für Hessen-Nassau) über die Gründung neuer Ansiedlungen werden durch dieses Gesetz nicht berührt.

Zweiter Titel.

Strafverfahren.

§ 49 (53).

(1) Für die Zuwiderhandlungen gegen dieses Gesetz ist der Amtsrichter zuständig.

(2) Die gesetzliche Befugnis der Ortspolizeibehörden zur vorläufigen Straffestsetzung beziehungsweise zur Verhängung einer etwa verwirkten Einziehung wird hierdurch nicht berührt.

(3) Das Amt des Amtsanwalts kann verwaltenden Forstbeamten übertragen werden.

1. Allgemeines. Der § 3 Abs. 3 des Einführungsgesetzes zur Strafprozeßordnung vom 1. Febr. 1877 überläßt es den Landesgesetzen, die Anordnung zu treffen, daß Forst- und Feldrügesachen durch die Amtsgerichte in einem besonderen Verfahren sowie ohne Zuziehung von Schöffen verhandelt und entschieden werden. Im Interesse der Rechtseinheit hatte indes das Feld- und Forstpolizeigesetz in der Fassung vom 1. April 1880 abweichende Vorschriften über das Verfahren nur insoweit getroffen, als die Feld- und Forstpolizeisachen wegen ihrer eigentümlichen Natur dies dringend erfordern. Hiervon ausgehend und da gerade die Feld- und Forstpolizeisachen zur Verhandlung und Entscheidung durch sach- und ortskundige Laien sich vorzugsweise eignen, wenn die Zuwiderhandlungen gegen die Bestimmungen des gen. Gesetzes ausnahmslos, d. h. auch die Vergehen gegen §§ 17 und 18 d. G. der Zuständigkeit der Schöffengerichte überwiesen und für das gerichtliche Verfahren mit geringen, in den §§ 56 bis 60 der alten Fassung enthaltenen Abweichungen die Vorschriften der Strafprozeßordnung über das Verfahren vor den Schöffengerichten für anwendbar erklärt. Nachdem jedoch der Strafprozeß durch die VO. über Gerichtsverfassung und Strafrechtspflege vom 4. Jan. 1924 umgestaltet und durch §§ 25 u. 26 GVG. in der Fassung vom 22. März 1924 die Zuständigkeit des Amtsrichters ohne Schöffen für alle Übertretungen und eine große Anzahl von Vergehen und einige Verbrechen geschaffen wurde, mußte auch das FFPG. diesem Rechtszustande angepaßt werden. Dies geschah durch die VO. v. 12. März 1924 (GS. S. 127). Das Nähere über das Verfahren siehe in Anm. 2 zu § 51.

2. Vorläufige Straffestsetzung der Ortspolizeibehörden. Lediglich um mögliche Zweifel bei denjenigen Unterbehörden (Amtsvorstehern usw.), denen die Handhabung des Feld- und Forstpolizeigesetzes hauptsächlich obliegt, zu beseitigen, hat der Gesetzgeber es für erforderlich erachtet, auf die an und für sich zweifellose Fortdauer der Befugnis der Ortspolizeibehörden hinzuweisen, innerhalb der jetzt durch das Gesetz vom 23. April 1883, betreffend den Erlaß polizeilicher Strafverfügungen wegen Übertretungen (GS. S. 65 ff.) und der §§ 413 ff. StPO. bestimmten Grenzen vorläufige Straffestsetzungen zu erlassen.

Bei der Einfachheit der hier in Frage kommenden Übertretungen — die Vergehen gegen die §§ 17 und 18 d. G. scheiden selbstverständlich aus — wird es sich, wie auch in der Allgem. Verf. des landw. Ministers v. 12. Mai 1880 (siehe unten Anhang III) hervorgehoben ist, zur Abkürzung des Verfahrens empfehlen, die nach den Bestimmungen des FFPG. zu ahndenden Straffälle, so viel als möglich, im Wege polizeilicher Strafverfügung zu erledigen. Um dieses zu erreichen, sind die Feld- und Forsthüter, sowie die sonstigen Sicherheitsbeamten (Landjäger, Polizeidiener usw.) angewiesen, ihre den Feld- und Forstschutz betreffenden Anzeigen nicht dem Amtsanwalt, sondern der Ortspolizeibehörde (Amtsvorsteher usw.) zu machen. Diese hat sodann in der Regel die Strafverfügung zu erlassen und nur ausnahmsweise, z. B. wenn sie eine ihre Zuständigkeit übersteigende Strafe (d. h. Geldstrafe über 30 RM. oder Haft über 3 Tage) für angemessen hält, eine umfassende Ermittlung des Tatbestandes etwa durch Vernehmung von Zeugen oder sonst erforderlich ist usw., die Akten an den Amtsanwalt zur weiteren Verfolgung der Sache abzugeben.

Für den Erlaß der polizeilichen Strafverfügung sind von dem Minister des Innern und dem Justizminister in der Anweisung vom 8. Juni 1883 zur Ausführung des Gesetzes vom 23. April 1883 spezielle Vorschriften, auch bezüglich der anzuwendenden Formulare, gegeben, welche zugleich mit den Bestimmungen des Gesetzes vom 23. April 1883 im Anhang VI abgedruckt sind.

3. Amtsanwälte. Verwaltende Forstbeamte. Auf Grund der im § 19 Abs. 2 des Forstdiebstahlsgesetzes vom 15. April 1878 getroffenen Bestimmung, daß die Forstamtsanwaltschaft verwaltenden Forstbeamten übertragen werden könne, hat die Ernennnng der Oberförster zu Forstamtsanwälten im Bereich ihrer Reviere und, wo es die örtlichen Verhältnisse wünschenswert erscheinen ließen, auch für benachbarte Forstreviere bezüglich der nach dem Forstdiebstahlsgesetz zu bestrafenden Vergehen und Übertretungen stattgefunden. Nach der Bestimmung des § 49 Abs. 3 FFPG. soll nun auch für Feld- und Forstpolizeisachen, d. h. für die Zuwiderhandlungen gegen das FFPG., verwaltenden Forstbeamten das Amt eines Amtsanwalts übertragen werden können. Die Übertragung dieses Amtes erfolgt nach eingeholter Genehmigung des Justizministers (Zirk.-Verf. des Just.-Min. v. 5. Juni 1880. I, 2649) durch den General-Staatsanwalt. In Betreff der Geschäftsführung vgl. die Geschäftsordnung für die Sekretariate der Amtsanwaltschaften v. 17. Dez. 1924 (JMBl. S. 428) und insbesondere die im § 8 daselbst für die zu Amtsanwälten bestellten verwaltenden Forstbeamten gegebenen besonderen Vorschriften.

Eine Mitteilung der Verurteilungen aus dem FFPG. an die Strafregister erfolgt nur in den Fällen der §§ 17, 18 d. Ges. (Strafregisterverordnung v. 8. März 1926, RGBl. I, 157).

§ 50 (54).

Die an Stelle einer nicht beizutreibenden Geldstrafe eintretende Haft kann vollstreckt werden, ohne daß der Versuch der Beitreibung der Geldstrafe gegen den für haftbar Erklärten gemacht worden ist, sofern die Zahlungsunfähigkeit desselben gerichtskundig ist.

1. Allgemeines. Die Vollstreckung der an die Stelle einer nicht beizutreibenden Geldstrafe eintretenden Haft hat zur notwendigen Voraussetzung, daß sowohl bei dem Verurteilten, als auch bei dem für haftbar Erklärten Zahlungsunfähigkeit vorhanden und festgestellt ist. Nach § 28a StGB., der durch die Verordnung über Vermögensstrafen und Bußen v. 6. Juli 1924 eingefügt ist, kann der Versuch, die Geldstrafe beizutreiben, unterbleiben, wenn mit Sicherheit vorauszusehen ist, daß sie aus dem beweglichen Vermögen des Verurteilten nicht beigetrieben werden kann. Nach § 50 d. Ges. genügt auch zur Feststellung der Zahlungsunfähigkeit des für haftbar Erklärten die Gerichtskundigkeit der Uneinziehbarkeit der Geldstrafe. Von einem Versuch der Beitreibung der Geldstrafe gegen den für haftbar Erklärten kann also ebenfalls Abstand genommen werden. Vgl. § 13 Forstdiebst.G. v. 15. April 1878.

2. Umwandlung der Geldstrafen in Haftstrafen. Für die Umwandlung der in Feld- und Forstpolizeisachen erkannten Geldstrafen in Haftstrafen hat das Gesetz — abweichend von dem Forstdiebstahlsgesetz v. 15. April 1878 — einen besonderen Maßstab nicht aufgestellt. Es bewendet demnach bei den allgemeinen Bestimmungen des § 29 StGB., welche lauten: „An die Stelle einer uneinbringlichen Geldstrafe tritt bei Vergehen Gefängnis ... bei Übertretungen Haft. ... Die Dauer der Ersatzstrafe ist mindestens ein Tag und bei Gefängnis höchstens ein Jahr, bei Haft höchstens sechs Wochen. Die Ersatzstrafe darf nur nach vollen Tagen bemessen werden. Im übrigen richtet sich das Maß der Ersatzstrafe nach freiem Ermessen des Gerichts. Der Verurteilte kann die Vollstreckung der Ersatzstrafe jederzeit dadurch abwenden, daß er den noch zu zahlenden Betrag der Geldstrafe entrichtet. Kann die Geldstrafe ohne Verschulden des Verurteilten nicht eingebracht werden, so kann das Gericht anordnen, daß die Vollstreckung der Ersatzstrafe unterbleibt.

3. Wegen der **bedingten Strafaussetzung** vgl. AV. d. JM. v. 19. Okt. 1920 (JMBl. S. 564) in der Fassung der AV. v. 15. Juni 1921 (JMBl. S. 349) und v. 19. Juni 1921 (JMBl. S. 370) in Verbindung mit der AV. v. 14. März 1917, welche hinsichtlich des IV. Abschnitts (d. i. besonderes Verfahren in Forstsachen §§ 35 bis 37, JMBl. S. 95) durch die AV. v. 19. Okt. 1920 aufrecht erhalten ist. Über bedingte Strafaussetzung in Jugendsachen vgl. Ziff. II, 2 der AV. v. 20. Juni 1923 zum Jugendgerichtsgesetz (JMBl. S. 450) und §§ 10 bis 15 JugGerGes.

4. Die durch Beschluß des Staatsministeriums v. 31. Mai 1924 dem Min. f. L., D. u. F. übertragene Befugnis zum Erlaß von Geldstrafen bis zu 30 RM. hat der gen. Minister in allen Forstkontraventionsfällen auf die Regierungen, soweit es sich um forstfiskalische Waldungen handelt, und in allen anderen Fällen auf die Regierungspräsidenten übertragen. Vgl. AV. d. JM. v. 9. Juli 1924 über das Begnadigungsrecht in Forststrafsachen (JMBl. S. 275).

§ 51 (55).

Für das gerichtliche Verfahren gelten, soweit nicht in diesem Gesetze abändernde Bestimmungen getroffen sind, die

Vorschriften der Strafprozeßordnung über das Verfahren vor dem Amtsrichter und diejenigen des zweiten Abschnitts des Jugendgerichtsgesetzes.

1. Allgemeines. Das gerichtliche Verfahren in Feld- und Forstpolizeisachen auf Grund des Feld- und Forstpolizeigesetzes ist nach § 51 folgendermaßen geregelt:

Das Verfahren bestimmt sich zunächst nach den in den §§ 52, 53, 54, 55, 56 und 62 dieses Gesetzes gegebenen Vorschriften, die durch VO. v. 12. März 1924 (GS. S. 127) der VO. über Gerichtsverfassung und Strafrechtspflege v. 4. Jan. 1924 angepaßt sind. Insoweit diese Vorschriften das in der Strafprozeßordnung besonders geregelte Verfahren vor dem Amtsrichter nicht abändern, kommen diese besonderen Vorschriften der Strafprozeßordnung über das Verfahren vor dem Amtsrichter zur Anwendung. Wo endlich auch diese Vorschriften keine Besonderheiten des Verfahrens konstituieren, regelt sich das letztere nach den allgemeinen Bestimmungen der Strafprozeßordnung. In Feld- und Forstpolizeisachen gegen Jugendliche entscheidet ebenfalls der Amts-(Jugend)richter ohne Zuziehung von Schöffen. Dies ist aus § 3 Abs. 3 EGStPO. in Verbindung mit §§ 51 und 49 FFPG. zu entnehmen und als Ausnahme zu § 17 JugGerGes. anzuerkennen. Die gleiche Auffassung wird vertreten in dem Erl. des PrJustMin. v. 17. Sept. 1924 — I. 4774 —, von Hartung im „Recht" 1924 Sp. 193 ff., Schaefer-Hartung, Strafrecht 2. Aufl. Anm. 17 zu § 53 FFPG., Kiesow, JugGerGes. Vorbem. 6 zu § 17. Folgerichtig ist als Berufungsinstanz auch in Jugendforstrügesachen die kleine Strafkammer zuständig (§ 54 des Ges.).

2. Die besonderen Bestimmungen der Strafprozeßordnung über das Verfahren vor dem Amtsrichter finden sich in den §§ 140, 178, 200, 201, 209, 212, 245, 265, 270, 271, 273, 312 bis 332, 334, 335, 340, 359, 407 bis 412 und 451. Die Bestimmungen der vorbezeichneten Paragraphen enthalten im wesentlichen folgendes:

§ 140. In den vor dem Amtsrichter zu verhandelnden Sachen findet eine notwendige Verteidigung nur bei Verbrechen, soweit sie nicht nur wegen Rückfalls Verbrechen sind, auf Antrag statt.

§ 178. In den zur Zuständigkeit der Amtsgerichte gehörigen Sachen ist, außer dem Falle der Verbindung infolge eines Zusammenhanges mit Sachen, in denen eine Voruntersuchung notwendig ist, die Voruntersuchung bei Übertretungen unzulässig.

§ 200. Die bei dem Amtsrichter einzureichende Anklageschrift hat lediglich die dem Angeschuldigten zur Last gelegte Tat unter Hervorhebung ihrer gesetzlichen Merkmale und des anzuwendenden Strafgesetzes zu bezeichnen, sowie die Beweismittel und das Gericht, vor welchem die Hauptverhandlung stattfinden soll, anzugeben. Der Aufnahme der wesentlichen Ergebnisse der stattgehabten Ermittelungen bedarf es nicht, wenn ein Vergehen oder eine Übertretung den Gegenstand der Anklage bildet.

§ 201. In den vor dem Amtsrichter zu verhandelnden Vergehens- und Übertretungssachen wird dem Angeschuldigten bei Zustellung der Anklageschrift die sonst vorgeschriebene Verteidigungfrist nicht gewährt.

§ 209. Der Amtsrichter hat, wenn er findet, daß eine bei ihm eingereichte Sache die Zuständigkeit des Amtsgerichts übersteigt, die

Akten durch Vermittelung der Staatsanwaltschaft (Amtsanwalt) dem Landgerichte zur Entscheidung vorzulegen.

§ 212. Vor dem Amtsrichter kann in gewissen Fällen (freiwillige Gestellung, Vorführung des Angeschuldigten und Verfolgung desselben wegen einer Übertretung — also nicht in den Fällen der §§ 17 und 18 dieses Gesetzes —) die Einreichung einer Anklageschrift und eine Entscheidung über die Eröffnung des Hauptverfahrens unterbleiben.

§ 245. In den Verhandlungen vor dem Amtsrichter, die eine Übertretung betreffen, bestimmt das Gericht den Umfang der Beweisaufnahme, ohne hierbei durch Anträge, Verzichte oder frühere Beschlüsse gebunden zu sein.

§ 265. In den Verhandlungen vor dem Amtsrichter wegen Übertretung kann der Angeklagte wegen einer nachträglich hervorgetretenen Änderung der Sache die Aussetzung der Hauptverhandlung nicht beantragen.

§ 270. Wenn der Amtsrichter durch Beschluß seine Unzuständigkeit ausspricht und die Sache an das zuständige Gericht verweist, so kann der Angeklagte innerhalb einer bei der Bekanntmachung des Beschlusses zu bestimmenden Frist die Vornahme einzelner Beweiserhebungen vor der Hauptverhandlung beantragen.

§ 271. Das Protokoll über die Hauptverhandlung vor dem Amtsrichter braucht im Falle der Verhinderung des Amtsrichters nur vom Gerichtsschreiber unterschrieben zu werden.

§ 273. In das Protokoll sind auch die wesentlichen Ergebnisse der Vernehmungen aufzunehmen.

§§ 312 bis 332 enthalten die Vorschriften über die gegen die Urteile des Amtsrichters stattfindende Berufung. (Vgl. § 54 d. G.)

§ 334. Gegen die Urteile des Amtsrichters ist die Revision insoweit zulässig, als nach § 313 die Berufung ausgeschlossen ist, d. h. soweit nur eine Übertretung in Frage kommt und der Angeklagte entweder freigesprochen oder ausschließlich zu Geldstrafe verurteilt ist.

§ 335. Ein Urteil, gegen das die Berufung zulässig ist, kann statt mit der Berufung mit der Revision angefochten werden.

§ 340. In den Fällen, in denen die Revision an Stelle der Berufung stattfindet (§ 334) oder statt der Berufung eingelegt wird (§ 335), kann die Revision wegen Verletzung einer Rechtsnorm über das Verfahren nur auf Verletzung der Vorschrift des § 358 gestützt werden.

§ 359. In den vor dem Amtsrichter verhandelten Sachen findet die Wiederaufnahme eines durch rechtskräftiges Urteil geschlossenen Verfahrens zugunsten des Verurteilten wegen beigebrachter neuer Tatsachen oder Beweismittel nur insoweit statt, als der Verurteilte die letzteren in dem früheren Verfahren einschließlich der Berufungsinstanz nicht gekannt hatte oder ohne Verschulden nicht geltend machen konnte.

§§ 407 bis 412 enthalten die Vorschriften über das Verfahren bei amtsrichterlichen Strafbefehlen. (Vgl. § 53 d. G.)

§ 451. Für die zur Zuständigkeit der Amtsgerichte gehörigen Sachen kann durch Anordnung der Landesjustizverwaltung die Strafvollstreckung den Amtsrichtern übertragen werden. Vgl. die Allgem. Verf. des Justizministers v. 14. August 1879 betr. Strafvollstreckung usw., welche unter I bestimmt: „Für diejenigen Sachen, in welchen das Amtsgericht (Schöffengericht) in erster Instanz erkannt hat, wird, in Gemäßheit des § 483 Abs. 3 der Strafprozeßordnung, die Strafvollstreckung dem Amtsrichter übertragen“ (JMBl. 1879 S. 237), und ferner die Rundverf. des JM. v. 17. Dez. 1889 — I 3982 — betr. Strafvollstreckung gegen verhaftete Angeklagte, welche auf Grund eines in der Berufungsinstanz ergangenen Urteils ganz kurze Freiheitsstrafen zu verbüßen haben, durch die Staatsanwaltschaft bei dem Landgericht und dem Amtsrichter am Sitze einer auswärtigen Strafkammer.

Der **zweite Abschnitt des Jugendgerichtsgesetzes** enthält die Vorschriften über das formelle Jugendstrafrecht, d. h. über die Einrichtung der Jugendgerichte und das Verfahren gegenüber straffällig gewordenen Jugendlichen.

3. Gerichtsstand. Das Feld- und Forstpolizeigesetz hat — abweichend von dem Forstdiebstahlsgesetz v. 15. April 1878 (§ 21) — über den *Gerichtsstand* in Feld- und Forstpolizeisachen keine besonderen Bestimmungen getroffen. Es bewendet deshalb in dieser Beziehung bei den allgemeinen Vorschriften der Strafprozeßordnung. Nach den §§ 7 bis 9 und 430 StPO. gilt in betreff des Gerichtsstandes folgendes:

1. Der Gerichtsstand ist begründet bei demjenigen Amtsgericht, in dessen Bezirk die strafbare Handlung begangen ist.

2. In gleicher Weise ist der Gerichtsstand bei demjenigen Amtsgericht begründet, in dessen Bezirk der Angeschuldigte zur Zeit der Erhebung der Klage seinen Wohnsitz hat. Wenn er einen solchen im Deutschen Reich nicht hat, so wird der Gerichtsstand auch durch den gewöhnlichen Aufenthaltsort und, wenn ein solcher nicht bekannt ist, durch den letzten Wohnsitz bestimmt.

3. Ist ein Gerichtsstand der begangenen Tat oder des Wohnsitzes (Aufenthaltsorts, letzten Wohnsitzes) nicht vorhanden oder nicht zu ermitteln, so ist der Gerichtsstand bei demjenigen Amtsgericht begründet, in dessen Bezirk die Ergreifung erfolgt. Hat auch eine Ergreifung nicht stattgefunden, so wird das zuständige Gericht vom Reichsgericht bestimmt.

4. In den Fällen, in welchen auf *Einziehung* von Gegenständen selbständig erkannt werden kann, ist dasjenige Amtsgericht zuständig, welches für den Fall der Verfolgung einer bestimmten Person zuständig sein würde.

Für **Jugendliche** kommt ferner § 25 JGG. in Betracht:

Für Jugendsachen ist auch das Jugendgericht örtlich zuständig, in dessen Bezirk die vormundschaftsgerichtliche Zuständigkeit für den Beschuldigten begründet ist oder sich der Angeschuldigte zur Zeit der Erhebung der Anklage aufhält.

Sind mehrere Jugendgerichte örtlich zuständig, so soll die Anklage bei einem der nach Abs. 1 zuständigen erhoben werden, wenn nicht besondere Gründe die Erhebung der Anklage bei einem anderen Jugendgerichte rechtfertigen.

4 Verjährung. Das FFPG. hat auch über die *Verjährung der Strafverfolgung* von Zuwiderhandlungen gegen seine Strafvorschriften — wiederum abweichend von dem Forstdiebstahlsgesetz (§ 18) — keine besonderen Bestimmungen getroffen. Es bewendet daher bei den allgemeinen Vorschriften des Strafgesetzbuchs. Nach § 67 StGB. verjährt demnach:

1. die Strafverfolgung der Zuwiderhandlungen gegen das Feld- und Forstpolizeigesetz, soweit sich dieselben als Übertretungen im Sinne des § 1 StGB. (Haft oder Geldstrafe bis 150 Reichsmark) darstellen, in drei Monaten;

2. die Strafverfolgung der in §§ 17 und 18 des FFPG. mit Strafe bedrohten Handlungen, welche als Vergehen im Höchstbetrage mit einer längeren als dreimonatigen Gefängnisstrafe bedroht sind, in fünf Jahren.

Die Verjährung der Strafverfolgung beginnt mit dem Tage, an welchem die Handlung begangen ist, ohne Rücksicht auf den Zeitpunkt des eingetretenen Erfolges. Bei denjenigen Zuwiderhandlungen, welche durch Unterlassungen begangen werden, beginnt die Verjährung erst mit dem Aufhören der Verpflichtung, bei strafbaren Handlungen, welche in der Fortsetzung eines gewissen gesetzwidrigen Zustandes bestehen, erst mit dem Aufgeben des rechtswidrigen Verhaltens.

Jede Handlung des Richters (nicht auch des Amtsanwalts), welche wegen der begangenen Tat gegen den Täter gerichtet ist, unterbricht die Verjährung. Eine polizeiliche Strafverfügung wirkt in betreff der Unterbrechung der Verjährung wie eine richterliche Handlung.

Die Unterbrechung findet nur rücksichtlich desjenigen statt, auf welchen die Handlung sich bezieht. Nach der Unterbrechung beginnt eine neue Verjährung. Ist der Beginn oder die Fortsetzung eines Strafverfahrens von einer Vorfrage abhängig, deren Entscheidung in einem anderen Verfahren erfolgen muß (Berechtigungseinrede, z. B. im Fall des § 22, Nr. 3), so ruht die Verjährung bis zu dessen Beendigung. (§§ 68, 69 StGB.)

In betreff der Verjährung der Strafvollstreckung bewendet es bei den Vorschriften der §§ 70ff. StGB.

5. Durch AV. d. JM. v. 22. Juli 1924 (JMBl. S. 283) ist besonders auf die Möglichkeit des beschleunigten Verfahrens nach § 212 StPO. (s. oben Anm. 2) hingewiesen und dabei betont, daß die Prüfung der Frage, ob im Einzelfalle die Voraussetzungen des § 153 StPO. (geringe Schuld und unbedeutende Folgen) vorliegen, mit besonderer Vorsicht und Zurückhaltung vorzunehmen ist.

§ 52 (56).

Mehrere Strafsachen können, auch wenn ein Zusammenhang (§§ 3 und 237 der Strafprozeßordnung) nicht vorhanden ist, zum Zwecke gleichzeitiger Verhandlung und Entscheidung verbunden werden.

1. Nach § 3 der Strafprozeßordnung ist ein Zusammenhang, welcher die Verbindung mehrerer Strafsachen zum Zwecke gleichzeitiger Verhandlung und Entscheidung gestattet, vorhanden, wenn eine Person mehrerer strafbarer Handlungen beschuldigt wird, oder wenn bei einer strafbaren Handlung mehrere Personen als Täter, Teilnehmer, Begünstiger oder Hehler beschuldigt werden. Nach § 237 StPO. kann das Gericht im Falle eines Zusammenhanges die Verbindung mehrerer Sachen beschließen, auch wenn dieser Zusammenhang nicht der im § 3 bezeichnete ist. Mit Rücksicht auf die Gleichartigkeit der hier in Betracht kommenden Übertretungen und im Interesse der Vereinfachung des Verfahrens gestattet nun der § 52 die Verhandlung und Entscheidung bezüglich mehrerer strafbarer Feld- und Forstfrevel selbst dann in einem sog. Gesamtprozesse zusammenzufassen, wenn ein Zusammenhang im Sinne der §§ 3 und 237 StPO. überhaupt nicht vorhanden ist. Daraus ergibt sich, daß mehrere strafbare Feld und Forstfrevel von vornherein von seiten der Anklagebehörde verbunden bei dem Gericht anhängig gemacht werden können. Zu beachten ist jedoch, daß für Jugendliche § 26 Abs. 2 JGG. Anwendung findet, nach welchem Jugendsachen mit Strafsachen gegen Erwachsene nicht verbunden werden sollen.

Von dem Erlaß besonderer Bestimmungen über die in tabellarischer Form aufzustellenden Anklageschriften, Zustellungsurkunden, Urteilsformeln usw. hat das Gesetz vorläufig Abstand genommen. Die erforderlichen Bestimmungen können im Verwaltungswege getroffen werden. (Vgl. Mot.)

§ 53 (57).

Der Amtsanwalt erhebt, wenn nicht eine polizeiliche Strafverfügung vorangegangen ist, die öffentliche Klage durch Stellung des Antrags auf Erlaß eines Strafbefehls. In den Fällen der §§ 17 und 18 dieses Gesetzes kann die öffentliche Klage auch auf andere Weise erhoben werden; die Hauptverhandlung kann auch in diesen Fällen in Abwesenheit des Angeklagten stattfinden.

1. Die jetzige Fassung des § 53 beruht auf der VO. vom 12. März 1924 (GS. S. 127).

2. Die Vorschriften über das **Verfahren bei amtsrichterlichen Strafbefehlen** finden sich in §§ 407 bis 412 StPO. und enthalten im wesentlichen folgendes:

§ 407: Bei Übertretungen und Vergehen kann die Strafe durch schriftlichen Strafbefehl des Amtsrichters ohne vorgängige mündliche Verhandlung festgesetzt werden, wenn die Staatsanwaltschaft schriftlich hierauf anträgt. Durch einen Strafbefehl darf jedoch keine andere Strafe als Geldstrafe oder Freiheitsstrafe von höchstens drei Monaten sowie eine etwa verwirkte Einziehung festgesetzt werden. (Wegen des Wertersatzes vgl. § 64 d. G.)

§ 408. Der Antrag ist auf eine bestimmte Strafe zu richten. Der Amtsrichter hat ihm zu entsprechen, wenn der Erlassung des Strafbefehls Bedenken nicht entgegenstehen. Findet der Amtsrichter Bedenken oder will er eine andere als die beantragte Strafe festsetzen, so ist die Sache zur Hauptverhandlung zu bringen.

§ 409 betrifft den Inhalt des Strafbefehls und die Eröffnung, daß er vollstreckbar werde, wenn der Beschuldigte nicht binnen einer Woche nach Zustellung Einspruch erhebt.

§ 411. Bei rechtzeitigem Einspruch wird zur Hauptverhandlung geschritten.

§ 412. Beim unentschuldigten Ausbleiben des auch nicht durch einen Verteidiger vertretenen Angeklagten wird der Einspruch ohne Beweisaufnahme durch Urteil verworfen.

3. **Nach den Vorschriften der §§ 230, 232 und 233** der Strafprozeßordnung darf ohne Anwesenheit des Angeklagten zur Hauptverhandlung nur geschritten werden:

1. im Falle des Ausbleibens, wenn die den Gegenstand der Untersuchung bildende Tat nur mit Geldstrafe, Haft oder Einziehung, allein oder in Verbindung miteinander, bedroht und der Angeklagte unter ausdrücklichem Hinweis auf die Zulässigkeit des Verfahrens geladen ist;
2. wenn der Angeklagte im Verfahren vor dem Amtsrichter und dem Schöffengericht auf seinen Antrag von der Verpflichtung zum Erscheinen in der Hauptverhandlung entbunden ist.

In Erweiterung dieser Bestimmungen schreibt § 53 vor, daß auch in den mit Gefängnisstrafe bedrohten Fällen der §§ 17 und 18 die Hauptverhandlung in Feld- und Forstpolizeisachen ohne Anwesenheit des Angeklagten erfolgen kann.

§ 54 (58).

Für die Verhandlung und Entscheidung über das Rechtsmittel der Berufung ist die kleine Strafkammer zuständig.

1. **Kleine Strafkammer,** d. h. sowohl die kleinen Strafkammern der Landgerichte, als auch die bei den Amtsgerichten in Gemäßheit des § 78 Ger.Verf.Ges. bzw. der Verfügung des Justizministers vom 25. Juli 1879 (JMBl. S. 207) gebildeten sog. detachierten Strafkammern.

2. **Besetzung der kleinen Strafkammern.** Nach § 76 des Ger.Verf.Ges. sind die Strafkammern mit dem Vorsitzenden und zwei Schöffen (kleine Strafkammer) besetzt, wenn sich die Berufung gegen ein Urteil des Amtsrichters richtet. Dies trifft in Feld- und Forstpolizeisachen nach § 51 d. G. stets zu.

3. Da die Delikte der FFPG. — abgesehen von §§ 17 u. 18 — sämtlich Übertretungen sind, so findet, außer in den Fällen dieser beiden Paragraphen Berufung nur statt, wenn an erster Stelle auf Haft erkannt ist; vgl. § 313 StPO. Ist auf Freisprechung oder an erster Stelle auf Geldstrafe erkannt worden, so ist, abgesehen von den Fällen der §§ 17, 18, weder Berufung noch Revision zulässig.

§ 55 (59).

Die Revision findet nur statt, wenn eine der durch die §§ 17 und 18 dieses Gesetzes vorgesehenen strafbaren Handlungen den Gegenstand der Untersuchung bildet.

Das Rechtsmittel der Revision läßt das Gesetz in den Feld- und Forstpolizeisachen der Regel nach nicht zu. Es findet nur dann statt, wenn eines der in den §§ 17 u. 18 vorgesehenen Vergehen den Gegenstand der Untersuchung bildet. Vgl. § 54 Anm. 3. In betreff des Verfahrens bei der Revision bewendet es bei den allgemeinen Bestimmungen der §§ 336 bis 358 StPO.

Für die Verhandlung und Entscheidung über das Rechtsmittel der Revision ist der Straf-Senat des Kammergerichts in Berlin in der Besetzung von drei Mitgliedern zuständig. (Ger.Verf.Ges. §§ 120, 123 Abs. 1

Ziff. 1 a und b, 124 und Pr. Ausf.Ges. z. Ger.Verf.Ges. vom 24. April 1878 § 50.)

§ 55 gilt auch, soweit Berufung nicht zugelassen ist, vgl. §§ 313, 334, 335 Abs. 1 StPO. Bei Einlegung einer nach § 55 FFPG. unzulässigen Revision finden die Vorschriften der §§ 343 ff. StPO. über die Instruktion des Rechtsmittels durch das Gericht, dessen Urteil angefochten wird, keine Anwendung. U. KG. 3/5 25, Ring, Entsch. des KG. in Strafsachen Bd. 3 S. 318.

§ 56 (60).

(1) Auf Zuwiderhandlungen gegen die im Interesse des Feld- und Forstschutzes erlassenen Polizeiverordnungen findet das in diesem Gesetze vorgeschriebene Verfahren Anwendung.

(2) Steht mit einer der vorbezeichneten Zuwiderhandlungen oder mit einer Zuwiderhandlung gegen dieses Gesetz ein nach § 361 Nr. 9 des Strafgesetzbuchs strafbares Nichtabhalten von der Begehung strafbarer Verletzungen der Gesetze zum Schutze der Feldfrüchte und Forsten im Zusammenhange, so findet auch auf diese Übertretung das in diesem Gesetze vorgeschriebene Verfahren Anwendung.

Die Bestimmung des § 56 ist in das Gesetz aufgenommen, weil die Zuwiderhandlungen gegen die im Interesse des Feld- und Forstschutzes erlassenen Polizeiverordnungen und die Übertretungen des § 361 Nr. 9 StGB. häufig in so engem Zusammenhang mit den Zuwiderhandlungen gegen das FFPG. stehen, daß ein getrenntes Verfahren nur zu besonderen Schwierigkeiten Veranlassung geben würde. (Vgl. Mot.) — Die Strafbestimmung des § 361 Nr. 9 siehe in Anm. 1 zu § 3.

Der Weinbergsschutz fällt unter den Feldschutz im Sinne des § 56. U. 15/4 07, D. R. 11, 999, DJZ. 12 S. 829. Ebenso sind Polizeiverordnungen, welche zum Schutze von Wiesen und Weiden erlassen sind, als im Interesse des Feldschutzes erlassen anzusehen. KG. 11/3 97, GA. 45, 75.

§ 57 (61).

In Fällen, wo nach diesem Gesetze die Verfolgung nur auf Antrag eintritt, ist die Zurücknahme des Antrags zulässig.

1. Allgemeines. Die Verfolgung tritt nach dem FFPG. nur auf Antrag ein in den Fällen der §§ 7, 8, 34, 35, 36, 37 und, falls die Voraussetzungen des § 247 StGB. vorliegen, auch in den Fällen der §§ 15 bis 18. In betreff der Stellung des Strafantrags vgl. im allgemeinen Anm. 4 zu § 7.

2. Zurücknahme des Strafantrages. In betreff der Zurücknahme des Strafantrages kommen die allgemeinen Vorschriften des § 64 StGB. zur Anwendung. Danach ist zunächst die Zurücknahme des Strafantrages nur zulässig bis zur Verkündung eines auf Strafe lautenden Urteils. Die Verkündung eines Strafurteils erfolgt nach § 268

StPO. durch Vorlesung der Urteilsformel und Eröffnung der Urteilsgründe. Die amtsgerichtlichen Strafbefehle und polizeilichen Strafverfügungen stehen dem gerichtlichen, auf Strafe lautenden Urteil gleich, wenn sie durch Ablauf der für den Antrag auf richterliche Entscheidung gegebenen Frist bzw. der Einspruchsfrist rechtskräftig bzw. vollstreckbar geworden sind.

Das Recht auf Zurücknahme des Strafantrages erlischt durch die Urteilsverkündung vollständig, d. h. es lebt nicht wieder auf, wenn das Urteil in der höheren Instanz aufgehoben und die Sache zur anderweiten Entscheidung in die Instanz zurückgewiesen wird; der § 64 StGB. erfordert nicht ein rechtsbeständiges Urteil. Vgl. U. 12/11 80, E. 2 240; R. 2, 503.

Die rechtzeitige Zurücknahme des Strafantrages gegen einen der an einer Zuwiderhandlung gegen das FFPG. Beteiligten (Täter oder Teilnehmer, Begünstiger) hat ferner nach § 64 Abs. 2 StGB. die Einstellung des Verfahrens auch gegen die anderen Beteiligten zur Folge, wobei jedoch zu bemerken ist, daß die Zurücknahme eines nach § 247 Abs 1 StGB. (vgl. § 19 d. G.) gestellten Antrages nur Straflosigkeit derjenigen bei der Zuwiderhandlung Beteiligten nach sich zieht, welche in einem der dort bezeichneten Verhältnisse stehen, alle sonstigen Beteiligten dagegen von Amts wegen zu bestrafen sind. U. 19/12 81, E. 5, 274.

Die Zurücknahme des Strafantrages ist endlich an eine bestimmte Form nicht gebunden; sie kann insbesondere auch mündlich bei derjenigen Behörde erfolgen, bei welcher die Tat zur Anzeige gebracht und der Strafantrag gestellt war. Immer aber muß die Zurücknahmeerklärung erkennen lassen, daß der zum Strafantrag Berechtigte die Verfolgung nicht mehr wolle, und außerdem muß sie rechtzeitig zur Kenntnis des Gerichts (bei polizeilichen Strafverfügungen der verfügenden Behörde) gelangen.

Privatabkommen zwischen dem Verletzten und dem Angeschuldigten sind an und für sich unwirksam.

Eine ordnungsmäßig erfolgte Zurücknahme des Strafantrages kann nicht widerrufen werden. Demgemäß kann ein einmal zurückgenommener Antrag auch nicht mehr (d. h. auch nicht innerhalb der dreimonatigen Antragsfrist) erneuert werden. Vgl. U. Obertrib. 3/10 73, OR. 14, 458 und U. ROHG. 11/9 73, Entsch. 11, 114.

Dritter Titel.

Feld- und Forsthüter.

§ 58 (62).

(1) Feldhüter (Forsthüter) im Sinne dieses Gesetzes sind die von einer Stadtgemeinde, von einer Landgemeinde oder von einem Grundbesitzer für den Feldschutz (Forstschutz) angestellten Personen.

(2) Die Anstellung der Feldhüter (Forsthüter) bedarf der Bestätigung nach den für Polizeibeamte gegebenen Vorschriften und, soweit solche nicht bestehen, der Bestätigung des Landrats.

1. Grundbesitzer. Die Befugnis zur Anstellung von Feld- und Forsthütern ist nach dem Wortlaut des § 58 jedem Grundbesitzer ohne Rücksicht auf die Größe seines Gutes und ohne Rücksicht darauf gegeben, ob das Gut einen selbständigen Gutsbezirk bildet oder nicht, wobei allerdings zu beachten ist, daß der Grundbesitzer durch die Anstellung eines eigenen Feld- oder Forsthüters von der Verpflichtung, zu den Kosten der Unterhaltung des von der Gemeinde angestellten Feld- oder Forsthüters beizutragen, nicht befreit wird. (Mot)

2. Anstellung und Bestätigung der Feld- und Forsthüter.

1. Wenn ein Grundbesitzer einen Feld- oder Forsthüter im Sinne des FFPG. bestellen will, so muß der Anzustellende von dem zuständigen Landrat bestätigt werden.
2. Wenn eine Gemeinde (Stadt- oder Landgemeinde) einen solchen Feld- oder Forsthüter bestellen will, so bedarf es zunächst eines Beschlusses der Gemeinde über die Annahme einer bestimmten Person zu diesem Amt und alsdann der Anstellung durch die Gemeindebehörde. Diese Anstellung muß sodann nach Vorschrift des § 4 des Gesetzes vom 11. März 1850 bzw. der Verordnung vom 20. September 1867 von der Staatsregierung bestätigt werden. Vgl. den Bescheid des landw. Min. u. des Min. d. J. v. 8. Mai 1875 S. 140.

Die Organe, durch welche die Staatsregierung ihr Bestätigungsrecht ausübt, sind:

a) im Geltungsbereiche des Gesetzes über die allgemeine Landesverwaltung vom 30. Juli 1883:
   1. für Stadtgemeinden: der Regierungspräsident,
   2. für Landgemeinden und Gutsbezirke: der Landrat; in den Hohenzollernschen Landen: der Oberamtmann. Die Versagung der Bestätigung darf nur mit Zustimmung des Kreisausschusses (Amtsausschusses) erfolgen. Vgl. §§ 26, 26a der KO. v. 13. Dez. 1872.

b) außerhalb des Geltungsbereiches des Ges. v. 30. Juli 1883:
   1. für Stadtgemeinden: die Bezirksregierung,
   2. für das platte Land: der Landrat.

Eine Vereidigung der von den Gemeinden oder von dem einzelnen Grundbesitzer unter Beobachtung der vorstehenden Vorschriften angestellten Feld- oder Forsthüter ist im Sinne des Feld- und Forstpolizeigesetzes nicht erforderlich.

Mehrere Gemeinden oder mehrere Grundbesitzer können einen gemeinschaftlichen Feld- oder Forsthüter anstellen.

Eine und dieselbe Person kann als Feldhüter und als Forsthüter fungieren (Mot.)

3. Beamteneigenschaft. Hilfsbeamte der Staatsanwaltschaft. Beschlagnahme und Durchsuchungen. Die Feld- und Forsthüter, welche unter den im § 58 vorgeschriebenen Bedingungen angestellt sind, haben, insoweit es sich um den ihnen anvertrauten Feld- oder Forstschutz handelt, den Charakter von im Dienste des Staates stehenden öffentlichen Beamten. Sie sind u. a. befugt, die auf frischer Tat des Felddiebstahls Betroffenen zu pfänden, sind also hierbei in der rechtmäßigen Ausübung ihres Amtes. Vgl. U. 13/11 84, R. 6, 731. In bezug auf die ihnen übertragenen amtlichen Funktionen stehen ihnen daher nicht allein diejenigen gesetzlichen Bestimmungen zur Seite, welche zum Schutze des Amtes gegeben sind (§§ 113, 117 StGB.), sondern unterliegen ihre Amtshandlungen auch den in betreff der Amtsverbrechen und Amtsvergehen bestehenden Strafgesetzen (§§ 331 ff. StGB.). Ob die Feld- und Forsthüter vereidigt sind, ist in dieser Beziehung vollkommen unerheblich.

Zu den Hilfsbeamten der Staatsanwaltschaft gehören die Feld- und Forsthüter an und für sich nicht. Sie sind deshalb auch zur selbständigen Vornahme von förmlichen Beschlagnahmen im Sinne des § 94 StPO. und von Durchsuchungen (Haussuchungen) nicht befugt. Vgl. U. 29/1 86, E. 13, 270 u. U. 7/11 98, E. 31, 307. Dadurch wird aber selbstverständlich ihre Befugnis nicht ausgeschlossen, die bei Zuwiderhandlungen gegen das FFPG. gebrauchten Werkzeuge usw. in den Fällen der §§ 15 bis 18, 20 usw. in Verwahrung zu nehmen. In allen übrigen Fällen haben sie sich behufs Anordnung der Beschlagnahme oder Durchsuchung an den nächsten Hilfsbeamten der Staatsanwaltschaft zu wenden.

Anders liegt die Sache, wenn der Forsthüter zu denjenigen staatlichen Forstschutzbeamten gehört, welche durch die Zirkularverfügung des Ministers des Innern und des Justizministers vom 23. November 1881 (BMBl. 1882 S. 34) ausdrücklich zu Hilfsbeamten der Staatsanwaltschaft bestellt worden sind. Alsdann ist derselbe bei Gefahr im Verzuge auch zur Anordnung von Durchsuchungen und zu Beschlagnahmen befugt. Eine nähere Instruktion ist in dieser Beziehung gegeben durch die Zirkularverfügung des landw. Ministers und des Ministers des Innern vom 23. Juli 1883 betr. die zu Hilfsbeamten der Staatsanwaltschaft bestellten Forstschutzbeamten, welche im Anhang V abgedruckt ist.

Vgl. übrigens hinsichtlich der Befugnis der Feld- und Forsthüter zu Amtshandlungen außerhalb ihres eigentlichen Schutzbezirks auch das U. 8/12 82, E. 7, 272, wo ausgeführt wird, daß die Handhabung des Forstschutzes sich nicht auf die Ausmittelung und Anzeige geschehener Gesetzesverletzungen beschränke, vielmehr, selbst abgesehen von den im Interesse der öffentlichen Ordnung seitens der Forstbeamten wahrzunehmenden forstpolizeilichen Funktionen, schon von dem Gesichtspunkte des Schutzes anvertrauter Vermögensrechte aus die Verhütung drohender Verletzung dieser Rechte umfasse. „Bei entgegenstehender Auffassung könnte von einer wirksamen Handhabung des Schutzes nicht die Rede sein: beispielsweise würde das Anzünden von Feuer im Walde (§ 40 Nr. 4 FFPG.) in der Vorbereitung oder im Versuche vom Forstaufseher nicht gehindert werden können. Das Vorbeugungsrecht enthält zugleich die Befugnis zu den behufs Ausübung des Rechtes erforderlichen Nachfragen und Ermittelungen."

4. Waffengebrauch. Die Befugnis der von den Grundbesitzern und von den Gemeinden angestellten Forsthüter zum Waffengebrauch richtet sich nach den Vorschriften des Gesetzes v. 31. März 1837 über den Waffengebrauch der Forst- und Jagdbeamten (GS. S. 65), welches in den §§ 1 bis 5 auch in den neuen Provinzen durch das Gesetz v. 25. Juni 1867 eingeführt ist. Es ist hierbei zu bemerken, daß nach § 1 des Gesetzes v. 31. März 1857 die im Kommunal- oder Privatdienst stehenden Forsthüter das Recht zum Waffengebrauch gegen Forstkontravenienten nur dann haben, wenn sie auf Lebenszeit angestellt sind oder die Rechte der auf Lebenszeit Angestellten haben, als Beamte vereidigt und mit ihrem Diensteinkommen nicht auf Pfandgelder, Anzeigegebühr oder Strafgelder angewiesen sind. Vgl. auch die Instruktion des Ministers des Innern für die Kommunal- und Privat-, Forst- und Jagdbeamten v. 21. November 1837 (v. Kamptz Ann. B. 21 S. 350) und die neueren von den Min. f. Landw. bzw. d. Inn. über den Waffengebrauch der Forstbeamten erlassenen Randverfügungen v. 14. Juli bzw. 1. Sept. 1897 u. v. 8. August 1919 (Anhang II).

Auf Feldhüter findet das Gesetz v. 31. März 1837 keine Anwendung; dieselben haben demnach auch kein Recht zum Waffengebrauch im Sinne des vorbezeichneten Gesetzes.

§ 59 (63).

Die für den Feldschutz (Forstschutz) im Staatsdienst angestellten Personen haben die Befugnisse der Feldhüter (Forsthüter).

1. **Die im Staatsdienst** für den Feldschutz (Forstschutz) angestellten Personen erhalten die Befugnisse der Feldhüter (Forsthüter) im Sinne des FFPG. lediglich durch ihre Anstellung im Staatsdienst. Einer Bestätigung nach Vorschrift des § 58 bedarf es selbstverständlich bei diesen Personen nicht.

2. **Forstreferendare** haben die Befugnisse der Feldhüter (Forsthüter) nur dann, wenn ihnen der Forstschutz als amtliche Tätigkeit, sei es ein für allemal, sei es durch einen ihnen von dem vorgesetzten Oberförster erteilten Sonderauftrag zugewiesen ist. -U. 21/23 Dez. 85, E. 13, 215.

3. **Waffengebrauch.** Über den Waffengebrauch der im Staatsdienst angestellten Forstschutzbeamten vgl. das Gesetz v. 31. März 1837, die Instruktion zu demselben v. 17. April 1837 (v. Kamptz, Ann. Bd. 21 S. 344) und auch das Erk. des Gerichtshofes zur Entsch. der Komp.-Konfl. 8/1 76, J. B. VIII, 427. Vgl. dazu § 58 Anm. 4.

§ 60 (64).

(1) Den Gemeinden steht es frei, aus der Zahl ihrer Mitglieder Ehrenfeldhüter zu wählen.

(2) Die Wahl bedarf in den Landgemeinden der Bestätigung der Aufsichtsbehörde.

(3) Die Ehrenfeldhüter sind zu allen dienstlichen Verrichtungen der Feldhüter befugt.

1. **Ehrenforsthüter.** Das Gesetz kennt nur die Einrichtung der Ehrenfeldhüter. Die Anstellung von Ehrenforsthütern ist nicht zulässig.

2. **Ehrenfeldhüter.** In betreff der Ehrenfeldhüter bemerken die Motive (S. 44): „Das Institut der Ehrenfeldhüter, eingeführt durch § 50 der Feldpolizeiordnung v. 1. November 1847, hat allerdings eine erhebliche Ausdehnung nicht erhalten. Wo es jedoch zur Anwendung gekommen ist, hat es gut fungiert, so daß zu seiner Abschaffung kein Grund vorliegt."

3. **Bestätigung.** Die Wahl der Ehrenfeldhüter bedarf nur in den Landgemeinden der Bestätigung, in den Stadtgemeinden ist dieselbe nicht erforderlich.

4. **Aufsichtsbehörde.** Die Aufsichtsbehörden der Landgemeinden sind:

1. im Geltungsbereich des Gesetzes über die allg. Landesverwaltung vom 30. Juli 1883 der Landrat (in den Hohenzollernschen Landen der Oberamtmann als Vorsitzender des Kreisausschusses und der Regierungspräsident);
2. in den Provinzen Posen und Hessen-Nassau der Landrat, die Regierung, der Oberpräsident und der Minister des Innern;
3. in den Provinzen Westfalen und Schleswig-Holstein, sowie in der Rheinprovinz der Landrat, die Regierung und der Oberpräsident.

5. **Befugnisse der Ehrenfeldhüter.** Eine Verpflichtung der Ehrenfeldhüter zur Ausübung der dienstlichen Verrichtungen der Feldhüter besteht nicht, das Gesetz hat ihnen nur die Befugnis zur Vornahme dieser Verrichtungen gegeben.

§ 61 (65).

Feldhüter, Ehrenfeldhüter oder Forsthüter müssen ein Dienstabzeichen bei sich führen und bei Ausübung ihres Amtes auf Verlangen vorzeigen.

1. **Dienstabzeichen.** Worin das Dienstabzeichen bestehen soll, ist reglementarischer Anordnung der Aufsichtsbehörde überlassen. Die Beschreibung der Dienstabzeichen wird zweckmäßig in den betreffenden Bezirken von der Ortspolizeibehörde öffentlich bekannt zu machen sein. Vgl. §§ 10 und 11 der Instr. des Min. d. J. für die Kommunal- und Privat-Forst- und Jagdbeamten v. 21. Nov. 1837 (v. Kamptz, Ann. XXI S. 505) und den Erlaß v. 11. Oktober 1899, betr. die Waldiuniform der Forstbeamten der Kommunalverbände usw. (Reichsanz. 1899 Nr. 265) u. Verf. v. 14. August 1902 betr. die Genehmigung zum Tragen eines goldenen Portepee an Förster der Kommunalverbände und öffentlichen Anstalten, deren Waldungen unter Staatsaufsicht stehen (M.Bl. i. V. 1902 S. 186).

Die Allgem. Verfügung des landwirtschaftlichen Ministers vom 12. Mai 1880 bemerkt in betreff des Dienstabzeichens:

„Das Dienstabzeichen kann entweder eine Uniform oder ein anderes amtliches Abzeichen und letzteres eine Dienstmütze, Brustschild mit Adler usw. sein. Haben die betreffenden Beamten als solche im Dienst eine Uniform zu tragen, so ersetzt diese das Dienstabzeichen, und es braucht daneben nicht noch ein besonderes Abzeichen getragen zu werden.

Für die Forstbeamten sind diejenigen Uniformen bzw. Abzeichen, welche nach den bestehenden Vorschriften bei Wahrnehmung des Forstschutzes zu tragen sind, unverändert beizubehalten." Vgl. das Uniform-Reglement für die Königl. preuß. Forstbeamten (Zirk.-Reskr. v. 29. Dez. 1868 J. B. II, 3).

2. Mitführen des Dienstabzeichens. Die Anordnung des § 61, daß die Feldhüter usw. ein Dienstabzeichen bei sich führen und bei Ausübung ihres Amtes auf Verlangen vorzeigen müssen, hat im wesentlichen nur Verwaltungsnatur. Der gewaltsame Widerstand gegen einen Feldhüter usw. ist daher auch nicht um deswillen straflos, weil der letztere nicht das vorgeschriebene Dienstabzeichen bei sich geführt hat, sobald nur dem Angeklagten anderweitig die Eigenschaft des Feldhüters usw. und daß derselbe in dieser Eigenschaft auftrete, bekannt war.

§ 62 (66).

Feldhüter, Ehrenfeldhüter oder Forsthüter können für sämtliche in einer Gerichtssitzung zu verhandelnden Feld- und Forstpolizeisachen, in welchen sie als Zeugen vernommen werden sollen, in dieser Sitzung durch einmalige Leistung des Zeugeneides im voraus beeidet werden.

Beeidigung. Die Entscheidung darüber, ob die Feldhüter, Ehrenfeldhüter oder Forsthüter nach Vorschrift des § 62 oder in jeder einzelnen Sache — wie es sonst die Strafprozeßordnung vorschreibt — zu beeiden sind, wird in der betreffenden Sitzung des Amtsgerichts von dem Amtsrichter selbst getroffen.

Viertel Titel.

Schadensersatz und Pfändung.

§ 63 (67).

Der Anspruch auf Erstattung des durch eine Zuwiderhandlung gegen dieses Gesetz entstandenen Schadens ist im Wege des Zivilprozesses geltend zu machen.

1. Das Einführungsgesetz zum Bürgerlichen Gesetzbuch hat im Art. 89 bestimmt, daß die landesgesetzlichen Vorschriften über die zum Schutze der Grundstücke und der Erzeugnisse von Grundstücken gestattete Pfändung von Sachen, mit Einschluß der Vorschriften über die Entrichtung von Pfandgeld oder Ersatzgeld unberührt bleiben sollen. Infolge dieser Bestimmung sind auch die den Schadensersatz im weiteren

Sinne behandelnden §§ 63—72 und die auf die Pfändung bezüglichen §§ 73—84 FFPG. in Geltung geblieben.

2. Der § 63 stellt in Übereinstimmung mit den allgemeinen gesetzlichen Vorschriften den Grundsatz auf, daß der durch eine Zuwiderhandlung gegen das Feld- und Forstpolizeigesetz entstandene Schaden im Wege des Zivilprozesses geltend zu machen ist. Das Verfahren regelt sich selbstverständlich nach den Vorschriften der Zivilprozeßordnung vom 30. Januar 1877 in der Fassung der Gesetze vom 17. Mai 1898 usw. Die Ausnahmen von der im § 63 ausgesprochenen Regel sind in den §§ 64, 65 ff., 71 ff. enthalten.

§ 64 (68).

(1) Auf Antrag des Beschädigten ist neben der Strafe die Verpflichtung des Schuldigen zum Ersatz des nach den örtlichen Preisen abzuschätzenden Wertes des Entwendeten an den Beschädigten auszusprechen.

(2) Für den Antrag kommen die Vorschriften der Strafprozeßordnung über den Antrag auf Zuerkennung einer Buße (§§ 403—405) zur entsprechenden Anwendung.

(3) Durch den Antrag auf Wertersatz wird der weitergehende Anspruch auf Schadensersatz nicht ausgeschlossen.

1. Allgemeines. In betreff der nach §§ 15 ff. dieses Gesetzes strafbaren Entwendungen — nicht in betreff anderer Zuwiderhandlungen gegen das Feld- und Forstpolizeigesetz — verordnet der § 64, daß der Richter auf Antrag des Beschädigten die Verpflichtung des Schuldigen zum Ersatz des Wertes des Entwendeten aussprechen muß, um dem Beschädigten neben dem häufig auch für ihn mit Belästigungen verbundenen Strafverfahren die Anstrengung eines weitläufigen Zivilprozesses zu ersparen. Während aber bisher die Verurteilung des Schuldigen zum Ersatz des Wertes des Entwendeten nur auf Grund der Hauptverhandlung erfolgen konnte, kann bei der jetzigen, durch die VO. v. 12. März 1924 geschaffenen Fassung des § 64 der Werterſatz auch im Strafbefehl festgesetzt werden, vgl. § 53 d. G. Durch die Änderung des Abs. 1 hat sich der Gesetzgeber auf den Standpunkt gestellt, daß eine Nebenklage mit dem Ziele der Zuerkennung eines Wertersatzes auch im Strafbefehlsverfahren zulässig sei. Die Anschlußerklärung liegt dann in dem Antrag auf Zuerkennung des Wertersatzes. Polizei und Staatsanwaltschaft haben einen etwa bei ihnen eingereichten derartigen Antrag zugleich mit der Stellung des Antrags auf Erlaß eines Strafbefehls dem Gericht vorzulegen. So: Schaefer-Hartung, FFPG. § 68 Anm. 25. Festsetzung des Wertersatzes durch polizeiliche Strafverfügung ist aber auch jetzt noch unzulässig; vgl. § 1 Gef. v. 23. April 1883 (f. Anh. VI).

2. Antrag auf Wertersatz. Für den Antrag auf Wertersatz kommen die Vorschriften der Strafprozeßordnung über den Antrag auf Zuerkennung einer Buße zur entsprechenden Anwendung. Dieselben sind in den §§ 403 bis 405 enthalten und lauten wie folgt:

§ 403. Die Befugnis, sich einer öffentlichen Klage nach den Bestimmungen der §§ 395 bis 402 als Nebenkläger anzuschließen, steht auch dem zu, welcher berechtigt ist, die Zuerkennung einer Buße zu verlangen.

Wer die Zuerkennung einer Buße in einem auf erhobene öffentliche Klage anhängigen Verfahren beantragen will, muß sich zu diesem Zwecke der Klage als Nebenkläger anschließen.

§ 404. Der Antrag auf Zuerkennung einer Buße kann bis zu Verkündung des Urteils erster Instanz gestellt werden.

Der Antrag kann bis zur Verkündung des Urteils zurückgenommen, ein zurückgenommener Antrag nicht erneuert werden.

Wird der Angeklagte freigesprochen oder das Verfahren eingestellt oder die Sache ohne Urteil erledigt, so gilt auch der Antrag ohne weitere Entscheidung für erledigt.

Der Anspruch auf Buße kann von den Erben des Verletzten nicht erhoben oder fortgesetzt werden.

§ 405. Der Nebenkläger hat den Betrag, welchen er als Buße verlangt, anzugeben.

Auf einen höheren Betrag der Buße als den beantragten darf nicht erkannt werden.

Der Beschädigte muß sich also, wenn er die Zuerkennung eines Werterſatzes beanspruchen will, der wegen der Entwendung gegen den Schuldigen erhobenen öffentlichen Klage als Nebenkläger anschließen und zwar bis zur Verkündung des Urteils erster Instanz. In der Anschlußerklärung muß er den Betrag, welchen er als Werterſatz verlangt, angeben. Die Zurücknahme des Antrages kann bis zur Verkündung des Urteils erfolgen; ein zurückgenommener Antrag kann nicht erneuert werden. Von den Erben des Beschädigten kann der Anspruch auf Werterſatz weder erhoben, noch fortgesetzt werden. Der Richter darf auf einen höheren Betrag des Werterſatzes als den vom Beschädigten beantragten nicht erkennen. In den Fällen der Freisprechung des Schuldigen, der Einstellung des Verfahrens und der Erledigung der Sache ohne Urteil gilt auch der Antrag auf Werterſatz ohne weitere Entscheidung für erledigt. Wird der Schuldige zwar verurteilt, der Antrag auf Zuerkennung des Werterſatzes aber zurückgewiesen, so wird dem Beschädigten das Rechtsmittel der Berufung bzw. der Revision zugestanden werden müssen (§ 401 StPO.). Wegen der Geltung dieser Vorschriften für das Strafbefehlsverfahren s. Anm. 1.

3. Wertsermittelung. Der Wert des Entwendeten ist vom Richter nach den örtlichen Preisen abzuschätzen. Welches die örtlichen, angemessenen Preise sind, hat der Richter auf Grund der Gerichtskundigkeit und im geeigneten Fall auf Grund einer über den Preis zu veranstaltenden Beweisaufnahme nach seiner freien Überzeugung festzustellen. — Der Wert kann nach § 4 den Betrag von 10 RM. nicht übersteigen.

4. Vollstreckung der Entscheidung über den Werterſatz. Der § 64 enthält in dieser Beziehung keine Bestimmungen. Der § 463 StPO. verordnet dagegen, daß die Vollstreckung der über eine Buße ergangenen Entscheidung nach den Vorschriften über die Vollstreckung der Urteile der Zivilgerichte erfolgen soll. Da nun das Feld- und Forstpolizeigesetz wegen der rechtlichen Gleichartigkeit der Ansprüche auf Werterſatz und auf Buße die Vorschriften der Strafprozeßordnung über die Verfolgung des Anspruchs auf Buße offenbar ganz allgemein auch auf die Verfolgung des Anspruchs auf Wertersatz zur Anwendung bringen will, so wird es unbedenklich sein, die Vorschrift des § 463 StPO. auch auf die Vollstreckung der über den Wertersatz ergangenen Entscheidung anzuwenden. Die Vorschriften über die Vollstreckung der Urteile der Zivilgerichte sind in den §§ 704 ff. ZPO. enthalten. — Vgl. § 109 der Geschäftsanweisung für die Gerichtsvollzieher vom 24. März 1914 (JMBl. 1914 S. 287).

5. Schadensersatz. Durch den Antrag auf Wertersatz wird ein weitgehender Anspruch auf Ersatz des namentlich in den Fällen der §§ 16 und 17 den Wert des Entwendeten oft weit übersteigenden Schadens nicht ausgeschlossen. Derselbe ist der Vorschrift des § 63 d. G. entsprechend im Wege des Zivilprozesses geltend zu machen.

§ 65 (69).

(1) Bei Weidefreveln (§ 12) und, sofern es sich um Übertritt von Tieren handelt, bei Zuwiderhandlungen gegen den § 8 dieses Gesetzes und gegen den § 368 Nr. 9 des Strafgesetzbuchs hat der Beschädigte die Wahl, die Erstattung des nachweisbaren Schadens oder die Zahlung eines Ersatzgeldes zu fordern.

(2) Der Anspruch auf Ersatzgeld ist unabhängig von dem Nachweis eines Schadens.

(3) Mit der Geltendmachung des Anspruchs auf Ersatzgeld erlischt das Recht auf Schadenserstattung. Ist aber der Anspruch auf Schadenserstattung erhoben, so kann bis zur Verkündung des Endurteils erster Instanz statt der Schadenserstattung das Ersatzgeld gefordert werden.

(4) Treten die Tiere in den Fällen der §§ 8 und 12 dieses Gesetzes oder im Falle des § 368 Nr. 9 des Strafgesetzbuchs zugleich auf die Grundstücke verschiedener Besitzer über, so wird das Ersatzgeld nur einmal erlegt. Dasselbe gebührt demjenigen Besitzer, welcher den Anspruch zuerst bei der Ortspolizei angebracht hat. Ist die Anbringung von mehreren gleichzeitig erfolgt, so wird das Ersatzgeld zwischen diesen gleichmäßig verteilt, den übrigen Besitzern verbleibt das Recht auf Schadensersatz.

1. Allgemeines. Bei Weidefreveln (§ 12) und bei Zuwiderhandlungen gegen den § 8 dieses Gesetzes und gegen den § 368 Nr. 9 StGB. kann der Beschädigte statt des wirklich entstandenen Schadens ein *Ersatzgeld* (*Pfandgeld* der Feld-Pol.-Ordg. v. 1. Nov. 1847), d. h. einen für die verschiedenen Fälle im voraus durch das Gesetz (§§ 67 ff.) festgesetzten Entschädigungssatz beanspruchen. Die Forderung desselben ist unabhängig von dem Nachweise eines Schadens, also schon dann begründet, wenn die Tiere auf einem fremden Grundstück, auf welchem sie nicht geweidet werden oder überhaupt sich nicht aufhalten dürfen, betroffen worden sind.

Das Ersatzgeld soll die Stelle des Schadensersatzes vertreten, und daraus ergibt sich, wie auch die Motive hervorheben, von selbst, daß der Beschädigte nur das eine **oder** das andere beanspruchen kann. Mit der Geltendmachung des Anspruchs auf ein Ersatzgeld erlischt daher das Recht auf Schadensersatz. Dasselbe ist auch für den umgekehrten Fall bezüglich der Geltendmachung des Anspruchs auf Schadensersatz angeordnet, jedoch ist hier der Zeitpunkt des Erlöschens des Anspruchs auf Ersatzgeld bis zur Verkündung des Endurteils erster Instanz hinausgeschoben, weil der Beschädigte nicht selten erst im Laufe des Prozesses in der Lage ist, zu beurteilen, ob er den Nachweis des erlittenen Schadens führen kann.

Der Anspruch auf Ersatzgeld ist in diesem Fall im Wege des Zivilprozesses zu verfolgen. In allen anderen Fällen ist der Anspruch bei der Ortspolizeibehörde anzubringen. Die näheren Bestimmungen über die Geltendmachung des Anspruchs auf Ersatzgeld enthalten die §§ 71 ff. d. G.

2. Der § 368 Nr. 9 StGB. bestimmt: „Mit Geldstrafe bis zu einhundertundfünfzig Reichsmark oder mit Haft bis zu vierzehn Tagen wird bestraft: 9. wer unbefugt über Gärten oder Weinberge, oder vor beendeter Ernte über Wiesen oder bestellte Äcker oder über solche Äcker, Wiesen, Weiden oder Schonungen, welche mit einer Einfriedigung versehen sind, oder deren Betreten durch Warnungszeichen untersagt ist, oder auf einem durch Warnungszeichen geschlossenen Privatwege geht, fährt, reitet oder Vieh treibt." Über die Begriffe: **beendete Ernte, bestellte Äcker** und **Warnungszeichen** vgl. die Anm. 3 zu § 67, Anm. 2 zu § 13 und Anm. 1 ebenda.

3. Endurteil. Unter **Endurteilen** sind nach der Zivilprozeßordnung diejenigen Urteile zu verstehen, welche die Hauptsache und somit den Rechtsstreit selbst ganz oder teilweise, in unbedingter oder (durch Eid) bedingter Weise endlich entscheiden. Vgl. § 300 ZPO.

Die **Verkündung** des Endurteils erfolgt nach § 311 ZPO. durch Vorlesung der Urteilsformel. Die Erklärung, daß statt der Schadenserstattung ein Ersatzgeld gefordert werde (§§ 67, 68), muß also, um von Wirkung zu sein, stets vor Vorlesung der Urteilsformel erfolgen.

4. Die Bestimmung des § 65 Abs. 4 entspricht im wesentlichen den Vorschriften der §§ 12, 13 der Feldpolizeiordnung vom 1. Nov. 1847. Der Fall, daß die Tiere an einem und demselben Tage zu wiederholten Malen auf ein fremdes Grundstück übertreten, ist im Gesetz nicht berücksichtigt; es entsteht deshalb die Frage, ob in solchen Fällen das Ersatzgeld auch nur einmal oder mehrfach zu erlegen ist. Man wird nicht fehlgreifen, wenn man, wie es s. Z. auch das Obertribunal im U. 10/11 62 (Str. Arch. 56, 317) getan hat, die Entscheidung dieser Frage lediglich dem Ermessen des Gerichts bzw. der Ortspolizeibehörde überläßt, welche Behörden hierbei zu erwägen haben, ob wirklich verschiedene einzelne Weidefrevel anzunehmen sind, oder ob nur eine fortgesetzte Übertretung vorliegt.

§ 66 (70).

(1) Der Anspruch auf Ersatzgeld verjährt in vier Wochen.

(2) Die Verjährung beginnt mit dem Tage, an welchem der Übertritt der Tiere stattgefunden hat.

(3) Die Verjährung wird unterbrochen durch Erhebung der Klage auf Schadensersatz.

1. Allgemeines. Der Anspruch auf Ersatzgeld verjährte nach den bisherigen Gesetzen (§ 46 der Feldpolizeiordnung v. 1. Nov. 1847) binnen 3 Monaten. Mit Rücksicht darauf, daß nach § 66 der in Gemäßheit des § 65 etwa zu erhebenden Anspruch auf Ersatzgeld bereits in vier Wochen verjährt, hat der Minister f. Landwirtschaft usw. in der Verfügung v. 29. Mai 1880 die Regierungen (Finanz-Direktion) angewiesen, Anordnungen dahin zu treffen, daß alle diejenigen Übertretungen, bei welchen die Forderung von Ersatzgeld in Frage kommen kann, alsbald nach ihrer Feststellung von den betreffenden Schutzbeamten zur Kenntnis des Oberförsters gebracht werden, um den Anspruch auf Ersatzgeld eventuell rechtzeitig geltend zu machen.

Die Strafverfolgung der den Anspruch auf Ersatzgeld begründenden Übertretung verjährt nach § 67 StGB. binnen 3 Monaten. Vgl. Anm. 4 zu § 51.

2. Berechnung der Verjährungsfrist. Für die Berechnung der vierwöchigen Verjährungsfrist sind die Bestimmungen des § 66 Abs. 2 sowie die Vorschriften des § 222 ZPO. bzw. die §§ 187—192 BGB. (s. oben S. 77) maßgebend. Die Frist beginnt demnach mit dem Tage, an welchem der Übertritt der Tiere stattgefunden hat, und endigt mit dem Ablaufe desjenigen Tages der vierten Woche, welcher durch seine Benennung dem Tage entspricht, in den der Übertritt der Tiere fällt.

3. Unterbrechung der Verjährung. Die Verjährung wird durch Erhebung der auf Schadensersatz gerichteten Klage bei dem zuständigen Amtsgericht bzw. Landgericht (wenn der beanspruchte Schadensersatz die Summe von 500 Reichsmark übersteigt) unterbrochen. Die Erhebung der Klage erfolgt bei dem Amtsgericht nach vorangegangenem Güteverfahren durch Zustellung der Klageschrift oder, falls die Klage zum Protokoll des Gerichtsschreibers angebracht ist (§§ 495a, 496 ZPO.), des die Klage enthaltenden Protokolls. In Ansehung der Wahrung einer Frist oder der Unterbrechung der Verjährung hat der Güteantrag dieselbe Wirkung wie eine Klageerhebung. Bei dem Landgericht erfolgt die Erhebung der Klage durch Zustellung eines Schriftsatzes, welcher die Bezeichnung der Parteien und des Gerichts, die bestimmte Angabe des Gegenstandes und des Grundes des erhobenen Anspruchs, einen bestimmten Schadensersatzantrag und die Ladung des Beklagten vor das Prozeßgericht zur mündlichen Verhandlung des Rechtsstreites enthalten muß. Vgl. §§ 253 ff. ZPO.

4. Versäumung der Verjährungsfrist. Wenn der Beschädigte innerhalb der vierwöchigen Verjährungsfrist den Anspruch auf Ersatzgeld nicht geltend gemacht hat, so muß es ihm überlassen bleiben, die Schadensersatzklage zu erheben, für welche bezüglich der Verjährung die allgemeinen gesetzlichen Bestimmungen in Kraft geblieben sind. (Mot.)

§ 67 (71).

Das Ersatzgeld beträgt,

1. wenn die Tiere betroffen werden auf bestellten Äckern vor beendeter Ernte, künstlichen Wiesen oder auf solchen

Wiesen oder mit Futterkräutern besäten Weiden, welche der Besitzer selbst noch mit der Hütung verschont oder die derselbe eingefriedigt hat, in Gärten, Baumschulen, Weinbergen, auf mit Rohr bewachsenen Flächen, auf Weidenhegern, Dünen, Dämmen, Deichen, Buhnen, Deckwerken, gedeckten Sandflächen oder anderen in Kultivierung befindlichen Flächen, Graben- oder Kanalböschungen, in Forstkulturen, Verjüngungen, Schonungen oder Pflanz- oder Saatkämpen:

a) für ein Pferd, einen Esel, einen Maulesel, ein Maultier oder ein Stück Rindvieh 2,00 RM.
b) für ein Schwein, eine Ziege oder ein Schaf . . . . 1,00 „
c) für eine Gans . . . . 0,30 „
d) für ein Stück der übrigen im § 9 Abs. 1 aufgeführten Vieharten . . . . . . 0,20 „

2. in allen anderen Fällen:

a) für ein Pferd, einen Esel, einen Maulesel, ein Maultier oder ein Stück Rindvieh 0,50 „
b) für ein Schwein, eine Ziege oder ein Schaf . . . . 0,20 „
c) für ein Stück der übrigen in § 9 Abs. 1 aufgeführten Vieharten . . . . . . 0,02 „

1. Ersatzgeld. Die in den §§ 67 und 68 gesetzlich festgelegten Ersatzgelder sind als Mindestbeträge der an den Beschädigten zu zahlenden Entschädigungssumme aufgestellt. Dem Beschädigten bleibt es stets überlassen, in Gemäßheit der Vorschrift des § 65 statt des Ersatzgeldes den Ersatz des wirklich erwachsenen Schadens im Wege des Zivilprozesses geltend zu machen. Hierdurch ist auch den veränderten Zeitverhältnissen Rechnung getragen.

Von einer Erhöhung der Ersatzgelder für die Fälle des Übertretens von Vieh während der Nachtzeit hat das Gesetz Abstand genommen, da es sich bei der Festlegung der Ersatzgelder nicht um eine Bestrafung, sondern lediglich um Schadensersatz handelt. Die Ausübung der Nachtweide soll nach § 11 d. G. durch Polizeiverordnungen geregelt werden.

Die Forderung von Ersatzgeld ist übrigens nicht nur — wie nach der alten Feldpolizeiverordnung vom 1. Nov. 1847 — bei dem Übertritt von Vieh auf Feldgrundstücke, sondern auch dann zulässig, wenn der Weidefrevel auf Forstgrundstücken begangen ist.

2. Bestellte Äcker. Weidenheger. Deckwerk. Gedeckte Sandfläche. Forstkulturen. Schonungen. Pflanz- oder Saatkämpe. Über diese Begriffe vgl. die Anmerkungen 2 bis 8 zu § 13. Bei „anderen in Kultivierung befindlichen Flächen" ist an die in Kultivierung befindlichen Ödländereien zu denken, die ebenfalls des Schutzes bedürfen.

3. Beendete Ernte. Die Ernte ist nicht eher beendet, als die vom Boden getrennten Früchte von demselben entfernt sind.

4. Gans. Das besondere Ersatzgeld für die Gans ist erst vom Abgeordnetenhause festgesetzt. Dasselbe ist nur für die Fälle des § 67 Nr. 1 höher als das Ersatzgeld für anderes Federvieh bemessen; in allen anderen Fällen kann für die Gans ein höheres Ersatzgeld nicht gefordert werden.

5. Die übrigen im § 9 Abs. 1 aufgeführten Viharten sind Stallkaninchen, Enten, Puten, Hühner oder Perlhühner. **Tauben.** Die Tauben sind von dem im § 67 gedachten Federvieh nach dem Wortlaut des Gesetzes ausgenommen. Da hier nur Weidefrevel in Betracht kommt, ein eigentliches Weiden der Tauben aber nicht stattfindet, so wird auch aus diesem Grunde ein Ersatzgeld für dieselben, wenn sie auf fremden Grundstücken betroffen werden, nicht beansprucht werden können. — In betreff des Rechtes, Tauben zu halten, und bezüglich des Wegfangens derselben, wenn sie zur Saat- und Erntezeit im Freien d. h. außerhalb ihres Aufbewahrungsortes und besonders auf den Äckern betroffen werden, bewendet es auch nach dem Inkrafttreten des BGB. bei den Bestimmungen des §§ 111 bis 113 ALR. (I, 9) und des § 40 Feldpol.-Ordg. v. 1. Nov. 1847. Zu beachten ist, daß die in der letzteren Bestimmung getroffenen Beschränkungen des Taubenhaltens und des Taubenflugs auf Militärbrieftauben keine Anwendung finden. Ges. vom 28. Mai 1894 (BGBl. S. 463). S. auch U. 23/9 14, E. 48, 384.

6. In allen anderen Fällen. Die Nr. 2 des § 67 regelt den Betrag des Ersatzgeldes für alle die Fälle, in denen die unter a) bis c) daselbst aufgeführten Tiere auf anderen als den in Nr. 1 aufgeführten Grundstücken, insbesondere auch auf den Banketts und Böschungen von Chausseen und anderen öffentlichen Wegen, auf dem Eisenbahnkörper usw. betroffen werden. Bereits in dem Ministerialreskript v. 31. Okt. 1855 (BMBl. 1855 S. 215) war darauf hingewiesen, daß die Vorschriften der früheren Feldpolizeiordnung betr. des Pfandgeldes auf Beschädigungen, welche dem Eisenbahnkörper sowie den Chausseen und Chausseegräben durch weidendes Vieh zugefügt würden, anwendbar seien. Die Bestimmung des § 67 Nr. 2 beruht auf derselben Erwägung und enthält nur hinsichtlich des Betrages des Ersatzgeldes verschiedene Abweichungen, von denen besonders hervorzuheben ist, daß für das Weiden einer Gans auf anderen, als den im § 67 Nr. 1 erwähnten Grundstücken usw. ein Ersatzgeld überhaupt nicht gefordert werden kann.

Die Strafbestimmungen, welche in den Nr. 12 und 17 der zusätzlichen Vorschriften zum Chausseegeld-Tarif v. 29. Febr. 1840 und in den Bahnpolizei-Reglements hinsichtlich des Übertretens bzw. Weidens von Vieh auf den Banketten, Böschungen und Gräben der Chausseen, sowie auf dem Bahnkörper und den dazu gehörigen Anlagen getroffen sind, bleiben durch § 67 Nr. 2 selbstverständlich unberührt.

§ 68 (72).

Ist gleichzeitig eine Mehrzahl von Tieren übergetreten, so darf der Gesamtbetrag der nach dem § 67 zu entrichtenden Ersatzgelder:

1. in den Fällen des § 67 Nr. 1
   für Pferde, Esel, Maulesel, Maultiere, Rindvieh, Schweine, Ziegen und Schafe 60 RM.
   für die übrigen in § 9 Abs. 1 aufgeführten Vieharten . . . . 15 „
2. in den Fällen des § 67 Nr. 2
   für Pferde, Esel, Maulesel, Maultiere, Rindvieh, Schweine, Ziegen und Schafe 15 „
   für die übrigen in § 9 Abs. 1 aufgeführten Vieharten . . . . 2 „

nicht übersteigen.

§ 69 (73).

(1) Die Ersatzgeldbeträge der §§ 67 und 68 können für ganze Kreise oder für einzelne Feldmarken auf Antrag der Kreisvertretung durch Beschluß des Bezirksausschusses bis auf das Doppelte erhöht oder bis auf die Hälfte ermäßigt werden.

(2) Der Beschluß des Bezirksausschusses ist endgültig.

1. Allgemeines. Die Bestimmung des § 69 soll die Möglichkeit gewähren, durch Beschluß des Bezirksausschusses die in den §§ 67 und 68 festgesetzten Ersatzgeldbeträge den örtlichen Verhältnissen ganzer Kreise und einzelner Feldmarken anzupassen.

Der Beschluß des Bezirksausschusses kann nur auf Antrag der Kreis- oder Amtsvertretung erfolgen; eine Zustimmung der Kreisvertretung zu dem auf Antrag gefaßten Beschluß des Bezirksausschusses ist nicht erforderlich.

2. Kreisvertretung. Die Kreisvertretung wird durch den Kreistag (Kreisversammlung), die Amtsvertretung in den Hohenzollernschen Landen durch die Amtsversammlung gebildet.

3. Bezirksrat. Bezirksausschuß. Durch § 153 des Gesetzes über die allgemeine Landesverwaltung vom 30. Juli 1883 sind die Bezirksräte und die Bezirksverwaltungsgerichte aufgehoben und an deren Stelle die Bezirksausschüsse getreten. In den Landesteilen außerhalb des Geltungsbereichs der Provinzialordnung vom 29. Juni 1875 werden die im § 73 bezeichneten Verrichtungen des Bezirksausschusses von der Bezirksregierung wahrgenommen. Für den Stadtkreis Berlin tritt an die Stelle des Bezirksausschusses der Oberpräsident. Vgl. §§ 89 bis 91 d. G. und § 43 des Gesetzes über die allgemeine Landesverwaltung v. 30. Juli 1883, sowie §§ 1, 5 Abs. 3, 39 des Ges. über die Bildung einer neuen Stadtgemeinde Berlin v. 27. April 1920 (GS. S. 123).

§ 70 (74).

(1) Der Anspruch auf Ersatzgeld kann in allen Fällen gegen den Besitzer der Tiere unmittelbar geltend gemacht werden.

(2) Mehrere Besitzer von Vieh, welches eine gemeinschaftliche Herde bildet, haften für das Ersatzgeld dem Beschädigten gegenüber solidarisch.

1. Allgemeines. Die Bestimmung des § 70 hat die Prinzipalhaftbarkeit des Hirten bzw. des Führers der auf fremde Grundstücke übergetretenen Tiere für das Ersatzgeld keineswegs beseitigt. Dem Beschädigten soll vielmehr nur die Wahl überlassen werden, ob er sich wegen seiner Forderung zunächst an den Hirten, oder, da dieser in der Regel unvermögend ist, unmittelbar an den Besitzer der Tiere halten will.

Daß auch der Anspruch auf Schadensersatz unmittelbar gegen den Besitzer der Tiere geltend gemacht werden kann, ist unbedenklich. (Vgl. Mot.)

Dem unmittelbar in Anspruch genommenen Besitzer der Tiere, welcher infolge der Nachlässigkeit des Hirten usw. zum Schadensersatz oder zur Zahlung von Ersatzgeldern verurteilt worden ist, bleibt selbstverständlich der Regreß an den Hirten usw. vorbehalten.

2. Haftbarkeit mehrerer Besitzer. Jeder Besitzer von Vieh, welches eine gemeinschaftliche Herde bildet, haftet dem Beschädigten für das ganze Ersatzgeld; der Beschädigte hat die Wahl, von welchem Besitzer er das letztere fordern will.

Von einer gesetzlichen Regelung des Beitragsverhältnisses der mehreren Besitzer hat das Gesetz aus praktischen Gründen Abstand genommen. Wenn einer der solidarisch haftenden Hütungsgenossen das Ersatzgeld hat zahlen müssen, so steht ihm nach allgemeinen Rechtsgrundsätzen der Rückgriff an seine Genossen offen. (Mot.)

§ 71 (75).

(1) Der Anspruch auf Ersatzgeld ist im Falle des § 65 Abs. 3 im Zivilprozesse zu verfolgen.

(2) In allen anderen Fällen ist der Anspruch bei der Ortspolizeibehörde anzubringen. Diese erteilt nach Anhörung der Beteiligten und Anstellung der erforderlichen Ermittelungen einen Bescheid. Werden dem Anspruch auf Ersatzgeld gegenüber Tatsachen glaubhaft gemacht, aus welchen ein den Anspruch ausschließendes Recht hervorgeht, so ist dem Beschädigten zu überlassen, seinen Anspruch im Wege des Zivilprozesses zu verfolgen.

1. Allgemeines zu §§ 71 und 72. Die Entscheidung über den Anspruch auf Ersatzgeld gebührt:

a) dem Zivilgericht:

1. im Falle des § 65 Abs. 3, d. h. wenn im Laufe eines von dem Beschädigten nach Vorschrift des § 63 anhängig gemachten Zivilprozesses statt des Anspruchs auf Schadensersatz ein Ersatzgeld beansprucht wird,
2. wenn dem bei der Ortspolizeibehörde angebrachten bzw. der Entscheidung des Kreisausschusses bzw. des Bezirksausschusses (§ 72) unterbreiteten Anspruch auf Ersatzgeld gegenüber Tat-

sachen glaubhaft gemacht werden, aus welchen ein den Anspruch ausschließendes Recht hervorgeht;

b) den Verwaltungsbehörden (Ortspolizeibehörde, Kreisausschuß, Bezirksausschuß): in allen übrigen Fällen.

2. Ortspolizeibehörde. Vgl. über den Begriff der Ortspolizeibehörde oben Anm. 5 zu § 28. In Hannover werden nach § 35 Nr. 8 der Kreisordnung für die Provinz Hannover v. 6. Mai 1884 (GS. S. 181) die Rechte und Pflichten der Ortspolizeibehörde rücksichtlich der Ersatzgeldansprüche und der Pfändung (§§ 65 bis 84 FFPG.) von dem Gemeindevorsteher wahrgenommen, sofern nicht die Ortspolizeiverwaltung im Gemeindebezirke einer für eine Stadt bestehenden Ortspolizeibehörde übertragen ist.

3. Ermittelungen. Abgesehen von der Vernehmung von Zeugen und Sachverständigen — zu deren Beeidigung die Ortspolizeibehörde übrigens nicht befugt ist — werden sich die im § 71 erwähnten Ermittelungen namentlich auf Besichtigungen an Ort und Stelle zu erstrecken haben. Vgl. § 56 der FPO. v. 1. Nov. 1847.

4. Glaubhaftmachung. Für den Begriff der Glaubhaftmachung ist die Bestimmung des § 294 ZPO. maßgebend, welche lautet: „Wer eine tatsächliche Behauptung glaubhaft zu machen hat, kann sich aller Beweismittel, mit Ausnahme der Eideszuschiebung, bedienen, auch zur Versicherung an Eidesstatt zugelassen werden. Eine Beweisaufnahme, welche nicht sofort erfolgen kann, ist unstatthaft." Wenn übrigens die behaupteten Tatsachen schon nach den Umständen des Falles ohne weiteres glaubhaft sind, so wird es der Regel nach einer Beweisaufnahme überhaupt nicht bedürfen. Ob dies der Fall ist, unterliegt dem Ermessen der entscheidenden Verwaltungsbehörde.

5. Bescheid. Der Bescheid der Ortspolizeibehörde kann lauten:

a) auf Abweisung des Anspruchs auf Ersatzgeld überhaupt,

b) auf Festsetzung eines bestimmten, von dem Beschuldigten zu erlegenden Ersatzgeldes,

c) dahin, daß es dem Beschädigten überlassen bleiben müsse, seinen Anspruch im Wege des Zivilprozesses zu verfolgen.

Es kann einem Bedenken nicht unterliegen, daß auch die zu c) gedachte Entscheidung der Ortspolizeibehörde in Form eines Bescheides ergehen muß, gegen welchen den Beteiligten ebenso wie in den Fällen zu a) und b) das im § 72 gewährte Rechtsmittel der Klage zusteht.

Wenn die Beteiligten sich vor der Ortspolizeibehörde vergleichen, so ist der Inhalt des Vergleichs in den auch in diesem Fall zu erteilenden und nach § 72 zu eröffnenden Bescheid aufzunehmen.

6. Der § 59 der Feldpolizeiordnung v. 1. Nov. 1847 bestimmte, daß aus feldpolizeilichen vor der Polizeibehörde vorgenommenen Vergleichen die gerichtliche Zwangsvollstreckung zulässig sein solle. Diese Vollstreckungsfähigkeit der feldpolizeilichen Vergleiche war durch § 706 Abs. 1 ZPO. (älterer Fassung) in Verbindung mit § 12 Ausf.Ges. zur ZPO. aufrecht erhalten und auch durch das FFPG. v. 1. April 1880 nicht berührt worden, da § 96 d. G. (a. F.) nur die diesem Gesetz entgegenstehenden Bestimmungen, insbesondere die Strafbestimmungen der älteren Gesetze aufhebt. Durch Art. 2 des AusfGes. v. 22. Sept. 1899 zum Reichsgesetze v. 17. Mai 1898, betr. Änderungen der ZPO. ist die

Vorschrift des § 59 FPO. v. 1. Nov. 1847 aufgehoben. In den Motiven wird bemerkt, daß für die Fälle, wo eine Einigung vor der Ortspolizeibehörde zustande kommt, sich jetzt der eine raschere und einfachere Vollstreckung sichernde Weg darbiete, daß die Ortspolizeibehörde den Inhalt der Einigung, wie bereits Anm. 5 am Schluß hervorgehoben ist, in ihren Bescheid aufnimmt. Aus solchen Bescheiden findet dann die Vollstreckung im Verwaltungszwangsverfahren statt. Vgl. Anm. 7.

7. Vollstreckbarkeit des Bescheides. Der nach § 71 ergangene Bescheid der Ortspolizeibehörde ist, falls er nicht durch Klage (§ 72) angefochten ist, oder die zur Erhebung dieser Klage gegebene zweiwöchige Frist, ohne daß die Klage erhoben, verstrichen ist, vollstreckbar. Die Zwangsvollstreckung auf Grund desselben erfolgt nach den Vorschriften der Verordnung vom 15. November 1899, betr. das Verwaltungszwangsverfahren wegen Beitreibung von Geldbeträgen (GS. S. 545). Vgl. § 1 Nr. 4 V. v. 24. Nov. 1843, betr. die exekutivische Beitreibung der direkten und indirekten Steuern und anderer öffentlicher Abgaben und Gefälle in der Rheinprovinz (GS. S. 351); § 1 Nr. 5 V. v. 30. Juni 1845, betr. die exekutivische Beitreibung usw. in der Provinz Westfalen (GS. S. 444); § 1 Nr. 5 V. v. 30. Juli 1853 wegen exekutivischer Beitreibung usw. in den östlichen Provinzen mit Ausschluß Neu-Vorpommerns (GS. S. 909); § 1 Nr. 4 V. v. 1. Febr. 1858, betr. die exekutivische Beitreibung usw. in Neu-Vorpommern und Rügen (GS. S. 85); § 1 Nr. 5 V. v. 28. Febr. 1874 für die Hohenzollernschen Lande (GS. S. 87) und § 1 Nr. 5 V. betr. die exekutivische Beitreibung usw. in den durch die G. v. 20. Sept. und 24. Dez. 1866 mit Preußen vereinigten Landesteilen (GS. S. 1553).

8. Anlegung von Akten. Über die Anlegung von Akten in Pfändungs- und Ersatzgeldangelegenheiten vgl. Nr. 5 der Allg. Verf. des landw. Min. v. 12. Mai 1880. (Anhang III.)

§ 72 (76).

Der Bescheid der Ortspolizeibehörde (§ 71) ist den Beteiligten zu eröffnen. Innerhalb einer Frist von zwei Wochen nach der Eröffnung steht jedem Teile die Klage bei dem Kreisausschuß, in Stadtkreisen und in den zu einem Landkreise gehörigen Städten mit mehr als zehntausend Einwohnern bei dem Bezirksausschusse zu. Auch hier findet die Vorschrift des letzten Satzes im § 71 Abs. 2 Anwendung. Die Entscheidungen des Kreisausschusses und des Bezirksausschusses sind endgültig.

1. Eröffnung. Die Eröffnung des Bescheides der Ortspolizeibehörde muß in der üblichen Form aktenmäßig beurkundet werden, um die Innehaltung der zweiwöchigen, zur Anstellung der Klage bei dem Kreis- bzw. Bezirksausschuß gegebenen Frist nachprüfen zu können.

2. Klagefrist. An die Stelle der im § 72 ursprünglich bestimmten zehntägigen Klagefrist ist nach § 51 des Gesetzes über die allgem. Landesverw. v. 30. Juli 1883 eine Frist von zwei Wochen getreten. Auch diese Frist ist präklusivisch (§ 84 d. G.). Nach Ablauf derselben kann die Klage nicht mehr erhoben werden. Die Frist beginnt mit der Eröffnung des in den §§ 71, 72 gedachten Bescheides. Im übrigen vgl. hierüber sowie über die Berechnung der Frist die Anm. 2. zu § 45.

3. Kreisausschuß. Bezirksausschuß. Durch § 153 des Gesetzes über die allgem. Landesverw. v. 30. Juli 1883 sind die Bezirksräte und Bezirksverwaltungsgerichte aufgehoben und an deren Stelle die Bezirksausschüsse getreten.

In den Landesteilen außerhalb des Geltungsbereiches der Provinzialordnung v. 26 Juni 1875 wurden bis zur Einführung von Kreisausschüssen und Bezirksausschüssen die Verrichtungen des Kreisausschusses vom Landrat (Amtshauptmann) und die Verrichtuugen des Bezirksausschusses von der Bezirksregierung wahrgenommen. In den Hohenzollernschen Landen werden die dem Kreisausschusse beigelegten Befugnisse vom Amtsausschuß wahrgenommen.

Das Verfahren vor dem Kreisausschuß und dem Bezirksausschuß regelt sich nach den Bestimmungen der §§ 63 ff. des Gesetzes über die allgem. Landesverwaltung v. 30. Juli 1883, von denen hier außer den in Anm. 4 zu § 46 d. G. bereits erwähnten noch folgende hervorzuheben sind:

§ 77: Das Gericht kann die Beweiserhebung durch eines seiner Mitglieder oder erforderlichenfalls durch eine zu dem Ende zu ersuchende sonstige Behörde bewirken lassen. Es kann verordnen, daß die Beweiserhebung in der mündlichen Verhandlung stattfinden soll.

Die Beweisverhandlungen sind unter Zuziehung eines vereidigten oder von der betreffenden Behörde durch Handschlag zu verpflichtenden Protokollführers aufzunehmen, die Parteien sind zu denselben zu laden.

§ 78: Hinsichtlich der Verpflichtung, sich als Zeuge oder Sachverständiger vernehmen zn lassen, sowie hinsichtlich der im Falle des Ungehorsams zu verhängenden Strafen kommen die Bestimmungen der bürgerlichen Prozeßgesetze mit der Maßgabe zur Anwendung, daß im Falle des Ungehorsams die zu erkennende Geldbuße den Betrag von einhundertfünfzig Mark nicht übersteigen darf.

Gegen die eine Strafe oder die Nichtverpflichtung des Zeugen oder Sachverständigen aussprechende Entscheidung steht den Beteiligten innerhalb zwei Wochen die Beschwerde an das im Instanzenzuge zunächst vorgesetzte Gericht, gegen die in zweiter Instanz ergangene Entscheidung des Bezirksausschusses die weitere Beschwerde an das Oberverwaltungsgericht zu.

4. Verweisung auf den Zivilprozeß. Die Vorschrift des letzten Satzes im § 71 Abs. 2 d. G. findet auch in dem Verfahren vor dem Kreisausschuß und dem Bezirksausschuß Anwendung. Es ist also auch dem hier Beschädigten zu überlassen, seinen Anspruch auf Ersatzgeld im Wege des Zivilprozesses zu verfolgen, wenn dem Anspruch gegenüber Tatsachen glaubhaft gemacht werden, aus welchen ein den Anspruch ausschließendes Recht hervorgeht. Gleichgültig ist es in dieser Beziehung, ob die Tatsachen bereits früher vor der Ortspolizeibehörde (§ 71) oder erst vor dem Kreisansschuß bzw. dem Bezirksansschuß vorgebracht sind.

5. Die Vollstreckung der Entscheidungen des Kreisausschusses und des Bezirksverwaltungsgerichts erfolgt nach den Vorschriften der **Verordnung v. 15. November 1899, betr. das Verwaltungsverfahren wegen Beitreibung von Geldbeträgen** (GS. S. 545). Vgl. auch § 60 des Gesetzes über die allgem. Landesverw. v. 30. Juli 1883.)

§ 73 (77).

(1) Wird Vieh (§ 9 Abs. 1) auf einem Grundstücke betroffen, auf welchem es nicht geweidet werden darf, so kann dasselbe auf der Stelle oder in unmittelbarer Verfolgung sowohl von dem Feld- oder Forsthüter als auch von dem Beschädigten oder von solchen Personen gepfändet werden, welche die Aufsicht über das Grundstück führen oder zur Familie, zu den Dienstleuten oder zu den auf dem Grundstücke beschäftigten Arbeitsleuten des Beschädigten gehören.

(2) In gleicher Weise ist bei Zuwiderhandlungen gegen den § 8 dieses Gesetzes und bei Zuwiderhandlungen gegen den § 368 Nr. 9 des Strafgesetzbuchs die Pfändung der Reit- oder Zugtiere oder des Viehes zulässig.

1. Allgemeines. Das FFPG. hat sich darauf beschränkt, besondere Pfändungsvorschriften nur bei Weidefreveln und bei den Zuwiderhandlungen gegen die §§ 8 dieses Gesetzes und 368 Nr. 9 des Strafgesetzbuchs und nur bezüglich der auf fremden Grundstücken betroffenen Tiere zu geben. Diese Pfändungsvorschriften sind nach Art. 89 des EinfGes. zum BGB. unberührt geblieben.

In betreff aller übrigen Pfändungen, d. h. wegen anderer Zuwiderhandlungen gegen das Feld- und Forstpolizeigesetz und an anderen beweglichen Sachen bewendet es bei den das Pfändungsrecht regelnden allgemeinen gesetzlichen Bestimmungen, welche ebenfalls durch das BGB. nicht berührt worden sind.

Für das frühere Geltungsgebiet des Allg. Landrechts (Ost- und Westpreußen, Posen, Brandenburg, Schlesien, Sachsen und Westfalen; Regierungsbezirke Cöslin und Stettin; Kreise Rees, Duisburg und Essen, Ostfriesland einschl. des Harlingerlandes, niedere Grafschaft Lingen einschl. der Münsterschen Absplisse; Eichsfeldische Ämter Lindau, Gieboldshausen und Duderstadt) kommen in dieser Beziehung die §§ 413 bis 457 (T. I, Tit. 14) auch hier zur Anwendung. Die eigenmächtige Pfändung ist danach nur zugelassen, „um sich den Ersatz eines zugefügten Schadens zu sichern und um künftige Schadenszufügungen und Beeinträchtigungen seines Rechts abzuwenden." Sie darf — unter Vermeidung von Gewalttätigkeiten — nur dann vorgenommen werden, wenn der Beschädiger unbekannt oder unsicher ist, und alsdann auch nur auf frischer Tat, innerhalb der Grenzen der Feldflur, auf welcher die Beschädigung oder Störung verübt ist, und nur in dem zur Deckung des Pfändenden ausreichenden Umfang. Der Pfändende muß von der geschehenen Pfändung dem zuständigen Amtsgericht unter Ablieferung der Pfandstücke Mitteilung machen.

Für das frühere Geltungsgebiet des gemeinen Rechts (Schleswig-Holstein, Hessen-Nassau, Hannover mit Ausschluß von Ostfriesland und der oben bezeichneten kleineren Bezirke, wo das ALR. gilt, Regierungsbezirk Stralsund, Hohenzollernsche Lande und Bezirk des Justiz-Senates zu Ehrenbreitstein) gelten im wesentlichen die Grundsätze des

ALR. Der Pfändende muß jedoch dem Eigentümer der gepfändeten Sachen sofort von der Pfändung Anzeige machen.

Im früheren Geltungsgebiet des Code ist die Pfändung überhaupt nicht zulässig.

2. Pfändungsberechtigter. Familienmitglieder. Dienst- und Arbeitsleute. Die Pfändungsbefugnis ist außer den Feld- und Forsthütern (Ehrenfeldhütern) jedem eingeräumt, dessen rechtliches Interesse durch die Beschädigung oder Störung betroffen wird, insbesondere also dem Eigentümer, den Nutzungsberechtigten, den Pächtern, deren Familienmitgliedern, Dienstleuten u. dgl. (Mot. S. 50.)

Die Pfändungsbefugnis der Familienmitglieder, Dienstleute und der auf dem Grundstück beschäftigten Arbeitsleute des Beschädigten ist, wie auch der Wortlaut des Gesetzes ergibt, nicht davon abhängig, daß dieselben mit der Aufsicht über das Grundstück beauftragt sind.

3. Umfang der Pfändung. Das Gesetz hat über den Umfang der Pfändung, insbesondere für den Fall, daß mehrere Stücke Vieh oder alle zu einer Herde gehörigen Tiere übergetreten sind, keine Bestimmungen getroffen. Der Beschädigte kann in diesen Fällen also unzweifelhaft die ganze Herde pfänden; der Regel nach werden jedoch auch hier nicht mehr Stücke Vieh gepfändet werden, als erforderlich sind, um die durch die Beschädigung entstandenen Forderungen zu decken, den Beweis der Beschädigung zu sichern und weiteren Schaden abzuwenden. (Vgl. § 7 FPO. v. 1. Nov. 1847.) Im übrigen gibt der § 78 gegen übermäßige Pfändungen ein ausreichendes Gegenmittel.

4. Unrechtmäßige Pfändungen. Eine Pfändung ist unrechtmäßig, wenn sie nicht von einer nach den Bestimmungen des § 73 dazu berechtigten Person und — soweit es sich um Pfändung von Tieren (Reit- oder Zugtieren, Vieh) handelt — nicht wegen Weidefrevels oder wegen Zuwiderhandlungen gegen den § 8 dieses Gesetzes oder den § 368 Nr. 9 StGB. vorgenommen ist.

Vorsätzlich bewirkte unrechtmäßige Pfändungen werden nach § 14 mit Geldstrafe bis 150 Reichsmark oder mit Haft bestraft. Vgl. auch die sonstigen Strafbestimmungen des § 14 über die Vereitelung rechtmäßiger Pfändungen usw.

5. Pfändung gegen Posten. Der § 18 des Reichspostgesetzes vom 28. Oktober 1871 bestimmt: „Gegen die ordentlichen Posten, Extraposten, Kuriere und Estafetten ist keine Pfändung erlaubt; auch darf dieselbe gegen einen Postillon nicht geübt werden, welcher mit dem ledigen Gespann zurückkehrt. Bei Zuwiderhandlungen ist eine Geldstrafe von zehn Silbergroschen bis zu zwanzig Talern verwirkt." Diese reichsgesetzliche Vorschrift ist selbstverständlich durch das Feld- und Forstpolizeigesetz nicht außer Kraft gesetzt. Die Zug- oder Reittiere der Posten usw. dürfen auch in den Fällen des § 73 nicht gepfändet werden. Unter ordentlichen Posten sind nach dem Erk. des Obertribunals v. 16. Juli 1869 diejenigen Transportmittel (Fuhrwerke) zu verstehen, welche der Staat für eigene Rechnung zu gemeinem Besten behufs Ausübung seines Rechts auf Beförderung von Briefen, Geldern, postmäßigen Paketen und Sachen, sowie auf Fortschaffung von Reisenden unterhält, und bei welchen eine regelmäßige Abgangs- und Ankunftszeit nach Tagen und Stunden festgesetzt ist. (Vgl. Dambach, Postgesetz zu § 16.)

§ 74 (78).

(1) Die gepfändeten Tiere haften für den entstandenen Schaden oder die Ersatzgelder und für alle durch die Pfändung und die Schadensfeststellung verursachten Kosten.

(2) Die gepfändeten Tiere müssen sofort freigegeben werden, wenn bei dem zuständigen Gemeinde- oder Gutsvorstand ein Geldbetrag oder ein anderer Pfandgegenstand hinterlegt wird, welcher den Forderungen des Beschädigten entspricht.

1. Umfang der Haftung. Die gepfändeten Tiere haften nur für den entstandenen Schaden oder die Ersatzgelder und für alle durch die Pfändung und die Feststellung des Schadens verursachten Kosten.

Für die Strafe und die durch das Strafverfahren verursachten Kosten haften die gepfändeten Tiere nicht.

2. Zuständiger Gemeinde- oder Gutsvorstand. Als zuständiger Gemeinde- oder Gutsvorstand, bei welchem der im § 74 Abs. 2 bezeichnete Geldbetrag oder Pfandgegenstand hinterlegt werden muß, ist derjenige anzusehen, zu dessen Gemeinde- oder Gutsbezirk das Grundstück gehört, auf welchem die Pfändung vorgenommen ist.

Der Gemeinde- oder Gutsvorstand wird dem Hinterleger auf Erfordern die erfolgte Hinterlegung bescheinigen müssen.

3. Forderung des Beschädigten. Die dem Beschädigten zustehenden Forderungen sind im § 74 Abs. 1 aufgeführt. Da die Kosten der Pfändung und Schadensfeststellung und namentlich auch der Betrag des angerichteten Schadens selbstverständlich in den meisten Fällen nicht sofort angegeben werden können, so werden auch die Forderungen des Beschädigten der Regel nach nur nach ihrem ungefähren Betrage berechnet werden können. Für den Fall, daß sich später herausstellt, daß der Beschädigte seine Forderung zu hoch oder zu niedrig bemessen hat, ist eine spätere Ermäßigung oder Nachforderung nicht ausgeschlossen.

§ 75 (79).

(1) Die Kosten für die Einstellung, Wartung und Fütterung der gepfändeten Tiere werden von der Ortspolizeibehörde festgesetzt.

(2) Durch Beschluß des Bezirksausschusses können für die Kreise des Bezirks mit Zustimmung der Kreisvertretungen allgemeine Wertsätze für die Einstellung, Wartung und Fütterung der gepfändeten Tiere festgesetzt werden. Der Beschluß des Bezirksausschusses ist endgültig.

1. Die Festsetzung der Kosten der Wartung, Stallung und Fütterung der gepfändeten Viehstücke ist der Ortspolizeibehörde überwiesen, weil es bei Preisbestimmungen der gedachten Art hauptsächlich auf örtliche Verhältnisse ankommt, und ein möglichst einfaches Verfahren für diese Festsetzungen wünschenswert erschien.

Die Festsetzung der Kosten durch die Ortspolizeibehörde erfolgt in dem Bescheide, welchen die letztere nach § 78 d. G. zu erteilen hat.

Die Bestimmung des Abs. 2 des § 75 ist im Interesse der Vereinfachung der Kostenfestsetzung getroffen, da häufig für einzelne oder mehrere Kreise eine gewisse Gleichmäßigkeit im Betrage der hier in Rede stehenden Kosten hervortritt.

Die Festsetzung des Bezirksausschusses kann nur mit Zustimmung der Kreisvertretungen erfolgen. Von den durch den Bezirksausschuß allgemein festgesetzten Wertsätzen darf die Ortspolizeibehörde auch für den Fall nicht abweichen, daß dieselben nach den konkreten Umständen nicht ausreichend erscheinen sollten.

2. Ortspolizeibehörde. Vgl. oben Anm. 5 zu § 28.

3. Bezirksrat. Bezirksausschuß. Kreisvertretungen. Durch § 153 des Gesetzes über die allgem. Landesverwaltung vom 30. Juli 1883 sind die Bezirksräte und die Bezirksverwaltungsgerichte aufgehoben und an deren Stelle die Bezirksausschüsse getreten. In den Landesteilen außerhalb des Geltungsbereiches der Provinzialordnung vom 29. Juni 1875 werden die im § 75 bezeichneten Verrichtungen des Bezirksausschusses von der Bezirksregierung wahrgenommen. Für den Stadtkreis Berlin tritt an die Stelle des Bezirksausschusses der Oberpräsident. Vgl. §§ 89 bis 91 d. G. und § 42 des Gesetzes über die allgem. Landesverwaltung v. 30. Juli 1883.

Die Kreisvertretungen werden durch die Kreistage (Kreisversammlungen) gebildet.

§ 76 (80).

(1) Der Pfändende hat von der geschehenen Pfändung binnen vierundzwanzig Stunden dem Gemeinde-, Gutsvorsteher oder der Ortspolizeibehörde, in Städten der Ortspolizeibehörde Anzeige zu machen.

(2) Der Gemeinde- oder Gutsvorsteher oder die Polizeibehörde bestimmt über die vorläufige Verwahrung der gepfändeten Tiere.

(3) Der Gemeinde- oder Gutsvorsteher hat von der erfolgten Pfändung sofort der Ortspolizeibehörde Anzeige zu machen.

1. Anzeigepflicht des Pfändenden. Die Anzeige von der geschehenen Pfändung muß von dem Pfändenden in Städten stets der Ortspolizeibehörde gemacht werden. In den Landgemeinden hat der Pfändende die Wahl, ob er die im § 76 Abs. 1 vorgeschriebene Anzeige dem Gemeinde- oder Gutsvorsteher oder der Ortspolizeibehörde erstatten will.

Auch der pfändende Feld- oder Forsthüter ist zur Anzeige

von der geschehenen Pfändung verpflichtet; unterläßt er dieselbe, so kann der auch in solchem Falle Gepfändete die Pfandstücke zurückverlangen (§ 77). Der Feld- und Forsthüter kann dann seinerseits auch den Ersatz der Pfändungskosten nicht beanspruchen und macht sich evtl. noch disziplinarisch strafbar.

2. Anzeigefrist. Die im § 76 vorgeschriebene vierundzwanzigstündige Frist ist eine präklusivische. Vgl. § 84. Über die Folgen der Versäumung der Frist vgl. § 77.

3. Anzeigepflicht des Gemeinde- oder Gutsvorstehers. Der Gemeinde- oder Gutsvorsteher hat, wenn der Pfändende ihm von der geschehenen Pfändung Anzeige macht, sofort der Ortspolizeibehörde weitere Anzeige zu machen, und zwar auch dann, wenn die Anzeige des Pfändenden nicht innerhalb der vorgeschriebenen vierundzwanzigstündigen Frist an ihn erstattet sein sollte. Die Unterlassung der weiteren Anzeige an die Ortspolizeibehörde kann für den Gemeinde- oder Gutsvorsteher nur disziplinarische Ahndung nach sich ziehen.

§ 77 (81).

Ist die Anzeige (§ 76 Abs. 1) unterlassen, so kann der Gepfändete die Pfandstücke zurückverlangen. Der Pfändende hat in diesem Falle keinen Anspruch auf den Ersatz der durch die Pfändung entstandenen Kosten.

Die Unterlassung der Anzeige der stattgehabten Pfändung hat für den Beschädigten nur den Verlust des Pfandrechts und des Anspruchs auf Ersatz der aus der Pfändung erwachsenden Kosten zur Folge. Der Verlust des Anspruchs auf Schadensersatz oder Ersatzgeld wird durch die Unterlassung der Anzeige nicht bewirkt. Auch können die durch eine notwendig werdende Schadensfeststellung entstehenden Kosten trotz unterlassener Anzeige gefordert werden.

§ 78 (82).

(1) Wird der Ortspolizeibehörde eine Pfändung angezeigt, so erteilt dieselbe sogleich oder nach einer schleunigst anzustellenden Ermittelung, unter Berücksichtigung der Höhe des Schadens, des Ersatzgeldes und der Kosten, einen Bescheid darüber, ob die Pfändung ganz oder teilweise aufrecht zu erhalten oder aufzuheben oder ob ein anderweit angebotenes Pfand anzunehmen ist. In dem Bescheid ist über die Art der ferneren Verwahrung der gepfändeten oder in Pfand gegebenen Gegenstände Bestimmung zu treffen.

(2) Ist die Pfändung nur teilweise aufrechterhalten, so sind die freigegebenen Pfandstücke dem Gepfändeten auf seine Kosten sofort zurückzugeben.

1. Allgemeines zu den §§ 78 bis 80. Die Entscheidung über die im § 78 erwähnten Punkte gebührt:

a) dem Zivilgericht:
wenn der Gepfändete bei der Ortspolizeibehörde oder im Falle einer bei dem Kreisausschuß oder dem Bezirksausschuß von ihm oder dem Beschädigten angestellten Klage (§ 80) vor diesen Behörden Tatsachen glaubhaft macht, aus welchen die Unrechtmäßigkeit der Pfändung hervorgeht,
b) den Verwaltungsbehörden (Ortspolizeibehörde, Kreisausschuß, Bezirksausschuß):
in allen übrigen Fällen.

In denjenigen Fällen, in welchen dem Beschädigten überlassen werden muß, seinen Anspruch im Wege des Zivilprozesses zu verfolgen, hat die Ortspolizeibehörde vorläufige Anordnungen bezüglich der Verwahrung der gepfändeten Gegenstände nach Vorschrift des § 79 Abs. 2 zu treffen.

2. Bescheid. Ueber die Eröffnung des Bescheides und die den Beteiligten gegen den letzteren zustehenden Rechtsmittel enthält § 80 die näheren Bestimmungen.

3. Zurückgabe der Pfandstücke. Die freigegebenen Pfandstücke sind stets sofort und ohne daß es eines dahin gehenden Antrages des Gepfändeten bedarf, dem letzteren auf seine Kosten zurückzugeben.

Ist die Person des Gepfändeten unbekannt, so werden die freigegebenen Pfandstücke als herrenlose Sachen zu behandeln sein. Vgl. v. Bülow u. Sterneberg, a. a. O. Anm. 4 zu § 82 a. F. und §§ 958 ff. BGB.

§ 79 (83).

(1) Macht der Gepfändete Tatsachen glaubhaft, aus welchen die Unrechtmäßigkeit der Pfändung hervorgeht, so ist dem Beschädigten zu überlassen, seinen Anspruch im Wege des Zivilprozesses zu verfolgen.

(2) In diesem Falle hat die Polizeibehörde über die Verwahrung der gepfändeten Tiere oder über die Annahme und Verwahrung eines anderen geeigneten Pfandes vorläufige Festsetzung zu treffen. Gegen diese Festsetzung ist ein Rechtsmittel nicht zulässig.

1. Glaubhaftmachung. In betreff der Glaubhaftmachung vgl. Anm. 4 zu § 71.

2. Polizeibehörde d. h. die Ortspolizeibehörde. (Mot.)

§ 80 (84).

Der Bescheid der Ortspolizeibehörde (§ 78) ist den Beteiligten zu eröffnen. Innerhalb einer Frist von zwei Wochen nach der Eröffnung steht jedem Teile die Klage bei dem Kreisausschuß, in Stadtkreisen und in den zu einem Landkreise gehörigen Städten mit mehr als zehntausend Einwohnern bei dem Bezirksausschusse zu. Auch hier findet die Vorschrift des

§ 79 Abs. 1 Anwendung. Die Entscheidungen des Kreisausschusses und des Bezirksausschusses sind endgültig.

1. **Eröffnung des Bescheides.** Vgl. hierüber Anm. 1 zu § 72. Der Bescheid muß selbstverständlich sowohl dem Beschädigten, als auch dem Gepfändeten eröffnet werden, da jedem Teile die Klage bei dem Kreisausschusse bzw. dem Bezirksausschusse zusteht.

2. **Klagefrist.** An die Stelle der im § 80 ursprünglich bestimmten zehntägigen Klagefrist ist nach § 51 des Gesetzes über die allgemeine Landesverwaltung vom 30. Juli 1883 eine Frist von zwei Wochen getreten. Auch diese Frist ist präklusivisch (§ 84 d. G.). Nach Ablauf derselben kann die Klage nicht mehr erhoben werden. Die Frist beginnt mit der Eröffnung des im § 78 gedachten Bescheides. Im übrigen vgl. hierüber sowie über die Berechnung der Frist die Anm. 2 zu § 45.

3. **Kreisausschuß. Bezirksausschuß.** Durch § 153 des Gesetzes über die allgem. Landesverwaltung vom 30. Juli 1883 sind die Bezirksräte und Bezirksverwaltungsgerichte aufgehoben und an deren Stelle die Bezirksausschüsse getreten.

4. **Verweisung auf den Zivilprozeß. Vollstreckung der Entscheidungen.** Vgl. hierüber die Anm. 4 und 5 zu § 72.

§ 81 (85).

(1) Ist durch eine rechtskräftige Entscheidung die Pfändung aufrecht erhalten, so läßt die Ortspolizeibehörde die gepfändeten oder in Pfand gegebenen Gegenstände nach ortsüblicher Bekanntmachung öffentlich versteigern.

(2) Bis zum Zuschlage kann der Gepfändete gegen Zahlung eines von der Ortspolizeibehörde festzusetzenden Geldbetrags sowie der Versteigerungskosten die gepfändeten oder in Pfand gegebenen Gegenstände einlösen.

1. **Rechtskräftige Entscheidung.** Die Entscheidung der Ortspolizeibehörde (Bescheid: § 78) ist rechtskräftig, wenn die zweiwöchige Frist zur Anstellung der Klage bei dem Kreisausschuß bzw. dem Bezirksausschuß verstrichen oder die Klage nach erfolgter Anstellung zurückgenommen ist. Die Entscheidungen des Kreisausschusses und des Bezirksausschusses sind endgültig und daher sofort rechtskräftig.

2. **Ortsübliche Bekanntmachung.** In welcher Weise die bevorstehende öffentliche Versteigerung der gepfändeten oder in Pfand gegebenen Gegenstände zu erfolgen hat (Aushang an der Gemeindestelle, Ausrufen, Einrückung in öffentliche Blätter usw.), bleibt dem Ermessen der Ortspolizeibehörde überlassen.

§ 82 (86).

(1) Der Erlös aus der Versteigerung oder die eingezahlte Summe dient zur Deckung aller entstandenen Kosten sowie der Ersatzgelder.

(2) Zur Deckung des Schadensersatzes dient der Erlös oder die eingezahlte Summe nur, wenn der Anspruch darauf innerhalb dreier Monate nach der Pfändung geltend gemacht ist.

(3) Der nach Deckung der zu zahlenden Beträge sich ergebende Rest wird dem Gepfändeten zurückgegeben. Ist dieser seiner Person oder seinem Aufenthalte nach unbekannt, so wird der Rest der Armenkasse des Ortes, in welchem die Pfändung geschehen ist, ausgezahlt. Innerhalb dreier Monate nach der Auszahlung kann der Gepfändete den Rest zurückverlangen.

1. **Eingezahlte Summe.** Vgl. § 74 Abs. 2.

2. **Die Verwendung des Erlöses** oder der eingezahlten Summe muß stets in der Art erfolgen, daß diese Geldbeträge zur Deckung zunächst der Versteigerungskosten und sodann der durch die Pfändung und die Schadensfestsetzung verursachten Kosten sowie der Ersatzgelder (§ 74) dienen müssen.

Der Schadensersatz ist aus dem Erlöse oder der eingezahlten Summe nur dann zu decken, wenn der bezügliche Anspruch innerhalb dreier Monate nach der Pfändung geltend gemacht wird. Die dreimonatige Frist ist keine präklusivische.

3. **Auszahlung an die Armenkasse.** Die Auszahlung des nach Deckung der zu zahlenden Beträge sich ergebenden Restes erfolgt an die Armenkasse desjenigen Ortes, auf dessen Feldmark die Pfändung geschehen ist.

Die für die Rückforderung aus der Armenkasse gewährte dreimonatige Frist ist keine präklusivische.

§ 83 (87).

Fordert der Beschädigte im Falle der Pfändung Ersatzgeld, so ist über diese Forderung und die Pfändung in demselben Verfahren zu verhandeln und zu entscheiden.

Im Falle der Pfändung werden in der Regel Ersatzgelder gefordert werden. Geschieht solches, so ist über beide Gegenstände in einem und demselben Verfahren nach §§ 78 ff. bzw. §§ 71 ff. zu verhandeln und zu entscheiden.

§ 84.

Die in §§ 45, 46, 72, 76, 80 erwähnten Fristen sind präklusivisch.

Präklusivisch. Vgl. hierüber Anm. 2 zu § 45.

Fünfter Titel.

Übergangs- und Schlußbestimmungen.

§ 85.

Soweit die Feld- oder die Forstpolizei anderen Behörden übertragen ist, treten sie auch im Rahmen dieses Gesetzes an die Stelle der Ortspolizeibehörde.

Andere Behörden. Die Vorschrift berücksichtigt die Fälle, in denen die Feldpolizei den Gemeindebehörden übertragen worden ist (Begr. zur Novelle v. 15. Jan. 1926).

§ 86 (94).

In der Rheinprovinz kann in den zu erlassenden Polizeiverordnungen (§§ 9 und 11)

1. vorgeschrieben werden, wie die Einfriedigung, welche das Eindringen fremden Viehes zu verhindern geeignet ist und durch welche ein Grundstück von der Stoppelweide ausgeschlossen wird, beschaffen sein muß;
2. die Ausübung der nicht ablösbaren Stoppelweide
   a) auf solchen Grundstücken, welche durch besondere Bearbeitung des Bodens in Wiesen umgewandelt sind, sowie auf solchen Wiesen, auf welchen zum Zweck ihrer Verbesserung ein künstlicher Umbau oder künstliche Ent- oder Bewässerungsanlagen ausgeführt oder in der Ausführung begriffen sind, untersagt,
   b) auf natürlichen Wiesen auf bestimmte Jahreszeiten beschränkt werden.

Die Motive heben zur Begründung der im § 94 a. F. getroffenen Bestimmungen folgendes hervor:

„Der § 94 gibt für die Rheinprovinz die Möglichkeit, durch die nach den §§ 11 und 13 (jetzt §§ 9 und 11 d. G.) des Entwurfs zu erlassenden Polizeiverordnungen gewisse Vorschriften zu treffen, welche in den eigentümlichen Verhältnissen jener Provinz ihre Rechtfertigung finden. In vielen Gegenden der Rheinprovinz, namentlich in dem für die vorliegende Frage fast ausschließlich in Betracht kommenden Bezirk des Appellationsgerichts zu Köln bestand von jeher das sog. Recht der Stoppel- und Koppelweide. Das Recht der Stoppelweide (vaine pature) ist das Recht, die Stoppel- und Brachfelder vermischt oder mit einer gemeinsamen Herde zu behüten; wurde die Stoppelweide von Gemeinde zu Gemeinde ausgeübt, so hieß sie Koppelweide (parcours). Die Rechte sind durch Titel I Abschnitt 4 Artikel 2 und ff. des französischen code rural vom 28. September 1791 eingehend reguliert und durch die Gemeinheitsteilungsordnung vom 19. Mai 1851 § 5 dahin wesentlich modifiziert, daß die Koppelweide ohne Entschädigung aufgehoben, die Stoppelweide dagegen, soweit sie auf einem privatrechtlichen Titel beruht, für ablösbar erklärt ist. Beruht sie nicht auf einem privatrechtlichen Titel, steht sie vielmehr nach einem unvordenklichen Ortsgebrauche den Gemeindegenossen als solchen zu, so kann die Aufhebung nur durch Beschluß des Gemeinderats unter gewissen Bedingungen erfolgen. Der durch diese gesetzlichen Bestimmungen geschaffene rechtliche Zustand ist im allgemeinen ein befriedigender und haben sich nur in zwei Punkten Mißstände herausgestellt, deren Beseitigung der Entwurf in den beiden Nummern dieses Paragraphen ermöglichen will.

Nr. 1. Der Art. 6 Tit. I Abs. 4 cod. rur. bestimmt, daß ein Grundstück als eingefriedigt angesehen werden soll, wenn es umgeben ist von einer 4 Fuß hohen Mauer mit Schlagbäumen oder Türen, oder mit Pallisaden oder mit Gitterwerk, oder mit einer lebendigen oder toten Hecke, oder mit einem 4 Fuß tiefen und 2 Fuß breiten Graben. Auf solchen Grundstücken soll die Stoppelweide nicht ausgeübt werden dürfen. Der Zweck der Bestimmung über die Beschaffenheit der Einfriedigung ist der, daß die Grundstücke so eingefriedigt sind, daß das letztere durch die Verhinderung des Eindringens fremden Viehes von der Stoppelweide ausgeschlossen werde. Durch die detaillierte Beschreibung der Einfriedigungen im Art. 6 sind nun manche Arten derselben, die denselben Zweck bei billigerer Herstellung erfüllen, z. B. die Drahteinfriedigungen, ausgeschlossen. Um diesen Übelstand zu beseitigen, ist die allgemeine Bestimmung der Nr. 1 getroffen.

Nr. 2. Der Art. 9 T. I Abs. 4 des cod. rur. verbietet die Ausübung der Stoppelweide auf den „prairies artificielles". Hierunter verstand man bis in die 1860er Jahre dasselbe, was man nach dem deutschen Sprachgebrauche mit „Kunstwiesen" bezeichnete, also mindestens die nach den Regeln der Wiesenbaukunst angelegten oder doch zur Bewässerung eingerichteten Wiesen. Durch ein vom Obertribunal in den 1860er Jahren bestätigtes Erkenntnis des Appellationsgerichts zu Köln wurde jedoch auf Grund der Definition des Wörterbuchs der französischen Akademie festgestellt, daß prairies artificielles nicht eigentliche Kunstwiesen seien, sondern Ackerfelder, auf welchen im gewöhnlichen Wege der Beackerung und Besamung Futterkräuter, wie Klee usw., gezogen würden. Seit dem Erlaß dieser Entscheidung genießen die Kunstwiesen den Schutz nicht mehr, dessen sie sich bis dahin tatsächlich zu erfreuen hatten und dessen sie im Interesse der Wiesenkultur dringend bedürfen. Der Entwurf gibt deshalb unter Nr. 2a die Möglichkeit, durch Polizeiverordnungen den Zustand wieder herzustellen, der bis zum Erlaß jener Entscheidung bestanden hat, und entspricht damit vielen von Grundbesitzern der Rheinprovinz ausgegangenen Anträgen, sowie einer in dieser Beziehung vom Landes-Ökonomiekollegium gefaßten Resolution.

Die Bestimmung unter Nr. 2b rechtfertigt sich wegen der Schädlichkeit der Weide zu gewissen Jahreszeiten, namentlich zur Frühjahrs- und Herbstzeit."

Hervorzuheben ist noch, daß die Vorschriften des § 86 sich nur auf die nicht ablösbare, d. h. auf die aus dem öffentlich-rechtlichen Titel der Gemeindemitgliedschaft entspringende Stoppelweide beziehen. Ist solches nicht der Fall, beruht die letztere vielmehr auf einem privatrechtlichen

Titel, so steht es dem Grundbesitzer, welchem die Stoppelweide lästig wird, frei, sich derselben durch Ablösung nach Vorschrift der Gemeinheitsteilungs-Ordnung vom 19. Mai 1851 zu entledigen.

§ 87 (96).

(1) Alle dem gegenwärtigen Gesetz entgegenstehenden Bestimmungen sind außer Kraft getreten.

(2) Im besonderen sind außer Kraft getreten alle Strafbestimmungen der Feld- und Forstpolizeigesetze.

(3) In Kraft geblieben sind:

1. die gesetzlichen Bestimmungen über den Bezug der ververhängten Geldstrafen;
2. die gesetzlichen Bestimmungen über Pfändungen, soweit sie nicht durch die Vorschriften dieses Gesetzes betroffen werden;
3. alle das Rechtsverhältnis der Nutzungsberechtigten zu den Waldeigentümern betreffenden Gesetze, ausschließlich der darin enthaltenen Strafbestimmungen und Vorschriften über das Strafverfahren. Die vorläufige Verordnung vom 5. März 1843 über die Ausübung der Waldstreuberechtigung (Gesetzsamml. S. 105) behält ihre Wirksamkeit mit der Maßgabe, daß an die Stelle der darin angedrohten Strafen und des Verfahrens die bezüglichen Vorschriften dieses Gesetzes treten; desgleichen bleibt die Verordnung, betreffend die Kontrolle der Hölzer, welche unverarbeitet transportiert werden, vom 30. Juni 1839 (Gesetzsamml. S. 223), mit den im § 39 dieses Gesetzes enthaltenen Abänderungen fortbestehen.

1. Allgemeines. Der Minister für Landwirtschaft usw. bemerkt in der Allg. Verf. v. 12. Mai 1880 Nr. 9 zu § 87 folgendes:

„Der § 96 (jetzt 87) setzt im ersten Absatze alle dem Feld- und Forstpolizeigesetze entgegenstehenden Gesetze, im zweiten Absatze alle in Feld- und Forstpolizeigesetzen enthaltenen Strafbestimmungen, mögen solche dem gegenwärtigen Gesetze entgegenstehen oder nicht, außer Kraft. Die dem gegenwärtigen Gesetze nicht entgegenstehenden Vorschriften sind daher mit Ausschluß der Strafbestimmungen in Kraft geblieben.

Was die Polizeiverordnungen betrifft, so sind diejenigen, deren Bestimmungen in dieses Gesetz aufgenommen sind oder dem letzteren entgegenstehen, selbstverständlich aufgehoben. Im übrigen sind aber die Polizeiverordnungen, namentlich auch die Strafbestimmungen derselben bestehen geblieben, da der zweite Absatz des § 96 (jetzt 87) nur die gesetzlichen, nicht auch die polizeilichen Strafbestimmungen beseitigt hat."

Über den Begriff der „entgegenstehenden gesetzlichen Bestimmungen“ s. U. KG. 23/12 97, Joh. 18, 282.

2. Bezug der Geldstrafen. Der § 87 hat die bisherigen gesetzlichen Bestimmungen über den Bezug der wegen Zuwiderhandlungen gegen feld- und forstpolizeiliche Bestimmungen im Wege polizeilicher Straffestsetzung oder durch richterliche Entscheidung verhängten Geldstrafen ausdrücklich aufrecht erhalten.

Diese Bestimmungen, welche zum Teil auf Gewohnheitsrecht beruhen, entbehren allerdings der einheitlichen Regelung. Im wesentlichen gelten jedoch folgende Grundsätze:

I. für den Bezug der gerichtlich erkannten Geldstrafen.

Alle gerichtlich erkannten Geldstrafen fließen ebenso wie der Erlös aus etwaigen Konfiskaten zur Staatskasse, soweit sie nicht gewissen Kassen oder Personen durch besondere Bestimmungen zugewiesen sind. So fließen:

a) in der Rheinprovinz alle wegen Feld- oder Forstfrevel erkannten Geldstrafen auf Grund der Kab.-Order vom 27. Dez. 1822 zur Provinzialkasse;

b) in den Provinzen Ost- und Westpreußen, Brandenburg, Pommern, Posen und Sachsen die wegen Zuwiderhandlungen gegen die Waldstreuverordnung vom 5. März 1843 (vgl. § 87 Nr. 3 FFPG.) erkannten Geldstrafen an den Waldeigentümer;

c) in den Provinzen Ost- und Westpreußen, Brandenburg, Pommern, Schlesien, Posen, Sachsen und Westfalen alle wegen Übertretung feldpolizeilicher Vorschriften erkannten Geldstrafen auf Grund des § 47 der Feldpolizeiordnung vom 1. Nov. 1847 zur Gemeindekasse des Ortes, auf welchem die Übertretung verübt ist. Liegen jedoch innerhalb der Feldmark Besitzungen, welche nicht zum Gemeindeverbande gehören, oder besteht in der Feldmark kein Gemeindeverband, so fließen die Geldstrafen an die Kasse der Ortspolizeibehörde, welche dieselben zu gemeinnützigen Zwecken für den Ort verwenden, über diese Verwendung aber da, wo eine Gemeinde vorhanden ist, solche zu hören hat;

d) in den vormals Hessen-Homburg'schen Gebietsteilen bzw. in dem früheren Fürstentum Hohenzollern-Hechingen alle wegen Übertretung feldpolizeilicher Vorschriften erkannten Geldstrafen zur Gemeindekasse. Vgl. § 48 der Hessen-Homb. Feldfrevelordg. v. 16. Juli 1830 bzw. § 86 der Feldpolizeiordnung für Hohenzollern-Hechingen vom 22. März 1845.

II. für den Bezug der durch polizeiliche Strafverfügung festgesetzten Geldstrafen.

Hierüber hat das Gesetz v. 23. April 1883 eine allgemeine Bestimmung im § 7 getroffen, welcher lautet: „Die in Gemäßheit dieses Gesetzes endgültig festgesetzten Geldstrafen, sowie die eingezogenen Gegenstände fallen demjenigen zu, welcher die sächlichen Kosten der Polizeiverwaltung zu tragen hat. Der letztere ist dagegen verpflichtet, die durch Festsetzung und Vollstreckung der Strafen entstehenden, von dem Beschuldigten nicht beizutreibenden Kosten zu tragen. Insoweit besondere

Vorschriften bestehen, nach welchen Geldstrafen oder eingezogene Gegenstände einem anderen Berechtigten zufallen, findet die Vorschrift des ersten Absatzes keine Anwendung. Desgleichen bleiben vertragsmäßige Bestimmungen unberührt."

Es bleiben also auch fernerhin die besonderen, oben zu I a bis d erwähnten Bestimmungen in Kraft, da dieselben auch für die durch polizeiliche Strafverfügung festgesetzten Geldstrafen gelten. Dasselbe gilt von den bestehenden vertragsmäßigen Bestimmungen, wie solche z. B. in Königsberg gelten, wo die in Gemäßheit des Gesetzes v. 23. April 1883 festgesetzten Geldstrafen der Staatskasse zufließen, obwohl die Stadtgemeinde die sächlichen Kosten der Polizeiverwaltung zu tragen hat.

Im übrigen fallen die hier in Rede stehenden, von den Polizeiverwaltungen festgesetzten Geldstrafen und die Konfiskate der Regel nach auf dem platten Lande zur Amtskasse und in den Städten zur Gemeindekasse. Ausnahmen von dieser Regel bestehen:

a) in der früheren Provinz Posen, wo die Geldstrafen und Konfiskate auf dem platten Lande der Staatskasse und auf denjenigen Rittergütern, in welchen der Besitzer die Ortspolizei selbst oder durch einen Stellvertreter verwaltet, dem Gutsbesitzer zufallen;

b) in der Provinz Nassau, wo die Geldstrafen und eingezogenen Gegenstände zur Gemeindekasse und in den Städten mit staatlicher Polizeiverwaltung (Kassel, Fulda, Hanau, Marburg, Wiesbaden und Frankfurt a. M.) zur Staatskasse fallen;

c) in den Hohenzollernschen Landen, wo die Geldstrafen und Konfiskate zur Gemeindekasse fließen.

3. Pfändungen. Der § 87 verordnet, daß die allgemeinen gesetzlichen Bestimmungen über Pfändungen in Kraft bleiben, soweit sie nicht durch die Vorschriften des Feld- und Forstpolizeigesetzes betroffen werden. Es sind die diesbezüglichen Vorschriften des Allgem. Landrechts bzw. des gemeinen Rechts und des Code bereits in Anm. 1 zu § 78 erwähnt worden.

4. Rechtsverhältnisse der Nutzungsberechtigten zu den Waldeigentümern. Der § 87 hat auch alle diejenigen Gesetze, welche diese Rechtsverhältnisse regeln, ausschließlich jedoch der in denselben enthaltenen Strafbestimmungen und Vorschriften über das Strafverfahren, aufrecht erhalten. Dahin gehören vor allem die Bestimmungen des Allgem. Landrechts, Teil I, Tit. 22 (vgl. Eding, Rechtsverhältnisse des Waldes S. 74 ff.) und u. a. auch die Verordnungen vom 30. Juni 1839 und vom 5. März 1843, welche in § 87 besonders hervorgehoben sind, weil sie nach dem Eingange nur vorläufig bis zur Veröffentlichung einer neuen allgemeinen Forst- und Jagdpolizeiordnung erlassen sind, und hieraus entnommen werden könnte, daß sie mit dem Erlaß des Feld- und Forstpolizeigesetzes beseitigt seien. (Mot. S. 54.)

Die beiden Verordnungen vom 30. Juni 1839 bzw. 5. März 1843 sind im Anhang abgedruckt bzw. erläutert.

5. Weidebestimmungen. Soweit die im § 11 erwähnten Polizeiverordnungen noch nicht erlassen sein sollten, muß auch jetzt angenommen werden, daß für die Ausübung der Nachtweide, des Einzelhütens sowie der Weide durch Gemeinde- und Genossenschaftsherden die diesbezüglichen bisherigen Vorschriften in Geltung geblieben sind, soweit nicht Strafbestimmungen darin enthalten sind. In dem früheren Absatz 3 des § 96 d. Ges. a. F. war dies ganz allgemein, auch hinsichtlich der Strafbestimmungen, ausgesprochen. Es kommen hier in Betracht die Bestimmungen der §§ 80ff. I, 22 ALR., §§ 28ff. der Feldpolizeiordnung vom 1. November 1847, des Rheinischen Gesetzes vom 5. Juli 1844 wegen Beschränkung der Nachtweide und des Einzelhütens des Viehs (GS. 1844 S. 263), der §§ 245, 246 des Hannov. Polizeistrafgesetzes vom 25. Mai 1847, der Kurfürstl. Hessischen Verordnung vom 18. Oktober 1828 über das Hirtenwesen und von zahlreichen anderen, mehr oder weniger lokalen Verordnungen

Die Vorschriften der Feldpolizeiordnung vom 1. November 1847, welche diese Materie regeln, sind im Anhang XI abgedruckt.

§ 88 (97).

Der Minister für Landwirtschaft, Domänen und Forsten ist mit der Ausführung dieses Gesetzes beauftragt.

In Ausführung des Feld- und Forstpolizeigesetzes sind ergangen:

1. die Allgemeine Verfügung des Ministers für Landwirtschaft, Domänen und Forsten vom 12. Mai 1880, betreffend die Ausführung des Feld- und Forstpolizeigesetzes, an die Oberpräsidenten und Regierungen,
2. die Verfügung desselben Ministers vom 29. Mai 1880 betreffend die Ausführung des Feld- und Forstpolizeigesetzes in fiskalischen Forsten.

Beide Verfügungen sind im Anhang abgedruckt und mit erläuternden Anmerkungen versehen.

Anhang I.

Vogelschutzgesetz.

Reichsgesetz betr. den Schutz von Vögeln.

Vom 22. März 1888 in der Fassung vom 30. Mai 1908.

(RGBl. S 317.)

§ 1. Das Zerstören und das Ausheben von Nestern oder Brutstätten der Vögel, das Zerstören und Ausnehmen von Eiern, das Ausnehmen und Töten von Jungen ist verboten.[1])

Desgleichen ist der Ankauf, der Verkauf, die An- und Verkaufsvermittelung, das Feilbieten, die Ein-, Aus- und Durchfuhr und der Transport der Nester, Eier und Brut der in Europa einheimischen Vogelarten untersagt.

Dem Eigentümer und dem Nutzungsberechtigten und deren Beauftragten steht jedoch frei, Nester, welche Vögel in oder an Wohnhäusern oder anderen Gebäuden und im Innern von Hofräumen gebaut haben, zu zerstören.

Auch findet das Verbot keine Anwendung auf das Einsammeln, den Ankauf, Verkauf, die An- und Verkaufsvermittelung, das Feilbieten, die Ein-, Aus- und Durchfuhr und den Transport der Eier von Möven und Kiebitzen, soweit es nicht durch Landesgesetz oder durch landespolizeiliche Anordnung auf die Eier dieser Vögel für bestimmte Orte oder für bestimmte Zeiten ausgedehnt wird.[2])

§ 2. Verboten ist ferner:

a) jede Art des Fangens von Vögeln, solange der Boden mit Schnee bedeckt ist;[3])

b) das Fangen von Vögeln mittels Leimes und Schlingen;

c) das Fangen und die Erlegung von Vögeln zur Nachtzeit mit Netzen oder Waffen; als Nachtzeit gilt der Zeitraum, welcher eine Stunde nach Sonnenuntergang beginnt und eine Stunde vor Sonnenaufgang endet;

d) das Fangen von Vögeln mit Anwendung von Körnern oder anderen Futterstoffen, denen betäubende oder giftige Bestandteile beigemischt sind, oder unter Anwendung geblendeter Lockvögel;

---

[1]) Nur das vorsätzliche und unbefugte Zerstören und Ausheben von Nestern usw. ist verboten. Sten.Ber. z. Ges. v. 22. März 1888 S. 1128. Dagegen ist nach BayObLG. 22/1 25, LZ. 19 S. 378, auch fahrlässige Tötung der Jungen beim Zerstören angebauter Nester durch den Hauseigentümer strafbar.

Als weitere Bestimmungen kommen für dieses Gebiet in Betracht § 368 Ziff. 11 RStGB. (vgl. Anm. 6) und § 35 Abs. 2 GewOrdng. betr. Untersagung des Handels mit lebenden Vögeln (vgl. Anm. 10).

[2]) Nach § 42 der Pr. Jagdordnung v. 15. Juli 1907 in der Fassung des Ges. v. 15. Juli 1924 ist das Einsammeln von Kiebitz- und Möweneiern nach dem 30. April verboten. Wer diesem Verbote zuwiderhandelt, verfällt in die im § 368 Nr. 11 StGB. festgesetzte Strafe.

[3]) Die Erlegung einzelner Vögel, so lange der Boden mit Schnee bedeckt ist, ist gestattet.

e) das Fangen von Vögeln mittelst Fallkäfigen und Fallkästen, Reusen, großer Schlag- und Zugnetze, sowie mittelst beweglicher und tragbarer, auf dem Boden oder quer über das Feld, das Niederholz, das Rohr oder den Weg gespannter Netze.

Der Bundesrat ist ermächtigt, auch bestimmte andere Arten des Fangens sowie das Fangen mit Vorkehrungen, welche eine Massenvertilgung von Vögeln ermöglichen, zu verbieten.

§ 3. In der Zeit vom 1. März bis zum 1. Oktober ist das Fangen und die Erlegung von Vögeln, sowie der Ankauf, der Verkauf und das Feilbieten, die Vermittelung eines hiernach verbotenen An- und Verkaufs, die Ein-, Aus- und Durchfuhr von lebenden sowie toten Vögeln der in Europa einheimischen Arten überhaupt, ebenso der Transport solcher Vögel zu Handelszwecken untersagt.

Dieses Verbot erstreckt sich für Meisen, Kleiber und Baumläufer auf das ganze Jahr.

Der Bundesrat ist ermächtigt, das Fangen und die Erlegung bestimmter Vogelarten, sowie das Feilbieten und den Verkauf derselben auch außerhalb des im Absatz 1 bestimmten Zeitraums allgemein oder für gewisse Zeiten oder Bezirke zu untersagen.[4])

§ 4. Dem Fangen im Sinne dieses Gesetzes wird jedes Nachstellen zum Zweck des Fangens oder Tötens von Vögeln, insbesondere das Aufstellen von Netzen, Schlingen, Leimruten oder anderen Fangvorrichtungen gleichgeachtet.

§ 5. Vögel, welche dem jagdbaren Feder- und Haarwild und dessen Brut und Jungen, sowie Fischen und deren Brut nachstellen, dürfen nach Maßgabe der landesgesetzlichen Bestimmungen über Jagd und Fischerei von den Jagd- oder Fischereiberechtigten und deren Beauftragten getötet werden.[5])

Wenn Vögel in Weinbergen, Gärten, bestellten Feldern, Baumpflanzungen, Saatkämpen und Schonungen Schaden anrichten, können die von den Landesregierungen bezeichneten Behörden den Eigentümern und Nutzungsberechtigten der Grundstücke und deren Beauftragten oder öffentlichen Schutzbeamten (Forst- und Feldhütern, Flurschützen usw.), soweit dies zur Abwendung dieses Schadens notwendig ist, das Töten

---

[4]) Der Storch ist kein jagdbares Tier; sein Abschuß ist in Schleswig-Holstein auch nach dem Vogelschutzgesetz und den darin vorbehaltenen landesrechtlichen Bestimmungen nicht gestattet. Kiel 19. April 1909, Schlesw.-HolstAnz. 1909, 174 und Soergel, Jahrb. f. Strafr. und Strafproz. 4, 267.

[5]) Soweit für die im § 5 Abs. 1 gedachten Vögel landesgesetzlich eine Schonzeit besteht, muß die letztere beobachtet werden, und wenn die Vögel jagdbar sind, dürfen sie vom Fischereiberechtigten überhaupt nicht getötet werden. Vgl. Dalcke, Preuß. Jagdrecht 3. Aufl. S. 277 Anm. 11. Wegen der Jagdbarkeit der Tiere s. § 1 der Jagdordnung v. 15. Juli 1907 in der Fassung des Ges. v. 15. Juli 1924. Ferner ist zu beachten § 48 der Jagdordnung, welcher lautet:

Der Bezirksausschuß ist befugt, für den Umfang des ganzen Regierungsbezirkes oder einzelne Teile des letzteren diejenigen nicht jagdbaren Vögel zu bezeichnen, auf welche die Ausnahmebestimmung des § 5 Abs. 1 des Reichsgesetzes betr. den Schutz von Vögeln, vom 22. März 1888 dauernd oder vorübergehend Anwendung finden darf.

solcher Vögel mit Feuerwaffen innerhalb der betroffenen Örtlichkeiten auch während der im § 3 Absatz 1 bezeichneten Frist gestatten. Das Feilbieten und der Verkauf der auf Grund solcher Erlaubnis erlegten Vögel sind unzulässig.

Ebenso können die im Absatz 2 bezeichneten Behörden einzelne Ausnahmen von den Bestimmungen in §§ 1 bis 3 dieses Gesetzes zu wissenschaftlichen oder Lehrzwecken, zur Wiederbevölkerung mit einzelnen Vogelarten, sowie für Stubenvögel für eine bestimmte Zeit und für bestimmte Örtlichkeiten bewilligen.

Der Bundesrat bestimmt die näheren Voraussetzungen, unter welchen die im Absatz 2 und 3 bezeichneten Ausnahmen statthaft sein sollen.

Von der Vorschrift unter § 2a kann der Bundesrat für bestimmte Bezirke eine allgemeine Ausnahme gestatten.

§ 6.[6]) Zuwiderhandlungen gegen die Bestimmungen dieses Gesetzes oder gegen die von dem Bundesrat auf Grund derselben erlassenen Anordnungen werden mit Geldstrafe bis zu einhundertundfünfzig Reichsmark oder mit Haft bestraft.

Der gleichen Strafe unterliegt, wer es unterläßt, Kinder oder andere unter seiner Gewalt stehende Personen, welche seiner Aufsicht untergeben sind und zu seiner Hausgenossenschaft gehören, von der Übertretung dieser Vorschriften abzuhalten.[7])

§ 7. Neben der Geldstrafe oder der Haft kann auf die Einziehung[8]) der verbotswidrig in Besitz genommenen, feilgebotenen oder verkauften Vögel, Nester, Eier, sowie auf Einziehung der Werkzeuge erkannt werden, welche zum Fangen oder Töten der Vögel, zum Zerstören oder Ausheben der Nester, Brutstätten oder Eier gebraucht oder bestimmt waren, ohne Unterschied, ob die einzuziehenden Gegenstände dem Verurteilten gehören oder nicht.

Ist die Verfolgung oder Verurteilung einer bestimmten Person nicht ausführbar, so können die im vorstehenden Absatz bezeichneten Maßnahmen selbständig erkannt werden.

§ 8. Die Bestimmungen dieses Gesetzes finden keine Anwendung
a) auf das im Privateigentume befindliche Federvieh;
b) auf die nach Maßgabe der Landesgesetze jagdbaren Vögel;
c) auf die im nachstehenden Verzeichnis aufgeführten Vogelarten:
  Tagraubvögel mit Ausnahme der Turmfalken, Schreiadler, Seeadler, Bussarde und Gabelweihen (rote Milane),
  Uhus,
  Würger (Neuntöter),

---

[6]) Der § 368 Nr. 11 StGB. bestimmt: „Mit Strafe bis zu einhundertfünfzig Reichsmark oder mit Haft bis zu vierzehn Tagen wird bestraft, wer unbefugt Eier oder Junge von jagdbarem Federvieh oder von Singvögeln ausnimmt." Diese Bestimmung ist hinsichtlich der Singvögel durch § 6 d. G. ersetzt. Das Fangen von Vögeln auf fremden Grundstücken ist durch § 29 FFPG., der den Grundstücksbesitzer vor einer Störung seiner Nutzungen bewahren soll, unter Strafe gestellt.

[7]) Vgl. § 3 FFPG. und § 361 Nr. 9 StGB.

[8]) Verjährung der Strafverfolgung steht der Einziehung nicht im Wege. U. BayrObLG. 8. Nov. 1913, BayrZ. 10, 131 u. Soergel, Jahrb. d. Strafr. u. Strafproz. 9, 291.

Sperlinge (Haus- und Feldsperlinge),
Rabenartige Vögel (Rabenkrähen, Nebelkrähen, Saatkrähen, Elstern, Eichelhäher),
Wildtauben (Ringeltauben, Hohltauben, Turteltauben),
Wasserhühner (Rohr- und Bleßhühner),
Reiher (eigentliche Reiher, Nachtreiher oder Rohrdommeln),
Säger (Sägetaucher, Tauchergänse),
alle nicht im Binnenlande brütende Möven,
Kormorane,
Taucher (Eistaucher und Haubentaucher),

jedoch gilt auch für die vorstehend unter a, b, c bezeichneten Vögel das Verbot des Fangens mittels Schlingen.[9])

§ 9. Die landesrechtlichen Bestimmungen, welche zum Schutze der Vögel weitergehende Verbote enthalten, bleiben unberührt.[10]) Die auf Grund derselben zu erkennenden Strafen dürfen jedoch den Höchstbetrag der in diesem Gesetze angedrohten Strafen nicht übersteigen.

Anhang II.

Gesetz

über den Waffengebrauch der Forst- und Jagdbeamten.

Vom 31. März 1837.

(GS. S. 65)

Mit den hierzu erlassenen Ministerial-Instruktionen und Verfügungen.

1. Gesetz vom 31. März 1837.

Wir Friedrich Wilhelm usw. usw. verordnen über die Befugnis der Forst- und Jagdbeamten, von ihren Waffen Gebrauch zu machen,

---

[9]) Vgl. die Allg. Verfügung des Ministers für Landwirtschaft, Domänen und Forsten, betr. das mit dem Krammetsvogelfang in Verbindung stehende Abfangen einheimischer Singvögel, vom 13. Juli 1898 (Min. Bl. f. d. i. V. 1898 S. 205). Durch § 8 des Vogelschutzges. ist also auch das Fangen der Krammetsvögel mittels Schlingen und die Ausübung des Dohnenstieges verboten; § 41 Abs. 2 der Jagdordnung gilt dadurch als aufgehoben.

[10]) Nach § 9 bleiben also nicht nur die bereits bestehenden landesgesetzlichen Vorschriften, welche den Vögeln einen weitergehenden Schutz gewähren, in Kraft, sondern es können auch neue landesgesetzliche Bestimmungen mit weitergehenden Verboten zum Schutze der Vögel erlassen werden. Vgl. z. B. das sächsische Gesetz, die Schonzeit der jagdbaren Tiere betr. vom 22. Juli 1876, § 1. Ferner ist zu beachten § 30 FFPG. (vgl. dazu Anm. 2 auf S. 58) und § 35 Abs. 2 der Gewerbeordnung in der Fassung des Gesetzes vom 29. Juni 1908 (RGBl. S. 473), wonach der Handel mit lebenden Vögeln zu untersagen ist, wenn Tatsachen vorliegen, welche die Unzuverlässigkeit des Gewerbetreibenden in bezug auf diesen Gewerbebetrieb dartun.

Endlich kommt für den internationalen Vogelschutz in Betracht die zwischen Deutschland, Österreich-Ungarn, Liechtenstein, Belgien, Spanien, Frank-

und über das wegen mißbräuchlicher Anwendung zu beobachtende Verfahren wie folgt:

§ 1. Unsere Forst- und Jagdbeamten, sowie die im Kommunal- oder Privatdienste stehenden, wenn sie auf Lebenszeit angestellt sind, oder die Rechte der auf Lebenszeit Angestellten haben, nach Vorschrift des Gesetzes v. 7. Juni 1821 § 20 vereidigt und mit ihrem Diensteinkommen nicht auf Pfandgelder, Denunziantenanteil oder Strafanteil angewiesen sind, haben die Befugnis, in ihrem Dienste zum Schutze der Forsten und Jagden gegen Holz- und Wilddiebe, gegen Forst- und Jagdkontraventen, von ihren Waffen Gebrauch zu machen:

1) wenn ein Angriff auf ihre Person erfolgt, oder wenn sie mit einem solchem Angriffe bedroht werden:

2) wenn diejenigen, welche bei einem Holz- oder Wilddiebstahl, bei einer Forst- oder Jagdkontravention auf der Tat betroffen, oder als der Verübung oder der Absicht zur Verübung eines solchen Vergehens verdächtigt in dem Forste oder dem Jagdreviere gefunden werden, sich der Anhaltung, Pfändung oder Abführung zu der Forst- oder Polizeibehörde, oder der Ergreifung bei versuchter Flucht tätlich oder durch Drohungen widersetzen.

Der Gebrauch der Waffen darf aber nicht weiter ausgedehnt werden, als es zur Abwehrung des Angriffes und zur Überwindung des Widerstandes notwendig ist.

Der Gebrauch des Schießgewehrs als Schußwaffe ist nur dann erlaubt, wenn der Angriff oder die Widersetzlichkeit mit Waffen, Äxten, Knütteln, oder anderen gefährlichen Werkzeugen, oder von einer Mehrheit, welche stärker ist, als die Zahl der zur Stelle anwesenden Forst- oder Jagdbeamten, unternommen oder angedroht wird. Der Androhung eines solchen Angriffs wird es gleich geachtet, wenn der Betroffene die Waffen oder Werkzeuge nach erfolgter Aufforderung nicht sofort ablegt, oder sie wieder aufnimmt.[1])

§ 2. Die Beamten müssen, um sich der Waffen bedienen zu dürfen, in Uniform oder mit einem amtlichen Abzeichen versehen sein.

§ 3. Der Forst- oder Jagdbeamte, der hiernach von seinen Waffen Gebrauch gemacht und jemand dadurch verletzt hat, ist verpflichtet, soweit es ohne Gefahr für seine Person geschehen kann, dem Verletzten Beistand zu leisten, und wenn er auf jemand geschossen hat, nachzuforschen, ob derselbe dadurch verletzt sei. Ist es erforderlich, so muß der Beamte dafür sorgen, daß der Verletzte zum nächsten Orte gebracht werde, wo die Polizeibehörde für die ärztliche Hilfe und für die nötige Bewachung Sorge zu tragen hat.

Die Kurkosten sind erforderlichenfalls, und zwar hinsichtlich Unserer Forsten und Jagden, von der Forst- und Jagdverwaltung, hinsichtlich

---

reich, Griechenland, Luxemburg, Monako, Portugal, Schweden und der Schweiz abgeschlossene „Übereinkunft zum Schutze der für die Landwirtschaft nützlichen Vögel vom 19. März 1902“ (RGBl. 1906, 89).

[1]) Nur einem mit der Uniform bekleideten oder mit einem amtlichen Abzeichen versehenen Forst- oder Jagdschutzbeamten ist der Waffengebrauch nach Maßgabe des § 1 des Ges. vom 31. März 1837 gestattet. U. OVG. 14/6 07, GA. 56, 232.

der anderen Forsten und Jagden aber von den Forst- und Jagdberechtigten vorzuschießen, welche den Ersatz von dem Verletzten und den Teilnehmern des Frevels, oder von den Beamten, je nachdem die Anwendung der Waffen gerechtfertigt befunden worden ist oder nicht, verlangen können.

§ 4. Auf die Anzeige, daß jemand von einem unserer Forst- oder Jagdbeamten (§ 1) im Dienste durch Anwendung der Waffen verletzt worden, hat das Gericht des Orts, wo die Verletzung vorgefallen ist, mit Zuziehung eines Ober-Forstbeamten den Tatbestand festzustellen und zu ermitteln: ob ein Mißbrauch der Waffen stattgefunden habe. Das Gericht ist schuldig, hierbei auf die Anträge Rücksicht zu nehmen, welche der Ober-Forstbeamte zur Aufklärung der Sache zu machen für notwendig erachtet.

§ 5. Werden in Ansehung eines Forst- oder Jagdbeamten, der nicht zu Unseren Beamten gehört, die im § 4 vorgeschriebenen Ermittelungen erforderlich, so ist hinsichtlich der standesherrlichen Forstbeamten statt des im § 4 erwähnten Ober-Forstbeamten, der standesherrliche Oberbeamte für die Polizei, oder in Ermangelung eines solchen der Kreis-Landrat, hinsichtlich aller anderen Forstbeamten aber in jedem Falle der Kreis-Landrat bei der Ermittelung zuzuziehen.

§ 6. Nach beendigter vorläufiger Untersuchung sind die Akten an das betreffende Gericht einzusenden, welches die Verhandlungen, sobald sie als vollständig befunden worden, der Regierung zur Erklärung über die Einleitung der gerichtlichen Untersuchung mitteilt.

§ 7. Nach Eingang dieser Erklärung beschließt das Gericht über die Eröffnung der Untersuchung. Wird diese gegen die Ansicht und den Widerspruch der Regierung beschlossen, so muß die Sache nach den über die Kompetenzkonflikte zwischen den Gerichten und Verwaltungsbehörden erteilten Vorschriften erledigt werden.

§ 8. In der Rheinprovinz, soweit dort die französische Justizverfassung besteht, werden die Verhandlungen über die vorläufige Untersuchung an den Oberprokurator des betreffenden Landgerichts eingesandt, und durch diesen der Ratskammer desselben mitgeteilt, welche auf den Bericht des Instruktionsrichters, nach Anhörung der Staatsbehörde, die im § 6 erwähnte Prüfung vornimmt und den im § 7 vorgeschriebenen Beschluß abfaßt.

§ 9. Mit der Verhaftung eines des Waffenmißbrauchs beschuldigten Forst- oder Jagdbeamten darf nur verfahren werden, wenn die vorgesetzte Dienstbehörde darauf anträgt, oder wenn die Eröffnung der gerichtlichen Untersuchung definitiv feststeht.

§ 10. Gegen den Forst- oder Jagdbeamten, welcher angeklagt ist, seine Befugnis zum Gebrauch der Waffen überschritten zu haben, können die Angaben des Verletzten, der Teilnehmer an dem Holz- oder Wilddiebstahl, an der Forst- oder Jagdkontravention, und solcher Personen, die schon wegen Widersetzlichkeit gegen Forst- oder Jagdbeamte oder wegen Wilddiebstahls zu einer Strafe, oder wegen Holzdiebstahls und Forstkontraventionen zu einer Kriminalstrafe verurteilt worden sind, für sich allein keinen zur Anwendung einer Strafe hinreichenden Beweis begründen.

§ 11. In Ansehung der Strafe der Forst- und Jagdbeamten, welche des Mißbrauchs der Waffen schuldig befunden worden, behält es bei den bestehenden Vorschriften der Gesetze sein Bewenden.

§ 12. Für die Eigentümer, Besitzer und Inhaber von Forsten oder Jagdgerechtigkeiten, sowie für die Förster, Waldwärter und Jäger, welche die im § 1 bezeichneten Eigenschaften nicht besitzen, wird durch dieses Gesetz an den bestehenden Vorschriften über die Selbsthilfe und Notwehr nichts abgeändert.

2. Instruktion des Ministeriums des Königlichen Hauses für die Königlichen Forst- und Jagdbeamten über den Waffengebrauch vom 17. April 1837 (v. Kamptz, Annalen Bd. 21 S. 339).

Über das Recht der Forst- und Jagdbeamten zum Waffengebrauch haben des Königs Majestät am 31. März d. J. ein besonderes Gesetz zu erlassen geruht, wovon ein Abdruck dieser Instruktion beigefügt ist.

Damit die darin enthaltenen Bestimmungen, dem beabsichtigten Zwecke gemäß, zur Ausführung gebracht und etwaigen Exzessen beim Gebrauch der Waffen vorgebeugt werde, werden für die Königlichen Forsten und Jagden nachstehende Anweisungen erteilt.

Art. 1. (Allgemeine Bestimmungen.) Unter den Forst- und Jagdbeamten versteht das Gesetz nicht bloß die zur Verwaltung und zum Schutze der Forsten und Jagden angestellten Oberförster und Förster, sondern auch die zur Verstärkung des Forst- und Jagdschutzes angenommenen Hilfsaufseher und Korpsjäger, sobald sie mit den im § 1 des Gesetzes bestimmten Erfordernissen versehen und namentlich gehörig vereidigt sind.

Art. 2. Die vorbemerkten Forst- und Jagdbeamten sind überhaupt nur dann, wenn sie sich in den ihnen zur Verwaltung und zum Schutz überwiesenen Forst- und Jagdbezirken befinden, sich der Waffen zu bedienen befugt.

Art. 3.[1])

Art. 4.[2]) Beim Gebrauch der Waffen müssen die Forst- und Jagdbeamten sich stets vergegenwärtigen, daß solcher nur soweit stattfinden darf, als die Erfüllung des bestimmten Zwecks, die Holz- oder Wilddiebe, oder die Forst- und Jagdkontravenienten bei tätlichem Widerstande oder gefährlichen Drohungen unschädlich zu machen, es unerläßlich erfordert. In der Regel sind daher die Waffen nicht gegen fliehende Frevler zu gebrauchen. Legt indessen ein auf der Flucht befindlicher Frevler auf erfolgte Aufforderung die Schußwaffe nicht sofort ab, oder nimmt er dieselbe wieder auf, und ist außerdem nach den besonderen Umständen des einzelnen Falls in dem Nichtablegen oder Wiederaufnehmen der Schußwaffe eine gegenwärtige, drohende Gefahr für Leib oder Leben des Forst- oder Jagdbeamten zu erblicken, so ist letzterer auch gegen den Fliehenden zum Gebrauch seiner Waffen berechtigt.[3]) In jedem Falle

[1]) Art. 3 ist durch die Rundverfügung des Ministers für Landwirtschaft, Domänen und Forsten, betr. den Waffengebrauch gegen auf der Flucht befindliche Forst- und Jagdfrevler, vom 14. Juli 1897 (MBliV. S. 175) aufgehoben. Hiernach besteht eine Einschränkung hinsichtlich der Art der zugelassenen Waffen nicht mehr.

[2]) Die Fassung des Art. 4 beruht auf zu der zu Anm. 1 genannten Rundverfügung vom 14. Juli 1897.

[3]) Hierzu ist durch Allg. V. des M. f. L., D. u. F., betr. Waffengebrauchs-

sind die Waffen nur so zu gebrauchen, daß lebensgefährliche Verwundungen soviel als möglich vermieden werden. Deshalb ist beim Gebrauch der Schußwaffe der Schuß möglichst nach den Beinen zu richten und beim Gebrauch des Hirschfängers der Hieb nach den Armen des Gegners zu führen. Übrigens muß beim Gebrauch der Schußwaffe die größte Vorsicht angewendet werden, damit durch das Schießen nicht dritte Personen verletzt werden, welche ohne Teilnahme an einer Kontravention sich zufällig in der Schußlinie oder in deren Nähe befinden. In dieser Hinsicht ist besonders dann Aufmerksamkeit nötig, wenn nach einer Richtung geschossen wird, in der sich eine Landstraße oder ein bewohntes Gebäude befindet. Auch ist der Gebrauch der Schußwaffe überhaupt in der Nähe von Gebäuden zur Verhütung von Feuersgefahr möglichst zu vermeiden.

Art. 5. Der pflichtmäßigen Erwägung und Entscheidung der Regierungen bleibt es überlassen, diejenigen Forst- und Jagdbeamten, von deren Persönlichkeit ein Mißbrauch der Waffen zu besorgen ist, den Gebrauch der Waffen überhaupt oder der Schußwaffen nach ihrem Ermessen zu untersagen. Eine gleiche Befugnis wird den Oberförstern in betreff der ihnen untergebenen Forstschutz- und Jagdbeamten erteilt. Sie müssen

---

recht der Forst- und Jagdschutzbeamten, vom 8. August 1919 (LMBl. S. 234) folgendes bestimmt:

Wenn auch nach dem Gesetz über den Waffengebrauch der Forst- und Jagdbeamten vom 31. März 1837 und den dazu ergangenen Instruktionen der Gebrauch der Waffen nur insoweit stattfinden soll, als für die Erfüllung des bestimmten Zweckes, die Holz- und Walddiebe, sowie die dem Jagd- und Forstrecht Zuwiderhandelnden bei tätlichem Widerstand oder gefährlichen Drohungen unschädlich zu machen, notwendig ist, so kann von dem Forst- und Jagdbeamten doch nicht verlangt werden, daß er durch übertrieben ängstliche Befolgung der Vorschriften sein Leben gefährdet. Er braucht insbesondere, bevor er von der Schußwaffe Gebrauch macht, nicht abzuwarten, bis der Frevler den Angriff mit Waffen, Äxten oder anderen gefährlichen Werkzeugen ausführt, es genügt vielmehr die Bedrohung mit Widersetzlichkeit durch offen oder verborgen bereitgehaltene gefährliche Werkzeuge (z. B. Handgranaten).

Das zurzeit besonders hinterlistige und gewalttätige Verhalten der Frevler zwingt dazu, auch von dem fliehenden Frevler eine unmittelbare Bedrohung für Leib und Leben mehr wie bisher zu gewärtigen. Setzt der fliehende Frevler trotz Aufforderung zum Halten die Flucht fort, so berechtigt das Hinzutreten anderer Verdachtsumstände unter den heutigen unsicheren Verhältnissen zu der Annahme, daß er die Flucht zu einem erneuten Angriff oder einer Widersetzlichkeit mit gefährlichen Werkzeugen benutzen will. Der Jagd- und Forstbeamte darf in solchen Fällen ebenso von der Schußwaffe Gebrauch machen, wie in den Fällen der Rundverfügung vom 14. Juli 1897, Abs. 5, Satz 3. Im übrigen ist er zum Waffengebrauch in den Fällen des Satzes 3 a. a. O. auch dann berechtigt, wenn der Frevler keine Schußwaffe, wohl aber ein gefährliches Werkzeug mit sich führt.

Ferner wird verwiesen auf die im LMBl. 1919 S. 267 abgedruckte Entscheidung des Gerichtshofes zur Entscheidung der Kompetenzkonflikte vom 16. Juni 1919 in Sachen Fischer gegen Fiskus; die Gründe dieses Erkenntnisses geben wertvolle Fingerzeige für das rechtlich einwandfreie Verhalten eines Forst- und Jagdschutzbeamten und den Gebrauch der Schußwaffe bei gefährlichen Bedrohungen in Ausübung des Dienstes.

aber gleichzeitig der betreffenden Regierung hiervon Anzeige machen, ihr Verfahren gehörig begründen und deren weitere Bestimmung über die Dauer dieser Maßregel einholen.

Art. 6. (Besondere Bestimmungen zum § 1 des Gesetzes.) Zum Zweck der Abwehrung eines Angriffs und der Überwindung eines tätlichen Widerstandes findet der Gebrauch der Waffen statt, ohne Unterschied, ob der Vorfall bei Tage oder zur Nachtzeit sich ereignet.

Art. 7. Wenn wegen Bedrohung mit einem Angriff von den Waffen Gebrauch gemacht werden soll, so muß die Bedrohung von der Art und von solchen Umständen begleitet sein, daß an ihrer Ausführung zu zweifeln kein besonderer Grund obwaltet, und von der Schußwaffe darf überhaupt nur dann Gebrauch gemacht werden, wenn der Angriff oder die Widersetzlichkeit mit Waffen, Äxten, Knütteln oder anderen gefährlichen Werkzeugen, oder aber von einer Mehrheit, welche stärker ist, als die Zahl der zur Stelle anwesenden Forst- oder Jagdbeamten unternommen oder angedroht wird.

Art. 8. (Beleidigungen ohne tätliche Widersetzlichkeit oder ohne gefährliche Drohungen berechtigen nicht zum Waffengebrauch.) Beamte, welche durch ungebührliches Betragen zu Widersetzlichkeiten selbst Anlaß geben und infolge hiervon sich der Waffen bedienen, haben nach Maßgabe des Grades ihrer Verschuldung und ihrer Folgen gesetzliche Ahndung nach den Vorschriften des Allgemeinen Landrechts Teil II Tit. 20, §§ 797, 800, 806, 815 und 816 zu gewärtigen.

Art. 9. (Zum § 2 des Gesetzes.) Die Forst- und Jagdbeamten müssen, um sich der Waffen bedienen zu können, entweder in Uniform, wenigstens in dem Uniformsoberrock mit Dienstknöpfen, gekleidet, oder doch mit dem Hirschfänger an dem vorgeschriebenen Koppel versehen sein.

Art. 10. (Zum § 3 des Gesetzes.) Die Forst- und Jagdbeamten haben, selbst dann, wenn eine Verletzung unzweifelhaft nicht erfolgt ist, dies ihrem unmittelbaren Vorgesetzten, und zwar der Oberförster dem betreffenden Forstinspektor oder dessen Stellvertreter, die Unterbeamten dagegen dem betreffenden Oberförster sofort schriftlich oder zu Protokoll anzuzeigen, damit dieser in den Stand gesetzt werde, geeigneten Falls zu untersuchen, ob Veranlassung zum Gebrauch der Waffen vorhanden gewesen, und die Vorschriften der gegenwärtigen Instruktion gehörig beachtet worden sind.

Art. 11. Die Verbindlichkeit der Forst- und Jagdbeamten, dem Verletzten Beistand zu leisten, erstreckt sich auf alle Fälle ohne Unterschied, ob die Verletzung durch Anwendung der Schußwaffe oder auf andere Art zugefügt worden ist. Bis dahin, daß die sogleich zu benachrichtigende Polizeibehörde die Sorge für den Verletzten übernommen hat, müssen die Forst- und Jagdbeamten denselben verpflegen und bewachen.

Hat ein einzelner Forst- oder Jagdbeamter Gebrauch von den Waffen machen müssen und dabei den Gegner verwundet, so muß er den letzteren, soweit es ohne Gefahr für seine Person geschehen kann, dahin geleiten, wo er Pflege und Bewachung findet, oder hierzu Hilfe herbeiholen; die Polizeibehörde aber, sobald für den Verwundeten gesorgt ist, demnächst ohne den geringsten Verzug von dem Vorfalle benachrichtigen, und seiner vorgesetzten Behörde die durch den Art. 10 vorgeschriebene Meldung machen.

Art. 12. (Zum § 4 des Gesetzes.) Unter dem im § 4 des Gesetzes beregten Ober-Forstbeamten ist der nächste Vorgesetzte des betreffenden Forst- und Jagdbeamten zu verstehen, und es hat sich daher, sofern die Verwundung durch einen Schutzbeamten geschehen, der Oberförster, wenn es durch den Oberförster geschehen, der Forst-Inspektor, und soweit etwa dieser in die Notwendigkeit gekommen sein sollte, von seinen Waffen Gebrauch zu machen, der Ober-Forstbeamte der Regierung der Teilnahme an Feststellung des Tatbestandes zu unterziehen.

Art. 13. (Zum § 9 des Gesetzes.) Findet der betreffende Vorgesetzte bei der nach Art. 9 dieser Instruktion zu veranlassenden Untersuchung, daß von den Waffen zu Ungebühr Gebrauch gemacht worden, so hat er nach Befinden der Umstände den Täter zu verhaften und an die nächste Gerichtsbehörde abzuliefern.

Art. 14. Die Forst- und Jagdbeamten müssen bei Anwendung der Waffen ebenso sehr mit Besonnenheit und Umsicht, als mit Kraft und Unerschrockenheit handeln. — Diejenigen, welche hierdurch in schwierigen Fällen das in sie gesetzte Vertrauen rechtfertigen, können auf den Schutz der Gesetze und der Fürsorge ihrer Vorgesetzten rechnen, dagegen werden diejenigen, welche beim Waffengebrauch ihre Befugnisse überschreiten, ohne Nachsicht zur Untersuchung gezogen und nach den im Art. 8 allegierten Vorschriften bestraft werden.

3. Instruktion des Ministers des Innern und der Polizei wegen des Waffengebrauchs der Kommunal- und Privat-Forst- und Jagd-Offizianten vom 21. Novbr. 1837.

Damit die in dem Gesetze vom 31. März d. J. (GS. 1837 S. 65) über den Waffengebrauch der Forst- und Jagdbeamten enthaltenen Vorschriften auch zum Schutze der Kommunal- und Privat-Forsten und Jagden richtig angewandt und Mißbräuche möglichst verhütet werden, erteile ich über die Ausführung dieses Gesetzes, sowohl zur Instruktion der Polizeibehörden, als zur Belehrung der Forst- und Jagdbesitzer und des betreffenden Dienstpersonals derselben nachstehende nähere Anweisung.

§ 1. Die Bestimmungen des § 1 des Gesetzes finden auch auf die zur Verstärkung des Forstschutzpersonals angenommenen Hilfsaufseher Anwendung, wenn die im Eingange des angeführten Paragraphen festgesetzten Erfordernisse bei ihnen vorhanden und sie bei Ausübung ihrer Funktionen mit Dienstkleidung oder einem Abzeichen versehen sind.[1])

§ 2. Die Kommunal- und Privat-Forst- und Jagd-Offizianten dürfen sich ihrer Waffen nur bedienen, wenn sie sich innerhalb des ihnen zur Verwaltung oder zum Schutz überwiesenen Forst- oder Jagdreviers befinden.

§ 3. ...[2])

§ 4.[3]) Beim Gebrauch der Waffen müssen die Forst- und Jagd-

[1]) S. dazu die Allg. Verf. d. Min. f. Landw., Dom. u. Forsten vom 30. Nov. 1916 (LMBl. 38) und vom 25. Nov. 1918 (LMBl. 1919 S. 20).

[2]) § 3 ist aufgehoben durch Rundverfügung des Min. des Innern an die Regierungspräsidenten betr. den Waffengebrauch der Kommunal- und Forstbeamten, vom 1. September 1897 (MBliV. S. 193).

[3]) Die Fassung des § 4 beruht auf der in Anm. 2 angeführten Rundverfügung vom 1. Septbr. 1897.

beamten sich stets vergegenwärtigen, daß solcher nur soweit stattfinden darf, als die Erfüllung des bestimmten Zwecks, die Holz- oder Wilddiebe, oder die Forst- und Jagdkontravenienten bei tätlichem Widerstande oder gefährlichen Drohungen unschädlich zu machen, es unerläßlich erfordert. In der Regel sind daher die Waffen nicht gegen fliehende Frevler zu gebrauchen. Legt indessen ein auf der Flucht befindlicher Frevler auf erfolgte Aufforderung die Schußwaffe nicht sofort ab, oder nimmt er dieselbe wieder auf, und ist außerdem nach den besonderen Umständen des einzelnen Falls in dem Nichtablegen oder Wiederaufnehmen der Schußwaffe eine gegenwärtige, drohende Gefahr für Leib oder Leben des Forst- oder Jagdbeamten zu erblicken, so ist letzterer auch gegen den Fliehenden zum Gebrauch seiner Waffen berechtigt.[4]) In jedem Falle sind die Waffen nur so zu gebrauchen, daß lebensgefährliche Verwundungen soviel als möglich vermieden werden. Deshalb ist beim Gebrauch der Schußwaffe der Schuß möglichst nach den Beinen zu richten und beim Gebrauch des Hirschfängers der Hieb nach den Armen des Gegners zu führen. Übrigens muß beim Gebrauch der Schußwaffe die größte Vorsicht angewendet werden, damit durch das Schießen nicht dritte Personen verletzt werden, welche ohne Teilnahme an einer Kontravention sich zufällig in der Schußlinie oder in deren Nähe befinden. In dieser Hinsicht ist besonders dann Aufmerksamkeit nötig, wenn nach einer Richtung geschossen wird, in der sich eine Landstraße oder ein bewohntes Gebäude befindet. Auch ist der Gebrauch der Schußwaffe überhaupt in der Nähe von Gebäuden zur Verhütung von Feuersgefahr möglichst zu vermeiden.

§ 5. Es begründet keinen Unterschied, ob der Vorfall, der zum Gebrauch der Waffen Veranlassung gibt, sich bei Tage oder zur Nachtzeit ereignet.

§ 6. Da nach dem Gesetz von der Schußwaffe nur dann Gebrauch gemacht werden darf, wenn der Angriff mit Waffen, Äxten, Knütteln oder anderen gefährlichen Werkzeugen oder von einer Mehrzahl, welche stärker ist, als die zur Stelle anwesenden Forst- und Jagd-Offizianten unternommen wird, so berechtigen Drohungen, welche nicht von der Art sind, daß sie sofort ausgeführt werden können, und bloß wörtliche Beleidigungen zum Waffengebrauch nicht.

§ 7. Da es für die Polizei-Verwaltung von Interesse ist, wenn die durch den § 1 des Gesetzes zugestandene wichtige Befugnis anerkannt wird, und da überdies der § 3 des Gesetzes den Waldbesitzern und Jagdberechtigten selbst Kosten-Vertretungen auferlegt, so haben diejenigen Kommunen und Privatpersonen, welche ihren Forst- und Jagd-Offizianten die Befugnis, sich in den betreffenden Fällen der Waffen zu bedienen, beigelegt wissen und sie zu dem Ende mit einer Dienstkleidung oder einem Abzeichen versehen wollen, hiervon zuvor der kompetenten Polizeibehörde Anzeige zu machen.

§ 8. Mit dieser Erklärung ist zugleich die Benennung der Personen, welchen die Verwaltung oder der Schutz der gleichfalls genau zu bezeichnenden Forst- und Jagdreviere übertragen ist, und ebenso die Beschreibung der gewählten Dienstkleidungen oder Abzeichen zu verbinden.

§ 9. Sofern gegen die in dieser Art benannten Personen sich in

---

[4]) Vgl. Anm. 3 auf S. 129, 130.

irgendeiner Art erhebliche Bedenken herausstellen, ist die Polizeibehörde befugt, denselben den Gebrauch der Waffen zu untersagen.

§ 10. Die Kommunal- und Privat-Forst- und Jagd-Offizianten müssen in dem Augenblick, wo sie sich der Waffen bedienen, entweder mit einer Dienstkleidung, die ihre Bestimmung hinlänglich erkennen läßt, oder mit einem Abzeichen versehen sein, welches letztere nur in einem metallenen Schilde von wenigstens 3 Zoll Breite und Höhe mit einer in oben erwähnter Art der Polizeibehörde namhaft zu machenden Bezeichnung bestehen und entweder an der Kopfbedeckung, auf der Brust oder dem Oberarm, oder auch an der Koppel des Hirschfängers getragen werden kann.[5])

§ 11. Erinnerungen der Polizeibehörde gegen die Zulässigkeit oder Zweckmäßigkeit der gewählten Dienstleistungen oder Abzeichen haben die Waldeigentümer und Jagdberechtigten zu berücksichtigen. Findet sich bei denselben nichts zu erinnern, so ist deren Beschreibung in denjenigen Polizeibezirken, wo die betreffenden Forst- oder Jagdreviere belegen, von der Ortspolizeibehörde öffentlich bekannt zu machen.

§ 12. So oft ein Forst- oder Jagd-Offiziant von den Waffen Gebrauch gemacht hat, auch wenn eine Verletzung unzweifelhaft nicht erfolgte, ist derselbe verpflichtet, unverzüglich der Ortspolizeibehörde und demnächst seiner Dienstherrschaft, sofern aber der Sitz der ersteren von dem Orte, wo der Vorfall sich ereignete, entfernter sein sollte, als die Wohnung der letzteren, zuerst dieser davon Anzeige zu machen. Die Ortspolizeibehörde hat hierauf sofort dem Landrat des Kreises Bericht zu erstatten, damit derselbe dasjenige, was ihm nach § 4 und 5 des Gesetzes obliegt, wahrnehmen kann.

§ 13. Wenn eine Verletzung vorgefallen ist, so sind die Forst- oder Jagd-Offizianten, es mögen nun ihrer mehrere oder ein einzelner zur Stelle sein, schuldig, den Verwundeten dahin zu geleiten, wo er ärztliche Hilfe, Pflege und Bewachung findet, und wenn sie hierzu allein nicht imstande sind oder solches für sie mit Gefahr verknüpft sein würde, dazu Hilfe herbeizuholen, demnächst aber ohne allen Verzug der Ortspolizeibehörde davon Anzeige zu machen.

Bis dahin, daß die Ortspolizeibehörde die Sorge für den Verwundeten übernommen hat, liegt dieselbe dem betreffenden Forst- oder Jagd-Offizianten, und beziehungsweise dessen Dienstherrschaft ob.

---

[5]) S. jetzt den Erlaß vom 11. Oktober 1899, betr. die Walduniform der Forstbeamten der Kommunalverbände usw. (Reichsanzeiger 1899 Nr. 265 und MBliV. S. 208) sowie die Verf. vom 14. August 1902 betr. die Genehmigung zum Tragen eines goldenen Portepee an Förster der Kommunalverbände und öffentlichen Anstalten, deren Waldungen unter Staatsaufsicht stehen (MBliV. S. 186).

Anhang III.

Allgemeine Verfügung

des Ministers für Landwirtschaft, Domänen und Forsten

vom 12. Mai 1880

betreffend die Ausführung des Feld- und Forstpolizeigesetzes

an die Oberpräsidenten und Regierungen (MBliV. S. 187).

Sowohl bei der Handhabung des Feld- und Forstpolizeigesetzes vom 1. April 1880 wie bei dem Erlaß der vorbehaltenen Polizeiverordnungen wird von dem leitenden Gedanken auszugehen sein, daß der Zweck des Gesetzes unzweideutig dahin gerichtet ist, den Feldern und Forsten einen kräftigen Schutz zu gewähren und der Nichtachtung des Eigentumsrechtes daran in wirksamerer Weise entgegenzutreten, als solches nach der bisher bestehenden Gesetzgebung möglich war.

Dem Gesetze liegt der Gedanke zugrunde, daß das Eigentum am Grund und Boden, soweit nicht nachweislich bestehende Berechtigungen darauf haften, wie jedes andere Eigentum ein uneingeschränktes ist, und daß in diesem Verhältnisse nichts geändert, sondern dasselbe vielmehr noch mit schützenden Strafbestimmungen hat befestigt werden sollen. Ist solches in einzelnen Fällen im Gesetze nicht mit ausdrücklichen Worten geschehen, so kann daraus nicht gefolgert werden, daß dadurch irgendeine Einschränkung des Eigentums hat zugelassen werden sollen; vielmehr wird in solchen Fällen durch Polizeiverordnungen der notwendige Schutz geschaffen werden müssen. In diesem Sinne ist der Gesetzentwurf aufgestellt und schließlich zum Gesetz erhoben worden. Allerdings hat es bei der Beratung des Gesetzes im Abgeordnetenhause nicht an Äußerungen einzelner Redner gefehlt, in denen eine solche Anschauung nicht zutage getreten ist, aus denen vielmehr gefolgert werden könnte, als ob die rechtliche Natur und die staatliche Bedeutung des Grundeigentums von den Rednern in einem anderen Sinne aufgefaßt worden sei.

Wenn trotzdem das Gesetz dem Könige von der Staatsregierung zur Allerhöchsten Genehmigung und Vollziehung vorgelegt worden ist, so ist dies in der Voraussetzung geschehen, daß jenen Äußerungen für die Auslegung des Gesetzes in diesem Sinne Anhaltspunkte nicht werden entnommen werden können.

Es wird kaum noch der Hervorhebung bedürfen, daß die vorstehend ausgeführten Gesichtspunkte auch bei dem Erlaß und der Ausführung der Polizeiverordnungen maßgebend sein müssen.

Nach diesen allgemeinen Bemerkungen habe ich im einzelnen noch folgendes hervorzuheben:

1. Das Gesetz hat die Gegenstände des Feld- und Forstschutzes nicht vollständig erschöpfen können, vielmehr örtlicher Verschiedenheiten und Bedürfnisse wegen den Polizeiverordnungen einen weiten Spielraum überlassen müssen. Es ist dies in der Weise geschehen, daß der Erlaß von Polizeiverordnungen entweder stillschweigend oder ausdrücklich vorbehalten ist. Stillschweigend ist solches dadurch geschehen, daß die Befugnis der Polizeibehörden, auf Grund des Gesetzes vom 11. März 1850 (GS. S. 265),

der Verordnung vom 20. September 1867 (GS. S. 1529) und des Lauenburgschen Gesetzes vom 7. Januar 1870 (Offiz. Wochenbl. S. 13) im Interesse des Feld- und Forstschutzes Polizeiverordnungen zu erlassen, nicht beseitigt, sondern nur insofern beschränkt ist, als die letzteren sich nicht auf die im Feld- und Forstpolizeigesetze bereits vollständig geregelten Gegenstände erstrecken und diesem Gesetze nicht widersprechen dürfen. Mit dieser Beschränkung können aber nicht allein in Zukunft Polizeiverordnungen erlassen werden, sondern es sind auch, wie § 96 ergibt, die bereits erlassenen in Kraft geblieben.

Ausdrücklich ist der Erlaß von Polizeiverordnungen in der Art vorbehalten, daß entweder ganze Materien der Regelung durch dieselben überwiesen (§§ 11 und 12)[1]) oder daß Handlungen nur für den Fall unter Strafe gestellt sind, wenn sie erlassenen Polizeiverordnungen zuwider begangen werden (§§ 32, 34, 40 Nr. 2 und 3, 41, 43 und 46).[2])

Wenn hiernach den für den Erlaß von Polizeiverordnungen bestellten Behörden noch manches überlassen ist, so erscheint es erforderlich, der hierin liegenden Gefahr verschiedener Behandlung gleichartiger Gegenstände für solche Fälle entgegenzutreten, wo eine Verschiedenheit durch die örtlichen Verhältnisse nicht bedingt wird. Zu diesem Zwecke empfiehlt es sich, nicht allein die zu erlassenden Polizeiverordnungen für den ganzen Umfang der Provinz (des Bezirks der pp.) zu unterwerfen, sondern auch den Entwurf, bevor solcher dem Provinzialrate vorgelegt wird (vor der Publikation), mir zur Kenntnisnahme mitzuteilen, damit auch eine tunlichste Übereinstimmung mit den Verordnungen anderer Provinzen (Bezirke) herbeigeführt werde. Für die praktische Handhabung des Gesetzes und der Polizeiverordnungen wird es sich ferner empfehlen, die sämtlichen Bestimmungen, mögen solche neu zu erlassen oder in älteren Verordnungen enthalten sein, nach Möglichkeit in eine einzige Polizeiverordnung zusammenzufassen.

Selbstverständlich ist durch diese Anordnung nicht ausgeschlossen, daß für einzelne Fälle, welche keinen Aufschub erleiden, alsbald besondere Polizeiverordnungen erlassen werden.

Ew. pp. (die pp.) ersuche ich ergebenst, hiernach das Erforderliche zu veranlassen und den Entwurf der Polizeiverordnung womöglich so zeitig mir vorzulegen, daß die Publikation bald nach dem Inkrafttreten des Feld- und Forstpolizeigesetzes erfolgen kann. Sollte letzteres nicht möglich sein, so verweise ich noch darauf, daß bis zum Erlasse der im § 13[1]) erwähnten Polizeiverordnungen die bisherigen Vorschriften über die Ausübung der Nachtweide, des Einzelhütens, sowie der Weide durch Gemeinde- und Genossenschaftsherden Geltung behalten. Diese Vorschriften sind u. a. enthalten in

§§ 21 bis 33, 35 bis 38 der Feldpolizeiordnung vom 1. Nov. 1847 für die sechs östlichen Provinzen und Westfalen, —

Gesetz vom 5. Juli 1844 und Art. 1 bis 20 I 4, Art. 18, 22 II des code rural für die Rheinprovinz, —

§§ 245, 246 des Pol.-Strafgesetzes vom 25. Mai 1847 und § 59 des Forststrafgesetzes vom selben Tag für Hannover, —

---

[1]) Jetzt §§ 9 und 11 neuer Fassung.

[2]) Jetzt §§ 28, 30, 36 Nr. 2 u. 3, 37, 39 u. 42.

Verordnung vom 18. Oktober 1828 und Nr. 127 ff. des Forststraftarifs vom 30. Dezember 1824 für das vorm. Kurfürstentum Hessen, — §§ 14, 23, 24, 25 des Feldfrevelgesetzes vom 19. Februar 1863 für das vorm. Herzogtum Nassau, usw.

Einer besonderen Erwähnung bedarf noch das Sammeln von Kräutern, Beeren und Pilzen. Nach dem für die ganze Monarchie geltenden Holzdiebstahlsgesetze vom 2. Juni 1852 war die Entwendung jener Walderzeugnisse als Holzdiebstahl strafbar. Durch das mit dem 1. Oktober 1879 in Kraft getretene Forstdiebstahlgesetz vom 15. April 1878 ist dies geändert, indem dasselbe im letzten Absatz des § 1 bestimmt, daß das unbefugte Sammeln von Kräutern, Beeren und Pilzen forstpolizeilichen Bestimmungen unterliegen solle. In Ausführung dieser Bestimmung enthielt der Entwurf des vorliegenden Gesetzes eine Vorschrift, wonach derjenige mit Geldstrafe bis zu 10 Mk. oder mit Haft bis zu 3 Tagen bestraft werden sollte, wer unbefugt auf Forstgrundstücken ohne Erlaubnis des Waldeigentümers Kräuter, Beeren oder Pilze sammelt, oder falls er einen Erlaubnisschein erhalten hat, denselben beim Sammeln nicht bei sich führt. Nach eingehenden und lebhaften Verhandlungen wurde jedoch diese Bestimmung, weil nicht für alle Teile passend, gestrichen und damit der durch das Forstdiebstahlgesetz vom 15. April 1878 geschaffene Zustand beibehalten, wonach diese Materie der Regelung durch Polizeiverordnungen überwiesen ist.[3])

Durch die oben erwähnten Polizeiverordnungen kann nun für diejenigen Landesteile, in welchen das Sammeln von Kräutern, Beeren und Pilzen nach der früheren Gesetzgebung und Praxis unzweifelhaft bereits verboten oder doch nur unter gewissen Voraussetzungen gestattet war, dieses Sammeln unbedenklich entsprechend den jetzigen Verhältnissen geregelt werden. Für diejenigen Landesteile aber, in welchen solches nicht der Fall war, werden bezüglich dieser Materien, insbesondere für fiskalische Domänen- und Forstgrundstücke Polizeiverordnungen überhaupt nicht zu erlassen sein, ohne daß vorher über die einschlagenden Verhältnisse bei Einreichung von Entwürfen solcher Verordnungen besonders Bericht erstattet wird.

2. Abweichend von dem bisher geltenden Rechte hat das Gesetz in mehreren Fällen (§§ 9, 10, 18, 24, 38, 39, 40 und 41)[4]) die Verfolgung der strafbaren Handlung von dem Antrage des Berechtigten abhängig gemacht. Der Antrag muß binnen einer Frist von 3 Monaten gestellt werden, die mit dem Tage, an welchem der Berechtigte von der Handlung und der Person des Täters Kenntnis erhalten hat, beginnt (§ 61 StGB.). In den Staatsforsten ist der Forstverwaltungsbeamte (Königl. Oberförster) befugt, den Antrag zu stellen. Der Regel nach wird dies auch in den Kommunal- und Privatforsten der Fall sein; hier wird es aber wesentlich auch auf die Anstellungsurkunden, Dienstinstruktionen usw. ankommen. — Eine besondere Form ist für die Stellung des Antrages nicht vorgeschrieben.[5])

---

[3]) Vgl. Anm. 5 zu § 37 FFPG. und Nr. 2 der Verf. vom 29. Mai 1880 (Anhang IV).

[4]) Jetzt in den Fällen der §§ 7, 8, 34, 35, 36 und 37 n. F.

[5]) Vgl. die eingehenden Ausführungen in Anm. 4 zu § 7 FFPG.

3. Der Anspruch auf Ersatzgeld verjährte nach den bisherigen Gesetzen (§ 46 der Feldpolizeiordnung vom 1. November 1847) ebenso wie die Strafverfolgung der hier in Betracht kommenden Übertretungen (§ 368 Nr. 10 StGB. und §§ 10, 14, 15 [8, 12, 13 neuer Fassung] dieses Gesetzes) binnen 3 Monaten (§ 67 StGB.). Diese Verjährungsfrist ist für die Strafverfolgung bestehen geblieben, für den Anspruch auf Ersatzgeld aber nach § 70 (66 n. F.) auf 4 Wochen herabgesetzt.

4. Die Zuwiderhandlungen gegen dieses Gesetz sind — mit Ausnahme der nach §§ 20, 21 (17, 18 n. F.) zu strafenden Delikte — sämtlich Übertretungen. — Im ganzen Umfange der Monarchie — mit alleinigem Ausschlusse des Bezirks des Oberlandesgerichts zu Köln — sind die Ortspolizeibehörden befugt, auf Grund des Gesetzes vom 14. Mai 1852 (GS. S. 245), der Verordnung vom 25. Juni 1867 (GS. S. 921) und der §§ 413 bis 418 StPO. wegen Übertretungen Geldstrafen bis 15 Mark oder Haft bis zu 3 Tagen, sowie eine etwa verwirkte Einziehung zu verhängen.[6]) Diese Befugnis ist für die Übertretungen des Feld- und Forstpolizeigesetzes im Abs. 2 des § 53 (49 n. F.) ausdrücklich aufrecht erhalten. Bei der Einfachheit der in Rede stehenden Übertretungen wird es sich zur Abkürzung des Verfahreus empfehlen, die Straffälle, so viel als möglich, im Wege polizeilicher Strafverfügung zu erledigen. Um dies zu erreichen, sind die Feld- und Forsthüter, sowie die sonstigen Sicherheitsbeamten (Gendarmen, Polizeidiener usw.) anzuweisen, ihre desfallsigen Anzeigen nicht dem Amtsanwalte, sondern der Ortspolizeibehörde zu machen. Diese hat sodann in der Regel die Strafverfügung zu erlassen und nur ausnahmsweise, z. B. wenn sie eine ihre Zuständigkeit übersteigende Strafe für angemessen hält, eine umfassende Ermittelung des Tatbestandes etwa durch Vernehmung von Zeugen oder sonst erforderlich ist usw., die Akten an den Amtsanwalt zur weiteren Veranlassung abzugeben.

Für den Erlaß der polizeilichen Strafverfügung sind von den Ministern des Innern und der Justiz in dem Reglement vom 30. September 1852 (Min.-Bl. d. i. V. S. 259) und in der Bekanntmachung vom 15. September 1879 (Min.-Bl. d. i. V. S. 261) spezielle Vorschriften, auch bezüglich der anzuwendenden Formulare gegeben, auf welche hier verwiesen wird.[7])

Die nach Formular I zu führende Strafliste ist bezüglich der Forstpolizeiübertretungen besonders zu führen und nicht mit der über

---

[6]) An die Stelle des Gesetzes vom 14. Mai 1852, welches in dem Geltungsbereich der V. vom 3. Jan. 1849 galt und durch Art. III. Litt. J. der V. vom 25. Juni 1867 auf die neuen Provinzen ausgedehnt war, ist jetzt das Gesetz vom 23. April 1883, betreffend den Erlaß polizeilicher Strafverfügungen wegen Übertretungen getreten, welches im ganzen Umfang des Preuß. Staates, also auch im Bezirk des Oberlandesgerichts zu Köln gilt, in welchem letzteren nach der früher dort geltenden Gesetzgebung eine Strafe nur vom Richter verhängt werden durfte. Das Gesetz vom 23. April 1883 ist im Anhang VI abgedruckt.

[7]) Für den Erlaß der polizeilichen Strafverfügung wegen Übertretung ist jetzt maßgebend die im Anhang VII abgedruckte Anweisung des Ministers des Innern und des Justizministers vom 8. Juni 1883 zur Ausführung des Gesetzes vom 23. April 1883, betreffend den Erlaß polizeilicher Strafverfügungen wegen Übertretungen.

die sonstigen Übertretungen zu führenden Liste zu vereinigen. Die Feldpolizeiübertretungen können dagegen auch in die Strafliste der Übertretungen, welche nicht unter dieses Gesetz fallen, aufgenommen werden.

5. Dieselbe Ortsbehörde, welche die Strafe festzusetzen hat, ist auch zuständig für die Entscheidungen über Ersatzgeld (§ 75, jetzt § 71) und über Pfändung (§ 82, jetzt § 78). Erst in den höheren Instanzen unterscheidet sich das Verfahren, indem der gegen die Strafverfügung gerichtete Antrag auf gerichtliche Entscheidung die Sache an die ordentlichen Gerichte, die Klage gegen den Bescheid über Ersatzgeld und Pfändung die Sache an die Verwaltungsgerichte bringt.

Mit Rücksicht auf diese Verschiedenheit sind von vornherein die auf die Straffestsetzung bezüglichen Schriftstücke von denjenigen getrennt zu halten, welche sich auf das Ersatzgeld und die Pfändung beziehen, damit das weitere Verfahren in beiden Richtungen durch die Vereinigung der Akten nicht aufgehalten werde.

Diejenigen Königlichen Oberförster, welche die Ortspolizei verwalten, haben außerdem die Akten über das die Forsten betreffende Verfahren wegen Ersatzgeld und Pfändung von den Akten getrennt zu halten, welche die Forsten nicht betreffen.

6. Nach § 65 (jetzt § 61) des Gesetzes sollen die Feldhüter, Ehrenfeldhüter und Forsthüter ein Dienstabzeichen bei sich führen und bei Ausübung des Amtes auf Verlangen vorzuzeigen. Das Dienstabzeichen kann entweder eine Uniform oder ein anderes amtliches Abzeichen und letzteres eine Dienstmütze, Brustschild mit Adler usw. sein.

Haben die betreffenden Beamten als solche im Dienst eine Uniform zu tragen, so ersetzt diese das Dienstabzeichen, und es braucht daneben nicht noch ein besonderes Abzeichen getragen zu werden.

Für die Forstbeamten sind diejenigen Uniformen bzw. Abzeichen, welche nach den bestehenden Vorschriften bei Wahrnehmung des Forstschutzes zu tragen sind, unverändert beizubehalten.

9. Der § 96 (jetzt 87) setzt im ersten Absatze alle dem Feld- und Forstpolizeigesetze entgegenstehenden Gesetze, im zweiten Absatze alle in Feld- und Forstpolizeigesetzen enthaltenen Strafbestimmungen, mögen solche dem gegenwärtigen Gesetze entgegenstehen oder nicht, außer Kraft. Die dem gegenwärtigen Gesetze nicht entgegenstehenden Vorschriften sind daher mit Ausschluß der Strafbestimmungen in Kraft geblieben.

Was die Polizeiverordnungen betrifft, so sind, wie bereits unter Nr. 1 angedeutet wurde, diejenigen, deren Bestimmungen in dieses Gesetz aufgenommen sind oder dem letzteren entgegenstehen, selbstverständlich aufgehoben. Im übrigen sind aber die Polizeiverordnungen, namentlich auch die Strafbestimmungen derselben bestehen geblieben, da der zweite Absatz des § 96 nur die gesetzlichen, nicht auch die polizeilichen Strafbestimmungen beseitigt hat.

Anhang IV.

Verfügung

des Ministers für Landwirtschaft, Domänen und Forsten

vom 29. Mai 1880

betreffend die Ausführung des Feld- und Forstpolizeigesetzes in fiskalischen Forsten (MBliV. S. 190).

Mit dem 1. Juli d. J. tritt das Feld- und Forstpolizeigesetz vom 1. April d. J. (GS. S. 230) in Kraft. Mit Bezug hierauf ordne ich in betreff der fiskalischen Forsten Nachstehendes an:

1. Die Bestimmungen in den §§ 38 und 39 l. c. (jetzt 34 und 35) machen es erforderlich, die Holzversteigerungsbedingungen, wie solche in dem Schema L. der Geschäftsanweisung für die Oberförster der Kgl. preußischen Staatsforsten vom 4. Januar 1870 formuliert sind, einigen Änderungen zu unterwerfen.

a) Bei Position 7 daselbst sind die Schlußzeilen hinter dem Worte „erfolgen" (in der vorletzten Zeile der ersten Seite) zu streichen. Hinter dieses Wort ist ein Punkt zu setzen, und an Stelle des gestrichenen Passus tritt der Satz: „Zuwiderhandlungen werden nach § 38 (34 n. F.) des Feld- und Forstpolizeigesetzes vom 1. April 1880 bestraft."

b) Ingleichen ist der Schlußsatz bei Position 9 nach dem Worte „widrigenfalls" zu streichen und dafür zu setzen: „Bestrafung nach § 39 (35 n. F.) des Feld- und Forstpolizeigesetzes vom 1. April 1880 eintritt."

c) Die Position 10 fällt ganz fort, und die Positionen 11 bis 14 erhalten demgemäß die Nr. 10 bis 13 [1])

2. Da das Feld- und Forstpolizeigesetz vom 1. April 1880, das nach § 1 des Forstdiebstahlsgesetzes vom 15. April 1878 (GS. S. 222) forstpolizeilichen Bestimmungen unterliegende Sammeln von Kräutern, Beeren und Pilzen einer Regelung nicht unterzogen hat, so ist wegen der in betreff dieses Gegenstandes evtl. zu erlassenden Polizeiverordnungen an die Herren Oberpräsidenten derjenigen Provinzen, in welchen die Kreisordnung vom 13. Dezember 1872 (GS. S. 661) in Geltung steht, und an die Regierungen, bzw. Landdrosteien der übrigen Provinzen Verfügung ergangen.

---

[1]) Für die Bezirke der Regierungen zu Königsberg (und Bromberg), in denen die geltenden Holzversteigerungsbedingungen mit denen der übrigen Regierungsbezirke nicht völlig übereinstimmen, sind noch anderweite Änderungen in der Redaktion der Holzversteigerungsbedingungen angeordnet. Die Position 10 der in diesen Bezirken geltenden Bedingungen ist mit Rücksicht auf das FFPG. dahin zu ändern, daß in betreff der Zuwiderhandlungen gegen Position 9 a, b und d der Bedingungen der 34 und gegen Position 9 c der § 35 bis FFPG. Anwendung findet. Bezüglich der Zuwiderhandlungen gegen 9 e ist auf die betreffende Polizeiverordnung (sofern eine solche für den daselbst vorgesehenen Fall besteht oder erlassen wird) hinzuweisen, evtl. aber eine Vertragsstrafe festzusetzen.

Mit Bezug hierauf bemerke ich, daß es meine Absicht ist, an den Grundsätzen nichts zu ändern, welche in der Zirkularverfügung vom 12. November 1858 (II 14417) ausgesprochen sind, also insbesondere nach wie vor aus dem für die Ausgabe von Erlaubnisscheinen zum Sammeln von Beeren und Pilzen zu erhebenden Entgelt in den fiskalischen Forsten eine Einnahmequelle nicht zu machen. Die fragliche Abgabe hat vielmehr nur den Zweck, eine Rekognitionsgebühr, bzw. eine Entschädigung für die Kosten des Drucks usw. der Erlaubnisscheine darzustellen.

Die Ausgabe der letzteren soll lediglich geschehen, um die Ordnung und die Kontrolle im Walde aufrecht zu erhalten, um vorzeitigem Sammeln unreifer Beeren vorzubeugen und um die den Forsten zunächst wohnenden Eingesessenen gegen übermäßigen Zudrang oder Verdrängung durch Einwohner entfernter Ortschaften zu schützen. Ich bestimme deshalb hiermit, daß vom laufenden Jahre einschließlich ab der Preis für einen Erlaubnisschein zum Sammeln von Beeren oder Pilzen, soweit nicht etwa für einzelne Bezirke besondere Umstände zur ganz unentgeltlichen Abgabe veranlassen, durchweg auf nur 5 Pf. auch dort festgesetzt werde, wo bisher nach der Zirkularverfügung vom 12. November 1858 (II 14417) der höhere Satz bis zu 25 Pf. erhoben worden ist.

Sofern nach Maßgabe der besonderen Verhältnisse Veranlassung vorliegt, von der Erhebung eines Entgeltes oder der Ausgabe von Erlaubnisscheinen und einer Kontrolle der Beeren- und Pilznutzung ganz abzusehen, ist dieserhalb von der Regierung usw. Bericht zu erstatten.

Eine Ausnahme von den vorstehenden Bestimmungen findet nur in betreff der Trüffeln statt. Bei der Verwertung derselben ist auch fernerhin so zu verfahren, wie bisher.

§ 3. Nach § 70 (jetzt 66) des Feld- und Forstpolizeigesetzes verjährt der in Gemäßheit des § 69 (jetzt 65) l. c. etwa zu erhebende Anspruch auf Ersatzgeld in vier Wochen.

Die Regierung (Finanz-Direktion) wolle deshalb Anordnung dahin treffen, daß alle diejenigen Übertretungen, bei welchen die Forderung von Ersatzgeld in Frage kommen kann, alsbald nach Konstatierung derselben von den betreffenden Schutzbeamten zur Kenntnis des Oberförsters gebracht werden, damit es möglich ist, den Anspruch auf Ersatzgeld evtl. rechtzeitig geltend zu machen.

Anhang V.

Zirkular-Verfügung

des Ministers für Landwirtschaft, Domänen und Forsten

und

des Ministers des Innern

vom 23. Juli 1883.

(MBliV. S. 177)

betreffend die zu Hilfsbeamten der Staatsanwaltschaft bestellten Forstschutzbeamten.

Durch die Zirkular-Verfügung des mitunterzeichneten Ministers des Innern und des Herrn Justizministers vom 23. November 1881 (MBliV.

1882 S. 34) sind folgende Forstschutzbeamte zu Hilfsbeamten der Staatsanwaltschaft bestellt worden:

Revierförster, Hegemeister, Förster, Forstaufseher und Forsthilfsjäger,[1]) sowie diejenigen Waldwärter, welche auf Forstanstellungsberechtigung nach den Bestimmungen des Regulativs vom 15. Febr. 1897 — MBl. S. 164 — dienen.

Nach unserer und des Herrn Justizministers gemeinschaftlichen Verfügung an die Regierung zu Königsberg vom 3. Januar d. J. — MBl. S. 24 — erstreckt sich diese Bestellung auch auf diejenigen Forstschutzbeamten, welche zeitweilig als Forstpolizeisergeanten in den Städten fungieren, sofern sie aus den in ersterem Erlasse bezeichneten Kategorien der Forstschutzbeamten entnommen werden.[1])

Wegen Ausführung dieser Erlasse sehen wir uns zu folgenden Bestimmungen veranlaßt.

Nach § 152 des Gerichtsverfassungsgesetzes haben die Hilfsbeamten der Staatsanwaltschaft den Anordnungen der Staatsanwälte bei dem Landgerichte ihres Bezirks und der diesen vorgesetzten Beamten Folge zu leisten. Daneben sind sie aber unter Umständen zu selbständigem Handeln befugt und verpflichtet, insbesondere sind sie nach §§ 98 und 105 der Strafprozeßordnung bei Gefahr im Verzuge zu Beschlagnahmen und zur Anordnung von Durchsuchungen (sowohl zum Zwecke der Er-

---

[1]) Vgl. die Allgemeine Verf. des Justizministers vom 2. Febr. 1883, betreffend die Bestellung von Forstschutzbeamten zu Hilfsbeamten der Staatsanwaltschaft (JMBl. 1883 S. 28): „Im Anschluß an die allgemeine Verfügung vom 9. Oktober 1882 (JMBl. 1882 S. 312) wird den Justizbehörden hierdurch mitgeteilt, daß durch gemeinschaftlichen Erlaß der Herren Minister des Innern und für Landwirtschaft, Domänen und Forsten, sowie des Justizministers vom 3. Jan. d. J. auch diejenigen Forstschutzbeamten, welche zeitweilig als Forstpolizeisergeanten in den Städten fungieren, für ihren Geschäftsbezirk und für die Dauer dieser ihrer Dienstfunktion zu Hilfsbeamten der Staatsanwaltschaft bestimmt worden sind, insofern sie einer der Allgemeinen Verfügung vom 9. Oktober 1882 bezeichneten Kategorien von Forstschutzbeamten entnommen wurden." Vgl. ferner die gemeinschaftliche Verfügung des Ministers des Innern und des Justizministers vom 16. März 1906 betr. die Heranziehung von Forsthilfsjägern zu Hilfsbeamten der Staatsanwaltschaft (MBliV. 1906 S. 203). In dieser wird ausgeführt, daß unter Forsthilfsjägern im Sinne der gemeinschaftlichen Verfügung vom 23. Nov. 1881 sowohl die Jäger der Klasse A als auch die Oberjäger der Klasse A (die sog. Kommandojäger) zu verstehen sind, beide, sofern sie im staatlichen Forstdienste beschäftigt sind. Ferner werden die Hilfsförster zu Hilfsbeamten der Staatsanwaltschaft bestellt.

Durch die gemeinschaftliche Verfügung des Justizministers, des Ministers f. Landw., Dom. und Forsten und des Ministers des Innern vom 3. Septbr 1912 (JMBl. S. 310) sind außerdem alle vollbeschäftigten staatlichen Waldwärter, auch wenn sie nicht aus der Klasse der forstversorgungsberechtigten Anwärter hervorgegangen sind, zu Hilfsbeamten der Staatsanwaltschaft bestellt worden.

Endlich sind durch gemeinschaftl. Verf. 17. Juli 1911 (MBliV. S. 207) alle Forstschutzbeamten der Gemeinden und der weiteren Kommunalverbände, welche die Eigenschaft mittelbarer Beamten besitzen und gemäß § 23 Ziff. 2 oder 3 des Forstdiebstahlgesetzes vom 15. April 1878 ein für allemal gerichtlich vereidigt werden können, zu Hilfsbeamten der Staatsanwaltschaft bestellt.

greifung der wegen strafbarer Handlungen Verfolgten als zur Auffsuchung von Beweismitteln) ermächtigt.

Die Bestellung der Forstschutzbeamten zu Hilfsbeamten der Staatsanwaltschaft hat nun, was den sachlichen Umfang der ihnen übertragenen Funktion angeht, zunächst die Zwecke des Forstschutzes im Auge, und soweit es auf selbständiges Handeln in seiner Eigenschaft ankommt, haben deshalb jene Beamten ihre Tätigkeit zu beschränken auf die Verfolgung solcher Gesetzwidrigkeiten, welche in dem ihnen im Hauptamte zugewiesenen Schutzbezirke begangen werden und in irgendeiner Beziehung zu ihrer hauptamtlichen Tätigkeit stehen, wohin vornehmlich die Verletzungen der Forst-, Jagd-, Feld-, Fischerei- usw. Gesetze zu rechnen sind. Auch die Staatsanwälte werden die Tätigkeit der Forstschutzbeamten der Regel nach nur wegen strafbarer Handlungen dieser Art in Anspruch nehmen, doch bleibt es deren Ermessen überlassen, auch in anderen Fällen, wo ihnen solches aus besonderen Gründen erwünscht scheint, der Forstschutzbeamten neben den ihnen sonst zur Verfügung stehenden Hilfsbeamten, oder anstatt dieser, sich zu bedienen, und auch auf solche Fälle erstreckt sich die Verpflichtung der Forstschutzbeamten, den Anordnungen der Staatsanwälte Folge zu geben.

2. Anlangend die örtliche Zuständigkeit der Forstschutzbeamten der Staatsanwaltschaft, so versteht es sich, daß dieselben durch einen Auftrag des Staatsanwalts die Befugnis erlangen, auch außerhalb ihres eigenen Schutzbezirks tätig zu werden. Dagegen beschränkt sich die Befugnis zu selbständigem Handeln in der Regel auf den Schutzbezirk des einzelnen Beamten. Eine Ausnahme von dieser Regel ergibt sich aus dem Rechte der Nacheile und aus analoger Anwendung des § 166 des Gerichtsverfassungsgesetzes, wonach ein Gericht Amtshandlungen außerhalb seines Bezirks ohne Zustimmung des Amtsgerichts des Ortes nur vornehmen darf, wenn Gefahr im Verzuge obwaltet, in welchem Falle dem Amtsgerichte des Orts Anzeige zu machen ist. In entsprechendem Sinne ist anzunehmen, daß die in Rede stehenden Beamten, sofern es sich um Zuwiderhandlungen gegen die Strafgesetze handelt, gegen welche sie nach dem zu 1 Gesagten selbständig einzuschreiten haben, auch außerhalb ihres Dienstbezirks Beschlagnahmen und Durchsuchungen selbständig vornehmen können, jedoch nur dann, wenn sie in der Verfolgung des Täters (unmittelbar oder nach seinen Spuren) begriffen sind und wenn zugleich die bei einer Verzögerung der Maßregel obwaltende Gefahr der Erfolglosigkeit so dringend ist, daß nicht nur ein Antrag bei dem zuständigen Richter, sondern auch eine vorherige Verständigung mit der Ortspolizeibehörde nicht angängig ist. Auch in einem solchen Falle ist aber, und zwar baldmöglichst, der Ortspolizeibehörde Anzeige zu machen.

Die Befugnis zur Vornahme von Amtshandlungen im Gebiete eines anderen Bundesstaats beschränkt sich übrigens auf die nach § 167 des Gerichtsverfassungsgesetzes statthafte Verfolgung und Ergreifung Flüchtiger. Insbesondere haben die Forstschutzbeamten durch ihre Bestellung zu Hilfsbeamten der Staatsanwaltschaft nicht die Befugnis zur Vornahme von Haussuchungen im Gebiete anderer Bundesstaaten erlangt, müssen hierzu vielmehr nach wie vor die dort zuständigen Behörden in Anspruch nehmen.

3. Der Herr Justizminister hat sich bereit erklärt, die Staatsanwälte dahin anzuweisen, daß diese ihre Aufträge an die Forstschutzbeamten

der Regel nach unter der Adresse der betreffenden Oberförster, und nur aus besonderen Gründen, wie namentlich in solchen Fällen besonderer Dringlichkeit unmittelbar an die Forstschutzbeamten erlassen, in welchen zu besorgen, daß der Umweg durch die Hand des Oberförsters den Auftrag an den Forstschutzbeamten wirkungslos machen könnte. In letzterem Falle hat der Forstschutzbeamte selbst dem Oberförster von dem ihm gewordenen Auftrage sobald als möglich Anzeige zu machen. Die Oberförster haben die unter ihrer Adresse eingehenden Aufträge der Staatsanwälte den beauftragten Forstschutzbeamten ungesäumt zuzustellen. Glaubt ein Oberförster, daß durch einen Auftrag des Staatsanwalts an die Forstschutzbeamten das Interesse des Forstdienstes geschädigt werde, so hat er der vorgesetzten Regierung (Finanz-Direktion) zu berichten. Die Ausführung des vom Staatsanwalt einmal erteilten Auftrages darf jedoch aus diesem Grunde in keinem Falle verzögert werden.[a])

4. Die Forstschutzbeamten haben bei Erledigung von Aufträgen der Staatsanwälte die Liquidation der etwa zu beanspruchenden Tagegelder und Reisekosten dem auftraggebenden Staatsanwalt zur Zahlbarmachung einzureichen. Doch dürfen bei Ausrichtung solcher Aufträge innerhalb des eigenen Schutzbezirkes Tagegelder und Reisekosten in keinem Falle verlangt werden. Soweit ein Forstschutzbeamter als Hilfsbeamter der Staatsanwaltschaft selbständig tätig wird, ist dies als eine Tätigkeit in seinem Hauptamte anzusehen, wofür Tagegelder usw. grundsätzlich nicht gewährt werden.[a])

Anhang VI.

Gesetz,

betreffend den Erlaß polizeilicher Strafverfügungen wegen Übertretungen.

Vom 23. April 1883 (GS. S. 65).

In der Fassung des Ges. vom 31. Mai 1923 (GS. S. 271).

§ 1. Wer die Polizeiverwaltung in einem bestimmten Bezirk auszuüben hat, ist befugt, wegen der in diesem Bezirke verübten, in seinen

---

[a]) Die unter Nr. 3 der Zirkularverfügung gedachte Anweisung ist von dem Justizminister in der Verfügung vom 21. Juni 1883 (I. 2512) erteilt worden. Dieselbe lautet: „Von den Polizeibehörden wird es als ein Mißstand empfunden, daß die Aufträge, welche ihren zu Hilfsbeamten der Staatsanwaltschaft bestellten Untergebenen seitens der Staatsanwälte erteilt werden, dem Vorsteher der Polizeibehörde häufig unbekannt bleiben, und dieser hierdurch gehindert wird, bei seinen Dispositionen über die einzelnen Beamten auf jene Aufträge Rücksicht zu nehmen. Zur Beseitigung dieses Übelstandes bestimme ich hiermit, daß die den Hilfsbeamten der gedachten Kategorie (Polizei-Inspektoren, Polizei-Kommissarien, Kriminal-Polizei-Kommissarien, Polizei-Wachtmeister) zu erteilenden Aufträge fortan der Regel nach unter der Adresse des Vorstehers der Polizeibehörde abzusenden und eine direkte Übersendung an den zu beauftragenden Beamten nur dann statt-

Verwaltungsbereich fallenden Übertretungen die Strafe durch Verfügungen festzusetzen, sowie eine etwa verwirkte Einziehung zu verhängen.[1])

Wird die Geldstrafe festgesetzt, so ist zugleich die für den Fall des Unvermögens an die Stelle der Geldstrafe tretende Haft zu bestimmen, soweit sich die Strafverfügung nicht gegen einen Jugendlichen richtet. (§§ 1, 40 des Jugendgerichtsgesetzes vom 16. Februar 1923, RGBl. I, 135.)

Die festzusetzende Geldstrafe darf den Betrag von einhundertfünfzig Reichsmark nicht übersteigen.

§ 2. Die Festsetzung einer Strafe durch die Polizeibehörde findet nicht statt:

1) bei Übertretungen, für deren Aburteilung die Rheinschiffahrtsgerichte, die Elbschiffahrtsgerichte oder die Gewerbegerichte zuständig sind;[2])

2) bei Übertretungen der Vorschriften über die Erhebung öffentlicher Abgaben oder Gefälle;[3])

---

zufinden hat, wenn sie durch besondere, in der Sache liegende Gründe, wie namentlich obwaltende Gefahr im Verzuge, bedingt wird.

In gleicher Weise sind Aufträge, welche den zu Hilfsbeamten der Staatsanwaltschaft bestellten Forstschutzbeamten erteilt werden, der Regel nach unter der Adresse des vorgesetzten Oberförsters abzusenden."

[3]) Zu Nr. 4 der Zirkularverfügung hat der Justizminister in der Verfügung vom 20. Oktober 1883 (I. 3824) noch besonders darauf aufmerksam gemacht, daß den gedachten Hilfsbeamten ein Anspruch auf Tagegelder und Reisekosten nur dann zusteht, wenn sie auf Grund eines Auftrages der Staatsanwaltschaft außerhalb ihres Schutzbezirkes wegen einer strafbaren Handlung tätig werden, welche in keiner Beziehung zu ihrem Hauptamte steht.

[1]) Auch gegen einen Jugendlichen ist die polizeiliche Strafverfügung zulässig, in derselben darf aber nur Geldstrafe und Einziehung festgesetzt werden. Darüber, wie die Geldstrafe in Haft umgewandelt werden soll, entscheidet auf Antrag der Polizeibehörde, welche die Strafe festgesetzt hat, der Jugendrichter, in dessen Bezirk ein Gerichtsstand für die Übertretung begründet gewesen wäre. §§ 14 und 15 JugGerGes. (Aussetzung der Vollstreckung der Ersatzfreiheitsstrafe und Straferlaß nach Bewährung) finden Anwendung. Vor der Entscheidung sind der Jugendliche und, wenn dies ohne Verzögerung geschehen kann, das Jugendamt zu hören. Gegen den Beschluß steht der Polizeibehörde und dem Jugendlichen die sofortige Beschwerde zu. § 40 JugGerGes.

Strafverfügungen sind in Urschrift zur Vermeidung ihrer Unwirksamkeit handschriftlich zu unterzeichnen. U. KG. 21/4 25, DJZ. 30 Sp. 1341.

Nach § 413 StPO. kann eine Polizeibehörde keine andere Strafe als Haft und Geldstrafe sowie eine verwirkte Einziehung verhängen, auch nach dem Gesetz vom 23. April 1883 kann also die Überweisung an die Landespolizeibehörde durch eine polizeiliche Strafverfügung nicht angeordnet werden.

[2]) Vgl. Gesetz, betreffend die Rheinschiffahrtsgerichte vom 8. März 1879 (GS. S. 129); Gesetz, betreffend die Elbschiffahrtsgerichte vom 4. Juni 1924 (GS. S. 543) und § 14 Nr. 1 GVG. In betreff der in der Rheinprovinz bestehenden Gewerbegerichte vgl. § 14 Nr. 4 GVG.; GewO. § 120a; Loi du 18. mars 1806; Avis du conseil d'état du 10. févr. 1810; Décr. du 3. août 1810; Ges. vom 7. Aug. 1846.

[3]) Das Verfahren bei Zuwiderhandlungen gegen die Vorschriften über die Erhebung öffentlicher Abgaben und Gefälle ist in den §§ 419—429 StPO. besonders geregelt.

3) bei Übertretungen bergpolizeilicher Vorschriften.[4]) [5])

§ 3. Der Beschuldigte kann gegen die Strafverfügung binnen einer Woche nach der Bekanntmachung in Gemäßheit der Strafprozeßordnung auf gerichtliche Entscheidung antragen.[6])

Ist gegen einen Beschuldigten im Alter von 14 bis 18 Jahren eine Strafverfügung erlassen, so kann binnen der für den Beschuldigten laufenden Frist auch der gesetzliche Vertreter desselben auf gerichtliche Entscheidung antragen.

§ 4. Die Strafverfügung muß außer der Festsetzung der Strafe die strafbare Handlung, Zeit und Ort derselben, die angewendete Straf-

---

[4]) Hinsichtlich der Verfolgung bergpolizeilicher Übertretungen bewendet es bei der Bestimmung des § 209 des Berggesetzes vom 24. Mai 1865, nach welcher über die Übertretungen der bergpolizeilichen Vorschriften (§§ 207 und 208) von den Revierbeamten Protokolle aufzunehmen und der Staatsanwaltschaft zur Verfolgung zu übergeben sind. Die Entscheidung steht den ordentlichen Gerichten zu.

[5]) Der Erlaß einer polizeilichen Strafverfügung findet ferner nicht statt bei Zuwiderhandlungen gegen das Forstdiebstahlsgesetz vom 15. April 1878, da die in diesem angedrohte Freiheitsstrafe, auch wenn sie nur an die Stelle einer Geldstrafe tritt, nicht in Haft, sondern in Gefängnis besteht.

[6]) Vgl. §§ 414 ff. Strafprozeßordnung. Danach kann der Antrag auf gerichtliche Entscheidung bei der Polizeibehörde schriftlich oder mündlich, bei dem zuständigen Amtsgericht schriftlich oder zu Protokoll des Gerichtsschreibers angebracht werden.

Das zuständige Amtsgericht ist dasjenige, in dessen Bezirk die Polizeibehörde, welche die Strafverfügung erlassen hat, ihren Sitz hat. Erstreckt sich der Polizeibezirk über das Gebiet mehrerer Amtsgerichte, so ist das Gericht des Ortes zuständig, an welchen die Übertretung begangen ist.

Ein Antrag auf gerichtliche Entscheidung, welcher bei dem Amtsanwalt angebracht ist, wahrt die gesetzliche Frist nicht. Der Amtsanwalt hat einen solchen bei ihm eingehenden Antrag sofort an das Amtsgericht abzugeben. Vgl. Art. 67 der Gesch.-Anweisung für Amtswälte vom 28. Aug. 1879 (JMBl. S. 279).

Für die Berechnung der Frist gilt die Vorschrift des § 43 Strafprozeßordnung. Die Frist endigt danach mit Ablauf desjenigen Tages der folgenden Woche, welcher durch seine Benennung dem Wochentage entspricht, an welchem die Zustellung der polizeilichen Strafverfügung (siehe unten § 5) stattgefunden hat. Fällt das Ende der Frist auf einen Sonntag oder allgemeinen Feiertag (siehe oben Anm. 2 zu § 2 FFPG.), so endigt die Frist mit Ablauf des nächstfolgenden Werktages.

Gegen die Versäumung der Antragsfrist ist — wenn der Antragsteller durch Naturereignisse oder andere unabwendbare Zufälle (auch ohne Verschulden entstandene Unkenntnis von der Zustellung der pol. Strafverfügung) an der Einhaltung der Frist verhindert worden ist — Wiedereinsetzung in den vorigen Stand zulässig. §§ 44, 45, 415 Strafprozeßordnung. Das Gesuch um Wiedereinsetzung ist bei der Polizeibehörde oder bei dem zuständigen Amtsgericht (siehe oben) anzubringen. Über das Gesuch entscheidet der Amtsrichter. Gegen die das Gesuch verwerfende Entscheidung findet sofortige Beschwerde bei dem Landgericht statt.

Die Polizeibehörde kann die Strafverfügung nach Anbringung des Antrags auf gerichtliche Entscheidung zurücknehmen (§ 414 Abs. 2 StPO.).

Vgl. im übrigen die Anweisung vom 8. Juni 1883 (Anh. VII).

vorschrift und die Beweismittel, sowie die Kasse[7]) bezeichnen, an welche die Geldstrafe zu zahlen ist.

Sie muß die Eröffnung enthalten:

a) daß der Beschuldigte binnen einer Woche nach der Bekanntmachung auf gerichtliche Entscheidung antragen könne;
b) daß der Antrag entweder bei der Polizeibehörde, welche die Strafverfügung erlassen hat, oder bei dem zuständigen Amtsgericht bzw. Elbschiffahrtsgericht und Rheinschiffahrtsgericht anzubringen sei;
c) daß die Strafverfügung, falls innerhalb der bestimmten Frist ein Antrag auf gerichtliche Entscheidung nicht erfolge, vollstreckbar werde.

§ 5. Die polizeiliche Strafverfügung ist nach Maßgabe der zu erlassenden Ausführungsbestimmungen (§ 13) dem Beschuldigten durch einen öffentlichen Beamten zu behändigen.[8])

§ 6. Für dieses Verfahren (§§ 1 bis 5) sind weder Stempel noch Gebühren anzusetzen, die baren Auslagen aber fallen dem Beschuldigten nach näherer Maßgabe der zu erlassenden Ausführungsbestimmungen (§ 13)[9]) in allen Fällen zur Last, in welchen eine Strafe endgültig gegen ihn festgesetzt ist.

§ 7. Die in Gemäßheit dieses Gesetzes endgültig festgesetzten Geldstrafen, sowie die eingezogenen Gegenstände fallen demjenigen zu, welcher die sächlichen Kosten der Polizeiverwaltung zu tragen hat.

Der letztere ist dagegen verpflichtet, die durch Festsetzung und Vollstreckung der Strafen entstehenden, von dem Beschuldigten nicht beizutreibenden Kosten zu tragen.

Insoweit besondere Vorschriften bestehen, nach welchen Geldstrafen oder eingezogene Gegenstände einem anderen Berechtigten zufallen, findet die Vorschrift des ersten Absatzes keine Anwendung. Desgleichen bleiben vertragsmäßige Bestimmungen unberührt.[10])

§ 8. Ist der Amtsanwalt eingeschritten, bevor die polizeiliche Strafverfügung dem Beschuldigten behändigt worden, so ist die letztere wirkungslos.[11])

§ 9. Wird bei dem Amtsgericht bzw. Elbschiffahrtsgericht und Rheinschiffahrtsgericht auf gerichtliche Entscheidung angetragen, so ist dem Antragsteller eine Bescheinigung hierüber kostenfrei zu erteilen.[12])

§ 10. Ist die polizeiliche Strafverfügung vollstreckbar geworden, so findet wegen derselben Handlung eine fernere Anschuldigung nicht statt, es sei denn, daß die Handlung keine Übertretung, sondern ein Vergehen

---

[7]) Vgl. § 7 d. G. und Anm. 2 zu § 87 FFPG.

[8]) Vgl. Anweisung vom 23. April 1883, § 10. Ist der Beschuldigte jugendlich, so soll die Strafverfügung auch dem gesetzlichen Vertreter bekannt gemacht werden; vgl. § 30 JugGerGes.

[9]) Vgl. Anweisung vom 23. April 1883, §§ 20, 21.

[10]) Vgl. oben Anm. 2 zu § 87 FFPG.

[11]) Durch den Erlaß der polizeilichen Strafverfügung wird die Verjährung unterbrochen. § 413 Abs. 4 Strafprozeßordg.

[12]) Die Einteilung der im § 9 bezeichneten Bescheinigung erfolgt durch den Gerichtsschreiber des Amtsgerichts. Allgem. Verf. vom 2. Juli 1883 (JMBl. S. 223). Wird bei der Polizeibehörde um gerichtliche Entscheidung angetragen, so ist die Erteilung einer Bescheinigung nicht vorgeschrieben.

oder Verbrechen darstellt und daher die Polizeibehörde ihre Zuständigkeit überschritten hat.

In diesem Falle ist während des gerichtlichen Verfahrens die Vollstreckung der Strafverfügung einzustellen; erfolgt eine rechtskräftige Verurteilung wegen eines Vergehens oder Verbrechens; so tritt die Strafverfügung außer Kraft.[13])

§ 11.[14])

Anhang VII.

Anweisung

vom 8. Juni 1883

zur Ausführung des Gesetzes vom 23. April 1883, betreffend den Erlaß polizeilicher Strafverfügungen wegen Übertretungen.

§ 1. Die Befugnis zum Erlasse der polizeilichen Strafverfügung steht derjenigen Person oder derjenigen Behörde, welche die Polizeiverwaltung in einem bestimmten Bezirke auszuüben hat, wegen der in diesem Bezirke innerhalb ihres Verwaltungsbereichs begangenen Übertretungen zu.

Ist gesetzlich die Verwaltung der Polizei für einzelne Gegenstände, wie die der Hafen-, Strom- und Schiffahrtspolizei, die Deich-, Eisenbahn- und Chausseepolizei, nicht der Polizeibehörde des Orts, sondern einer besonderen Behörde übertragen, so gebührt nur dieser die Befugnis zur polizeilichen Strafverfügung wegen der innerhalb ihres Bezirks begangenen Übertretungen derjenigen Strafvorschriften, welche die ihr übertragene besondere Polizeiverwaltung betreffen.

Ausgeschlossen von der polizeilichen Strafverfügung sind die im § 2 des Gesetzes angeführten Übertretungen, für deren Aburteilung die Rheinschiffahrtsgerichte (Gesetz v. 8. März 1879, GS. S. 129) oder die Elbzollgerichte (Gesetz v. 9. März 1879, GS. S. 132)[1]) zuständig sind, sowie diejenigen, für deren Aburteilung Gewerbegerichte als besondere Gerichte gemäß § 14 Nr. 4 des Gerichtsverfassungsgesetzes v. 27. Jan. 1877 zuständig sind (Verordn., die Gewerbegerichte in der Rheinprovinz betreffend, vom 7. Aug. 1846, GS. S. 403), endlich die der bergpolizeilichen Vorschriften, welche durch § 209 des Allgem. Berggesetzes für die

---

[13]) Nach Eintritt der Rechtskraft des Urteils hat der Amtsanwalt Abschrift der Urteilsformel derjenigen Polizeiverwaltung mitzuteilen, welche die dem gerichtlichen Strafverfahren vorausgegangene polizeiliche Strafverfügung erlassen hatte. Allgem. Verf. vom 2. Juli 1883 (JMBl. S. 223). Wird eine noch nicht vollstreckbare Verfügung zurückgenommen (§ 414 StPO.), so kann eine neue Verfügung erlassen werden. U. KG. 5/5 13, DJZ. 18 Sp. 1270.

[14]) Die §§ 11—13 sind bedeutungslos geworden.

[1]) Jetzt Elbschiffahrtsgerichte (Ges. vom 4. Juni 1924 GS. S. 543).

Preuß. Staaten v. 24. Juli 1865 (GS. S. 705) von dem administrativen Strafverfahren ausgeschlossen sind.

Der Erlaß einer polizeilichen Strafverfügung findet ferner nicht statt bei Zuwiderhandlungen gegen das Forstdiebstahlsgesetz vom 15. April 1878 (GS. S. 221), da die in diesem angedrohte Freiheitsstrafe, auch wenn sie nur an die Stelle einer Geldstrafe tritt, nicht in Haft, sondern in Gefängnis besteht.

Was nachstehend für Polizeiverwalter bestimmt ist, findet da, wo die Polizei nicht von einzelnen Personen, sondern von Behörden verwaltet wird, in gleicher Weise auf die letzteren Anwendung.

§ 2. Wenn auch der § 1 des Gesetzes dem Polizeiverwalter nicht die Verpflichtung auferlegt, sondern nur die Befugnis verleiht, polizeiliche Strafverfügungen wegen Übertretungen zu erlassen, so hat doch der Polizeiverwalter zur Wahrung der polizeilichen Interessen in allen dazu geeigneten Fällen von der gedachten Befugnis Gebrauch zu machen, da sonst die Absicht des Gesetzes vereitelt werden würde. Derselbe hat daher in jedem einzelnen, zu seiner Kenntnis gelangenden Falle einer in seinem Verwaltungsbereiche begangenen Übertretung zu prüfen, ob er selbst eine polizeiliche Strafverfügung zu erlassen oder die Sache an den Amtsanwalt zur gerichtlichen Verfolgung abzugeben hat.

Des Erlasses einer polizeilichen Strafverfügung hat der Polizeiverwalter sich zu enthalten, wenn er die Anwendung eines seine Kompetenz übersteigenden Strafmaßes für angezeigt erachtet (Alinea 3 § 1 des Gesetzes), oder wenn er in Erfahrung bringt, daß der Amtsanwalt bereits Schritte zur gerichtlichen Verfolgung einer Übertretung getan hat. Dasselbe gilt von allen denjenigen Fällen, in welchen der Polizeiverwalter ein persönliches Interesse an dem Ausgange der Sache hat.

Berechtigt ist der Polizeiverwalter, von dem Erlasse einer polizeilichen Strafverfügung abzusehen und die Verfolgung dem Amtsanwalt zu überlassen, wenn er es wegen der Zweifelhaftigkeit des Falles in betreff der Feststellung des Tatbestandes oder der Auslegung der Strafvorschrift, oder aus einem sonstigen besonderen Grunde im Einzelfalle für angemessen erachtet.

§ 3. In den hiernach nicht ausgenommenen Fällen hat sich der Polizeiverwalter, wenn er von einer in seinem Amtsbereiche vorgefallenen Übertretung Kenntnis erhält, zunächst davon, zu welcher Zeit, wie und von wem sie verübt ist, Überzeugung zu verschaffen.

§ 4. Hat er die Übertretung selbst wahrgenommen, oder die Überzeugung davon durch amtliche, auf eigener Wahrnehmung des Anzeigenden beruhende, oder durch Angaben glaubwürdiger Zeugen unterstützte Anzeigen oder Protokolle eines Beamten erlangt, so bedarf es weiterer Nachforschungen nicht, sofern nur daraus die zur Strafverfügung erforderlichen Umstände (§ 10) hervorgehen.

§ 5. Ebenso wird es, falls er anderweitig von einer Übertretung Kenntnis erhält, in der Regel genügen, wenn er die Übertretung auf glaubhafte Weise in Erfahrung gebracht hat und mindestens eine glaubwürdige Person sie bezeugen kann.

§ 6. Erachtet der Polizeiverwalter, um die erforderliche Überzeugung von der Übertretung oder von den Mitteln zu ihrem Beweise zu gewinnen, dennoch Ermittelungen für nötig, so hat er diese auf die kürzeste, dabei aber hinreichend zuverlässige Art zu veranlassen. Er ist hierbei an keine Förmlichkeit, auch nicht an ein protokollarisches Verfahren gebunden.

Zur eidlichen Vernehmung von Zeugen ist er nicht berechtigt. Zeugenvernehmungen, durch welche Kosten erwachsen, sind zu unterlassen.

§ 7. Über die polizeilichen Strafverfügungen wegen Übertretungen ist eine Strafliste nach dem beiligenden Formular I mit für jedes Kalenderjahr fortlaufenden Nummern zu führen und behufs der Strafverfügung von dem beiliegenden Formular II als Aktenbogen für einzelne Sache, sowie behufs der Ausfertigung der Strafverfügung in Fällen, wo nur Haft festgesetzt wird, vor dem beiliegenden Formular III, sowie in den Fällen, wo eine Geldstrafe und die an deren Stelle tretende Haft festgesetzt wird, von dem beiliegenden Formular IV Gebrauch zu machen.

§ 8. Findet der Polizeiverwalter den zu seiner Kenntnis gelangten Fall einer Übertretung zu einer polizeilichen Strafverfügung geeignet, so trägt er diese in die Strafliste ein, fertigt die Strafverfügung nach dem Formular III oder IV aus und füllt die Nrn. 2 und 3 des Aktenbogens (i. e. Formular II) in entsprechender Weise aus.

Die polizeiliche Strafverfügung gegen Beschuldigte im Alter von 14 bis 18 Jahren (§ 1 Alinea 1 des Gesetzes) ist gegen den Beschuldigten selbst, und nicht gegen den gesetzlichen Vertreter desselben zu richten, welcher letztere indes nach § 3 des Gesetzes ebenfalls innerhalb der für den Beschuldigten laufenden Frist zum Antrage auf gerichtliche Entscheidung befugt ist.

§ 9. Die polizeiliche Verfügung muß die im § 4 des Gesetzes bezeichneten Angaben vollständig enthalten.

Ist die Übertretung mit Geldstrafe oder Haft bedroht, so hat der Polizeiverwalter nach den bei der Übertretung obwaltenden Umständen und mit Rücksicht auf die Person des Beschuldigten, z. B. auf seine Vorbestrafungen, zu ermessen, ob Geldstrafe oder sogleich Haft festzusetzen sei.

Wird eine Geldstrafe festgesetzt, so darf sie nicht weniger als eine Mark betragen, sofern die zur Anwendung kommende Strafvorschrift nicht ausdrücklich eine geringere Strafe zuläßt. Die für den Fall des Unvermögens des Beschuldigten statt der Geldstrafe stets sogleich festzusetzende Haft aber ist so zu bestimmen, daß nach dem Ermessen des Polizeiverwalters der Betrag von einer bis fünfzehn Mark einer eintägigen Freiheitsstrafe gleichzuachten ist. §§ 27, 28 des Strafgesetzbuchs.[2])

§ 10. 1. Die ausgefertigte Strafverfügung ist dem Beschuldigten durch einen vereideten öffentlichen Beamten zuzustellen. Der Beamte hat die Verfügung dem Beschuldigten in Person, wenn dieser aber in der Wohnung nicht angetroffen wird, einem zu der Familie gehörenden erwachsenen Hausgenossen, oder einer in der Familie dienenden erwachsenen Person, falls solche Personen in der Wohnung des Beschuldigten angetroffen werden, andernfalls dem in demselben Hause wohnenden Hauswirt oder Vermieter, vorausgesetzt, daß diese zur Annahme bereit sind, zu übergeben.

Für Gewerbetreibende, welche ein besonderes Geschäftslokal haben,

---

[2]) Die Vorschrift des § 9 Abs. 3 Satz 2 ist auch bei der Festsetzung von Strafen gegen Militärpersonen in Anwendung zu bringen. Gem. Verf. des M. d. J. und des JMin. vom 17. Juli 1907 (JMBl. S. 601).

kann, wenn sie dort nicht angetroffen werden, die Zustellung an einen darin anwesenden Gewerbegehilfen erfolgen.

Wird die Annahme in einem Falle, in welchem dies nach vorstehenden Bestimmungen nicht ausdrücklich zugelassen ist, verweigert, so ist die Ausfertigung der Strafverfügung am Orte der Zustellung zurückzulassen.

2. Ist die Zustellung nach diesen Bestimmungen nicht ausführbar, so kann sie dadurch erfolgen, daß die Ausfertigung der Strafverfügung bei der Ortsbehörde (Gemeinde- oder Polizeibehörde) oder bei dem Postamte des Zustellungsorts niedergelegt und die Niederlegung sowohl durch eine an der Tür der Wohnung zu befestigende schriftliche Anzeige, als auch, soweit tunlich, durch mündliche Mitteilung an zwei in der Nachbarschaft wohnende Personen bekannt gemacht wird.

3. Der zustellende Beamte hat auf der Ausfertigung der Strafverfügung unter Beifügung seines Namens den Tag der Zustellung, z. B.:

Zugestellt am 20. Oktober 1883.
Müller, Amtsbote.

zu vermerken und auf dem ihm mit der Ausfertigung zu übergebenden Aktenbogen unter Nr. 4 über die Zustellung unter Angabe des Tages derselben zu berichten.

4. Die Zustellung kann auch durch die Post erfolgen. In diesem Falle kommen die §§ 15 und 16 der Verordnung vom 7. September 1879 (GS. S. 591) zur Anwendung. Die Postgebühren hat die Polizeibehörde zu entrichten, vorbehaltlich der etwaigen Einziehung derselben von dem Beschuldigten im Falle des § 20 der Anweisung.

5. Die Zustellung für einen Unteroffizier oder einen Gemeinen des aktiven Heeres oder der aktiven Marine erfolgt an den Chef der zunächst vorgesetzten Kommandobehörde (Chef der Kompagnie, Eskadron, Batterie).[3])

§ 11. Gegen die polizeiliche Strafverfügung findet nur der Antrag auf gerichtliche Entscheidung statt. Der Weg der Beschwerde bei der vorgesetzten Behörde ist ausgeschlossen.

Stellt der Beschuldigte bis zum Ablaufe einer Woche nach dem Tage der Zustellung der Strafverfügung, diesen nicht mit eingerechnet, bei dem Polizeiverwalter, welcher die letztere erlassen hat, mündlich den Antrag auf gerichtliche Entscheidung, so ist darüber eine Verhandlung aufzunehmen und diese nebst dem Aktenbogen und den etwa zur Sache sonst vorhandenen Schriftstücken, welche zu dem Aktenbogen zu sammeln und ebenfalls mit der Nummer der Strafliste zu versehen sind, ohne daß es einer weiteren Beischrift bedarf, an den Amtsanwalt abzusenden, die Absendung aber in der Strafliste zu verzeichnen.

In gleicher Weise ist die Sache an den Amtsanwalt abzugeben, wenn der Antrag auf gerichtliche Entscheidung schriftlich bei dem Polizeiverwalter eingereicht wird, oder wenn er bei dem Amtsgericht angebracht worden ist.

§ 12. Gegen die Versäumung der Antragsfrist gestattet der § 415 der Strafprozeßordnung unter den in den §§ 44, 45 bezeichneten Voraussetzungen Wiedereinsetzung in den vorigen Stand. Hiernach kann

[3]) Vgl. dazu jetzt §§ 1 u. 43 des Wehrges. v. 23. 3. 1921 (RGBl. S. 329).

1. die Wiedereinsetzung in den vorigen Stand beantragt werden, wenn der Antragsteller durch Naturereignisse oder andere unabwendbare Zufälle an der Einhaltung der Frist verhindert worden ist. Als unabwendbarer Zufall ist es insbesondere anzusehen, wenn der Antragsteller von der Zustellung der Strafverfügung ohne sein Verschulden keine Kenntnis erlangt hat.
2. Das Gesuch um Wiedereinsetzung in den vorigen Stand muß binnen einer Woche nach Beseitigung des Hindernisses unter Angabe und Glaubhaftmachung der Versäumnisgründe (§ 45) bei der Polizeibehörde oder bei dem Amtsgerichte angebracht werden (§ 415).
3. Über das Gesuch entscheidet der Amtsrichter. Die dem Gesuche stattgebende Entscheidung unterliegt keiner Anfechtung; gegen die das Gesuch verwerfende Entscheidung findet sofortige Beschwerde bei dem Landgerichte statt (§ 415 Abs. 2 und 3 — § 73 des Gerichtsverfassungsgesetzes vom 27. Januar 1877 in der Fassung vom 22. März 1924).

§ 13. Hat der Beschuldigte gegen die polizeiliche Strafverfügung den Antrag auf gerichtliche Entscheidung angebracht, so hat nach § 414 der Strafprozeßordnung der Polizeiverwalter die Befugnis, anstatt der Übersendung der Verhandlungen (§ 13 dieser Anweisung) an den Amtsanwalt, die Strafverfügung zurückzunehmen. Von dieser Befugnis ist in denjenigen Fällen Gebrauch zu machen, in welchen die polizeiliche Strafverfügung auf einem Irrtum beruht.

§ 14. Ist innerhalb der Frist einer Woche ein Antrag auf gerichtliche Entscheidung bei der Polizeibehörde nicht gestellt, auch dieser Behörde eine Bescheinigung des Amtsgerichts über die erfolgte Einlegung der Berufung nicht vorgelegt worden, so ist die Strafverfügung zu vollstrecken.

§ 15. War eine Geldstrafe festgesetzt, so ist der Aktenbogen unter Beifügung der zur Sache sonst noch gehörigen Schriftstücke ohne weitere Beischrift derjenigen Kasse zu übersenden, zu welcher nach der hierüber ergehenden besonderen Bestimmung die Geldstrafen einzuziehen sind, und die Absendung in der Strafliste zu vermerken.

Ist der Polizeiverwalter zur vorläufigen Empfangnahme der Geldstrafe im allgemeinen ermächtigt und zahlt der Bestrafte an denselben, so hat er die Geldstrafe nebst dem Aktenbogen an die betreffende Kasse sofort zu übersenden, die Zahlung aber auf der Ausfertigung der Strafverfügung oder auf besonderem Blatte zu bescheinigen.

§ 16. Die zur Annahme der Geldstrafe bestimmte Kasse zieht die Geldstrafe ein. Ist letztere nicht zu beizutreiben, so vermerkt die Kasse dies auf dem Aktenbogen und sendet ihn dem, welcher die Strafverfügung erlassen hat, zurück, worauf von diesem nach der Vorschrift des § 17 die Haft zu vollstrecken ist.

§ 17. Ist keine Geldstrafe, sondern nur Haft festgesetzt, so wird dieselbe von dem, welcher die Strafverfügung erlassen hat, im Polizeigefängnisse vollstreckt.

In der Benutzung der Kantongefängnisse in der Rheinprovinz zur Verbüßung von Haftstrafen wegen Übertretungen ist durch das Gesetz vom 23. April d. J. nichts geändert.

Der Vermerk Nr. 5 des Aktenbogens ist auszufüllen, und der

Haftbefehl damit gleichlautend, durch Ausfüllung des Formulars V auszufertigen, und diese Ausfertigung dem mit der Vollziehung beauftragten Beamten zu übergeben, welcher den Beschuldigten, falls dieser auf die an ihn ergangene Ladung zum Antritt der Strafen sich nicht gestellt hat, zur gefänglichen Haft zu bringen und den Haftbefehl nach dessen Ausführung zurückzugeben hat, worauf der Vermerk Nr. 6 auf dem Aktenbogen auszufüllen, auch die Vollstreckung in der Strafliste zu vermerken ist.

§ 18. Ist eine Einziehung festgesetzt und die Verfügung vollstreckbar geworden, so ist der einzuziehende Gegenstaud, wo dies noch nicht geschehen sein sollte, in Beschlag zu nehmen und demnächst demjenigen zu übergeben, welchem dergleichen eingezogene Gegenstände zustehen.

Ist der Polizeiverwalter zweifelhaft darüber, wem das Konfiskat zufällt, so hat er hierüber von der vorgesetzten Behörde weiteren Bescheid einzuholen.

§ 19. Liegt ein gesetzlicher Grund vor, den Beschuldigten vorläufig festzunehmen (StPO. § 125 in Verbindung mit § 113), so findet, da der Festgenommene unverzüglich dem Amtsrichter vorgeführt werden muß (§ 128 ebenda), der Erlaß einer polizeilichen Strafverfügung nicht statt.

Besteht jedoch die an erster Stelle festzusetzende Strafe nicht in Haft, sondern in Geldstrafe, so kann der Polizeiverwalter von der Festnahme Abstand nehmen und die Strafverfügung erlassen, falls der Beschuldigte für die Strafe, deren Betrag ihm bekannt zu machen ist, Sicherheit leistet.

Ergibt sich der Anlaß zur vorläufigen Festnahme erst nach Erlaß und Behändigung der Strafverfügung, jedoch bevor letztere vollstreckbar geworden ist, so kann der Polizeiverwalter von dem Beschuldigten die sofortige Bestellung einer Sicherheit für die Strafe fordern. Wird die Sicherheit nicht bestellt, so kann der Beschuldigte festgenommen werden und ist sodann dem Amtsrichter vorzuführen.

Die Höhe der zu leistenden Sicherheit darf den Betrag der festzusetzenden oder festgesetzten Geldstrafe nicht übersteigen.

§ 20. Als bare Auslagen des Verfahrens (§ 6 des Gesetzes vom 23. April 1883) dürfen von dem Beschuldigten nur eingezogen werden:

1. Postgebühren,
2. die Kosten der Beitreibung der Geldstrafen nach Maßgabe des Gebührentarifs vom 7. September 1879 (GS. S. 591),
3. die Haft- und Transportkosten, welche durch Vollstreckung der Haft entstehen.

Die entstandenen Auslagen sind in der Strafliste und auf dem Aktenbogen (Nr. 7) zu verzeichnen.

§ 21. Sind die in dem Straffestsetzungsverfahren entstandenen Auslagen nicht beizutreiben, so fallen sie als Kosten der Ortspolizeiverwaltung demjenigen zur Last, welcher die letztgedachten Kosten überhaupt zu tragen hat. Ist aber die Strafverfügung von einer anderen Behörde als der Ortspolizeibehörde erlassen, so sind die nicht beizutreibenden Auslagen als Verwaltungskosten jener Behörde zu tragen.

§ 22. Betrifft vorläufige Straffestsetzung gegen Militärpersonen.

Anhang VIII.

Verordnung,

betreffend die Kontrolle der Hölzer, welche unverarbeitet transportiert werden.

Vom 30. Juni 1839 (GS. S. 223).

§ 1. Wer Brennholz oder unverarbeitetes Bau- oder Nutzholz in eine Stadt oder ein Dorf einbringt oder sonst verfährt, muß mit einer schriftlichen, glaubhaften Bescheinigung der Polizeibehörde seines Wohnorts oder des Eigentümers oder Aufsehers desjenigen Waldes, aus welchem, seiner Angabe nach, das Holz gebracht wird, versehen sein und solche auf Erfordern den Forstbeamten, Gendarmen, Polizei- und Steuerbeamten vorzeigen, widrigenfalls das Holz in Beschlag genommen und konfisziert werden soll.

§ 2. Auch Holzberechtigte müssen, bei Vermeidung gleicher Folgen (§ 1), wenn sie das von ihnen aus der verpflichteten Forst geholte Holz wegschaffen, mit einer Bescheinigung ihres Holzungsrechts versehen sein, in welcher die Holz-Sortimente, worauf die Berechtigung lautet, und die Tage, an welchen die Berechtigung, und die Transportmittel, mit welchen sie ausgeübt werden darf, ausgedrückt sein müssen. Befindet sich unter dem Holze noch anderes Holz, als worauf die Bescheinigung lautet, oder transportieren sie solches an anderen als den zur Ausübung bestimmten Tagen, oder mit größeren als den bestimmten Transportmitteln, ohne den rechtmäßigen Erwerb dieses Holzes besonders auf die § 1 bemerkte Art nachweisen zu können, so ist dasselbe gleichergestalt der Konfiskation unterworfen.

§ 3. Wird bei der näheren polizeilichen Untersuchung ermittelt, daß das in Beschlag genommene Holz gestohlen worden ist, so tritt noch außer der Konfiskation gegen den Angehaltenen gerichtliche Untersuchung und, nach Bewandtnis der Umstände, entweder die gesetzliche Strafe des Holzdiebstahls, mindestens aber eine dem Taxwerte des konfiszierten Holzes gleichkommende Geldbuße, oder verhältnismäßige Gefängnisstrafe ein.

§ 4. Diese Verordnung soll nicht im ganzen Bereich der Provinzen Sachsen, Westphalen und der Rheinprovinz, sondern nur in denjenigen Gegenden und Kreisen derselben in Kraft treten, wo der Holzdiebstahl überhand genommen hat.

Wir ermächtigen Unser Staatsministerium, diese Verordnung überall da in Anwendung bringen zu lassen, wo die Überhandnahme des Holzdiebstahls das Bedürfnis der dagegen erlassenen Bestimmungen zum Schutz der Waldungen hervorruft.

Urkundlich usw.*)

---

*) Der § 87 des Feld- und Forstpolizeigesetzes bestimmt, daß die Verordnung vom 30. Juni 1839 mit dem im § 39 enthaltenen Änderungen bestehen bleiben soll.

Danach wird fortan jede Zuwiderhandlung gegen die Bestimmungen der V. vom 30. Juni 1839 mit Geldstrafe bis zu einhundertfünfzig Mark oder mit Haft

Anhang IX.

A. Vorläufige Verordnung über die Ausübung der Waldstreu-Berechtigung.

Vom 5. März 1843 (GS. S. 105).

Wir Friedrich Wilhelm usw. finden Uns bewogen, zur Verhütung der Nachteile, welche eine ungeregelte Ausübung der Waldstreu-Berechtigung auf die Holzkultur ausübt, und um sowohl den Waldbesitzern die angemessene Bewirtschaftung ihrer Waldungen, als auch den Servitut-Berechtigten selbst die nachhaltige Ausübung dieser Berechtigung zu sichern, für die Provinzen Preußen, Brandenburg, Pommern, Schlesien, Posen und Sachsen, vorläufig bis zur Publikation einer neuen allgemeinen Forst- und Jagd-Polizeiordnung, nach Anhörung Unserer getreuen Stände und auf den Antrag Unseres Staatsministeriums zu verordnen, wie folgt:

§ 1. Die Waldstreu-Berechtigung besteht in der Befugnis, abgefallenes Laub und Nadeln, sowie dürres Moos zum Unterstreuen unter das Vieh, behufs der Bereitung des Düngers, in dem Walde eines Anderen einzusammeln.

§ 2. Wo der Umfang und die Art der Ausübung dieser Berechtigung durch Verleihung, Vertrag, richterliche Entscheidung oder bereits vollendete Verjährung bestimmt festgestellt worden ist, behält es hierbei sein Bewenden. In Ermangelung solcher auf besonderen Rechtstiteln beruhender Verhältnisse dienen die nachstehenden Vorschriften lediglich zur Richtschnur.

---

bis zu 14 Tagen bestraft. Außerdem tritt in allen Fällen die Konfiskation des Holzes ein, wenn nicht der rechtmäßige Erwerb desselben nachgewiesen wird.

Die V. vom 30. Juni 1839 findet endlich fortan auch auf den Transport von Bandstöcken (Reifstäben) jeder Art, birkenen Reisern, Korbruten, Faschinen und jungen Nadelhölzern Anwendung.

Zu § 1 der vorl. Verordng. vom 5. März 1843. Zum Wesen der Waldstreu-Berechtigung gehört deren Einschränkung auf den Bedarf des berechtigten Grundstücks. Bei Bestimmung des Umfanges der Ausübung im verpflichteten Grundstücke muß daher diejenige Streu in Abzug kommen, welche im berechtigten Grundstücke selbst gewonnen wird. (Obertrib. vom 9. Okt. 1849, E. 18 S. 279.)

Bei der Zerstückelung eines zur Streu in fremder Forst berechtigten Gutes geht die Berechtigung für ein Teilstück verloren, wenn dieses nicht so groß ist, daß ein Stück Rindvieh davon erhalten werden kann. (Obertrib. vom 14. März 1871, E. 65 S. 141).

Zu § 2. Bei der Waldstreu-Berechtigung bleibt, der rechtsverjährten Ausübungsart ungeachtet, die Bestimmung der Jahreszeiten, der Reviere nnd der Gestalt der Harken den forstpolizeilichen Anordnungen unterworfen. (Obertrib. vom 24. Febr. 1848, E. 16, S. 208.)

In einem (in Hiersemenzel's Ergänzungen z. ALR. II S. 538 mitgeteilten) Erkenntnis vom Jahre 1844 hat das Obertribunal übrigens ausgesprochen, daß V. 5. März 1843 nicht als Regulativ über den einstweiligen Besitzstand anzusehen sei, und daß daher derjenige, welcher den jüngsten Besitz einer umfangreicheren Ausübung, als die Verordnung zuläßt, nachzuweisen vermöge, in demselben auf sein Verlangen zu schützen sei.

§ 3. Die Berechtigten müssen sich, wenn sie die Waldstreunutzung in der nächsten Periode (§ 4 b) ausüben wollen, spätestens bis zum 15. August eines jeden Jahres bei dem Waldbesitzer oder dessen verwaltenden Beamten melden, worauf ihnen ein kostenfrei ausgefertigter Zettel zu ihrer Legitimation erteilt wird. Dieser Zettel ist nur für den Zeitraum, für das Revier und für die Personen gültig, auf welche derselbe lautet.

Die Streu-Berechtigten oder die von ihnen mit Einsammlung der Waldstreu beauftragten Leute müssen diese Zettel, wenn sie Streu im Walde einsammeln — — — — — — — — — — — — — — — — — — stets bei sich führen, und beim Ablauf der zur Streusammlung bestimmten Zeit — — — wieder abliefern.

§ 4. Die Berechtigung darf nur:

a) in den vom Waldeigentümer nach Maßgabe einer zweckmäßigen Bewirtschaftung des Forstes geöffneten Distrikten,

b) in den sechs Wintermonaten vom 1. Oktober bis zum 1. April,

c) an bestimmten vom Waldeigentümer mit Rücksicht auf die bisherige Observanz festzusetzenden, jedoch auf höchstens zwei Tage in der Woche zu beschränkenden und von den Raff- und Leseholztagen verschiedenen Wochentagen

---

Zu § 3. Die im § 3 für das Nichtmitführen und Nichtabliefern des Legitimationsscheins festgesetzten Strafen sind nach § 87 des FFPG. in Wegfall gekommen.

Das Nichtmitführen des Legitimationsscheins ist jetzt nach § 37 des Feld- und Forstpolizeigesetzes, das Nichtabliefern des Legitimationsscheins aber überhaupt nicht mehr strafbar.

Zu § 4.

1) Der zum Streuharken Berechtigte kann sich gegen das gesetzliche Verbot der Ausübung dieser Gerechtsame in den Sommermonaten (vom 1. April bis zum 1. Oktober) und der Ausübung derselben mittels Harken mit eisernen Zinken auch auf die Verjährung vor der Verordnung vom 5. März 1843 nicht berufen. (Erk. des Obertrib. vom 19. Oktober 1854, Archiv 15 S. 145.)

2) Das Recht des Waldeigentümers, bestimmte Tage in der Woche zum Einsammeln des Streulings festzusetzen, wird dadurch allein, daß der Streulings-Berechtigte in rechtsverjährter Zeit ohne Regulierung solcher Tage geharkt hat, nicht ausgeschlossen. (Erk. d. Obertrib. vom 6. März 1856, Archiv 20 S. 252.)

3) Das Obertrib. hat in einem (in der Zeitschrift des Revisions-Kollegiums III S. 219 abgedruckten) Erkenntnis vom 15. Septbr. 1874 ausgesprochen, daß es dem Rechte des Waldeigentümers zur Festsetzung von Streusammeltagen entspreche, daß der Forstnutzungsberechtigte keine Befugnis habe, das zusammengebrachte Material an Streu über Nacht im Walde liegen zu lassen und erst am Tage darauf oder noch später abzufahren, weil hieraus Erschwernisse der Aufsicht hervorgehoben würden. Vgl. § 36 des FFPG.

4) Unter der Observanz, nach welcher laut § 4 die Transportmittel den bei Waldstreu-Berechtigungen bestimmt werden sollen, ist die bisherige Art und Weise der Ausübung zu verstehen. (Erk. d. Obertrib. vom 14. Sept. 1854, Entsch. 28 S. 430.)

ausgeübt werden. Besteht aber nach dem Herkommen der Gebrauch, daß die Einsammlung der Streu gleich beim Beginn des Oktobers an mehreren nacheinander folgenden Tagen von allen Berechtigten gleichzeitig unter Aufsicht des Waldeigentümers geschieht und hiermit das Einsammeln für das ganze Jahr geschlossen ist, so behält es hierbei sein Bewenden.

Die Berechtigung darf auch nur

d) mit den in den Zetteln bezeichneten, nach der bisherigen Observanz zu bestimmenden Transportmitteln, und

e) nicht mit eisernen, sondern nur mit hölzernen, unbeschlagenen Rechen oder Harken, deren Zinken ebenfalls nur von Holz sein dürfen und mindestens $2\frac{1}{2}$ Zoll voneinander abstehen müssen,

ausgeübt werden.

§ 5. Entstehen über die Frage:

welche Distrikte zum Streusammeln zu öffnen sind,

zwischen dem Waldeigentümer und den Berechtigten Streitigkeiten, so werden solche von dem Kreislandrat unter Zuziehung eines von diesem zu wählenden hierbei unbeteiligten Forstbeamten und eines Ökonomieverständigen, unter Vorbehalt des Rekurses an das Plenum der vorgesetzten Regierung, entschieden. Über Streitigkeiten in betreff der Transportmittel, sowie über die mit Berücksichtigung der bisherigen Observanz zum Streuholen zu bestimmende Zahl der Tage (§ 4, litt. c.) findet dagegen das ordentliche Rechtsverfahren statt.

§ 6. Die Waldstreu kann zwar vorübergehend auch zu anderen wirtschaftlichen Zwecken (§ 1), z. B. zur Versetzung der Wände der Wohngebäude, zur Bedeckung der Kartoffelgruben usw. benutzt, darf aber in ihrer Endbestimmung nur zum Unterstreuen unter das Vieh verbraucht, auch weder verkauft noch sonst an Andere überlassen werden.

§ 7. — — — Die (wegen Zuwiderhandlungen gegen diese Verordnung erkannten) Geldstrafen fallen dem Waldeigentümer anheim.

§ 8. Bei Betretung des Frevlers auf einer der in den §§ 3 und 4 bezeichneten Kontraventionen tritt Pfändung ein und der Waldeigentümer ist das abgenommene Pfand nur gegen Erlegung der auf die Kontravention gesetzten Strafe auszuantworten verpflichtet.

§§ 9 bis 13 sind durch § 87 des Feld- und Forstpolizeigesetzes aufgehoben. —

Zu § 5. In Streitsachen zwischen dem Waldeigentümer und dem Waldstreu-Berechtigten, betreffend die Frage, welche Distrikte zum Streusammeln zu öffnen sind, entscheidet jetzt der Kreisausschuß, in Stadtkreisen das Bezirksverwaltungsgericht. (Ges. vom 26. Juli 1876 betr. die Zuständigkeit der Verwaltungsbehörden. GS. S. 279.)

Die im § 5 der V. vom 5. März 1839 angeordnete Zuziehung von Forstbeamten und Ökonomieverständigen ist nicht mehr obligatorisch. Das Kollegium des Kreisausschusses ersetzt den Beirat derselben, kann jedoch evtl. Forstbeamte oder Ökonomieverständige als Sachverständige zuziehen. Vgl. Anweisung vom 9. Mai 1884, VMBl. S. 119.)

Zu §§ 7–12.

1) Strafen. Die an die Stelle der in den §§ 7 und 9 bis 12 der Verordnung vom 5. März 1843 tretenden Strafbestimmungen des Feld- und Forstpolizeigesetzes sind in den §§ 36, 37 und 38 enthalten.

B. Verordnung

zur Förderung der Forst- und der Weidewirtschaft.

Vom 7. Februar 1924 (RGBl. I S. 50.)

Auf Grund des Ermächtigungsgesetzes vom 8. Dezember 1923 (Reichsgesetzbl. I S. 1179) verordnet die Reichsregierung nach Anhörung eines Ausschusses des Reichsrats und des Reichstags:

Zur Förderung der Forstwirtschaft können die Landesgesetze außer dem Eigentümer auch dem Nutzungsberechtigten die Verpflichtung auferlegen:

1. bestimmte Maßregeln zur ordnungsmäßigen Bewirtschaftung der Waldungen auszuführen mit der Maßgabe, daß der Eigentümer oder Nutzungsberechtigte die Betriebsart und innerhalb der Grenzen einer pfleglichen Forstwirtschaft auch die Wirtschaftsziele, den Gang der Abnutzung und die technische Behandlung des Waldes nach seinem Ermessen bestimmen kann;
2. abgeholzte Flächen,[1]) Räumden[2]) und Ödländereien[3]) aufzuforsten.

Zur Förderung der Bergweidewirtschaft können die Landesgesetze außer dem Eigentümer auch dem Nutzungsberechtigten die Verpflichtung auferlegen, die Bergweiden als solche zu erhalten und ordnungsgemäß zu bewirtschaften.

Die Landesgesetze können ferner Vorschriften zur Sicherung der Erfüllung der im Abs. 1 und 2 bezeichneten Verpflichtungen treffen, insbesondere die Ausführung notwendiger Arbeiten auf Kosten des Säumigen, im Falle des Abs. 2 auch die Übertragung der Bewirtschaftung an hierfür geeignete Dritte und die zwangsweise Verpachtung der Grundstücke zum Zwecke der Bewirtschaftung vorschreiben.

---

2. Pfändung. Der § 87 des FFPG. hat nur die Strafvorschriften und die Vorschriften über das Verfahren der Verordnung vom 5. März 1843 aufgehoben. Die Vorschrift des § 8 über die Pfändung ist in Kraft geblieben. Vgl. § 87 Nr. 2 des Feld- und Forstpolizeigesetzes.
3. Geldstrafen. Nach § 87 Nr. 1 des Feld- und Forstpolizeigesetzes sind die gesetzlichen Bestimmungen über den Bezug der verhängten Geldstrafen in Kraft geblieben. Die diesbezügliche Bestimmung des § 7 der Veordnung vom 5. März 1843 hat daher ihre Geltung behalten.

Der sonstige Inhalt des § 7 ist durch § 87 des FFPG. aufgehoben. —

Die Streunutzung in den Waldungen der Gemeinden und öffentlichen Anstalten in den Hohenzollernschen Landen ist geregelt im Gemeindeforstgesetz für die Hohenzollernschen Lande vom 22. April 1902 § 5 (GS. S. 96).

[1]) Abgeholzte Flächen sind im Wege planmäßiger Wirtschaft zwecks Aufforstung abgetriebene Flächen.

[2]) Räumden sind die nicht oder nicht mehr planmäßig bewirtschafteten (brachliegenden), aber mit Gras, Gebüsch, oder einigen Bäumen bestandenen Flächen.

[3]) Unter „Ödländereien" versteht man nicht oder nur dürftig bewachsenes, unfruchtbares Land.

Anhang X.

Polizeiverordnung

der Minister für Landwirtschaft und für Wissenschaft vom 30. Mai 1921 mit Nachtrag vom 15. Juli 1922.

(RAnz. Nr. 172 v. 26. Juli 1921 u. Nr. 211 v. 20. September 1922.)

Auf Grund des Gesetzes vom 8. Juli 1920 (GS. 437), betreffend die Abänderung des § 34 des Feld- und Forstpolizeigesetzes vom 1. April 1880,[1]) in Verbindung mit § 136 des Gesetzes über die allgemeine Landesverwaltung vom 30. Juli 1883 (GS. 195) wird für den Umfang des Staatsgebiets folgendes angeordnet:

§ 1. Die in den Anlagen 1 und 2 bezeichneten Tier- und Pflanzenarten sind geschützt. Der Schutz erstreckt sich, soweit es nicht anders bestimmt ist, auf das ganze Jahr.

Anordnungen, die einen über diese Verordnung hinausgehenden Schutz von Tierarten, Pflanzen oder Naturschutzgebieten bestimmen, bleiben in Kraft und können auch künftig erlassen werden.

Die Erklärung zum Naturschutzgebiet erfolgt durch Anordnung der zuständigen Minister.

§ 2. Es ist verboten, Tieren geschützter Arten — Anlage 1 — nachzustellen, sie mutwillig zu beunruhigen, zu ihrem Fang geeignete Vorrichtungen anzubringen, sie zu fangen oder sie zu töten. Auch ist verboten, Eier, Nester oder sonstige Brutstätten solcher Tiere fortzunehmen oder zu beschädigen. § 1 Abs. 3 des Reichsvogelschutzgesetzes vom 30. Mai 1908 (RGBl. 317) gilt jedoch auch für die Vögel, welche durch die auf Grund des Gesetzes vom 8. Juli 1920 (GS. 437) erlassenen Verordnungen geschützt sind.[2])

Diese Bestimmungen gelten auch für den Meeresstrand und das Küstenmeer.

Die Bestimmungen über das Sammeln der Eier der eigentlichen Möven — Larinae —, jedoch nicht der Seeschwalben, bleiben unberührt.

§ 3. Es ist verboten, Vögeln mit Ausnahme der Enten — Anatidae —, der Gänse — Anseridae —, des Auerhuhns — Tetrao urogallus —, des Birkhuhns — Lyrurus tetrix — und der Schnepfen — Scolopacinae — zur Nachtzeit nachzustellen.

---

[1]) Die frühere Fassung des § 34 FFPG. lautete: Mit Geldstrafe bis zu einhundertfünfzig Mark oder mit Haft wird bestraft, wer, abgesehen von den Fällen des § 368 Nr. 2 des Strafgesetzbuchs, den zum Schutze nützlicher oder zur Vernichtung schädlicher Tiere oder Pflanzen erlassenen Polizeiverordnungen zuwiderhandelt. Die jetzige Fassung des an seine Stelle getretenen § 30 FFPG. s. auf Seite 58; vgl. auch Anm. 2 dazu.

[2]) § 1 Abs. 3 Vogelschutzgesetz lautet: Dem Eigentümer und dem Nutzungsberechtigten und deren Beauftragten steht jedoch frei, Nester, welche Vögel in oder an Wohnhäusern oder anderen Gebäuden und im Innern von Hofräumen gebaut haben, zu zerstören.

Als Nachtzeit gilt die Zeit von einer Stunde nach Sonnenuntergang bis eine Stunde vor Sonnenaufgang.[*])

§ 4. Es ist verboten, geschützte Pflanzen — Anlage 2 — zu entfernen oder zu beschädigen, insbesondere sie auszugraben, auszureißen, Blüten, Zweige oder Wurzeln abzupflücken, abzureißen oder abzuschneiden. Dieses Verbot hat, soweit nichts anderes bestimmt ist, keine Geltung gegenüber dem Nutzungsberechtigten.

§ 5. Es ist verboten, die auf Grund dieser Verordnung geschützten Tierarten einschließlich ihrer Eier und Nester sowie Pflanzen, soweit nicht eine anderweitige Anordnung getroffen ist, feilzuhalten, anzukaufen, zu verkaufen sowie zu befördern. Diesem Verbot unterliegt auch jede andere Art des Erwerbs oder der Veräußerung, das Anerbieten oder die Vermittlung solcher Rechtsgeschäfte, das Eingehen einer Verpflichtung zum Erwerb oder zur Veräußerung.

§ 6. Die Staatliche Stelle für Naturdenkmalpflege in Preußen, Berlin-Schöneberg, Grunewaldstraße 6/7, der Regierungspräsident für den Umfang des Regierungsbezirks oder für Teile desselben sowie die von ihm ermächtigten, nachgeordneten Behörden sind befugt, schriftliche Ausweise zu erteilen, welche die darin bezeichnete Person berechtigten, fremde Grundstücke zu solchen Untersuchungen und Ermittlungen zu betreten, die den Schutz von Tierarten, von Pflanzen oder von Naturschutzgebieten betreffen.

Die Ausstellung des Ausweises erfolgt auf ein Kalenderjahr In besonderen Fällen kann der Ausweis auf eine längere Zeit, jedoch nicht über mehr als drei Kalenderjahre erteilt werden.

Die Grundstückseigentümer und Nutzungsberechtigten sind verpflichtet, den mit Ausweis versehenen Personen den Zutritt zu gestatten und ihnen die zur Erfüllung ihrer Aufgaben erforderlichen Auskünfte zu erteilen.

Der Ausweis ist jederzeit widerruflich.

Nach Ablauf seiner Gültigkeit, insbesondere auch nach erfolgtem Widerruf, ist der Ausweis der Behörde, die ihn ausgestellt hat, abzuliefern.

§ 7. Aus besonderen Gründen, insbesondere zur Abwendung wesentlicher wirtschaftlicher Nachteile, für Zucht- und Brutzwecke, zu wissenschaftlichen und Unterrichtszwecken kann der Regierungspräsident nach Anhörung der staatlichen Stelle für Naturdenkmalpflege Ausnahmen von den Vorschriften dieser Verordnung sowie anderer auf Grund des Gesetzes vom 8. Juli 1920 (GS. 437) ergehenden Anordnungen für den Bereich oder Teile seines Bezirks gestatten.

Die unterzeichneten Minister behalten sich ihrerseits die Zulassung von Ausnahmen sowie die Übertragung dieser Befugnisse an andere Stellen vor.

§ 8. Die Vorschriften dieser Verordnung sowie die übrigen auf Grund des Gesetzes vom 8. Juli 1920 (GS. 437) ergangenen und ergehenden Anordnungen sind nicht anwendbar auf Tiere, die rechtmäßig in Privateigentum gelangt sind, im übrigen gelten sie, soweit im Einzel-

---

*) Diese Begrenzung der Nachtzeit entspricht dem § 2 Abs. 1 Ziff. 1 Vogelschutzges., während der Begriff im § 2 Ziff. 1 FFPG. allgemeiner gefaßt ist.

fall nichts anderes bestimmt ist, auch gegenüber dem Eigentümer, dem Jagdberechtigten und dem Fischereiberechtigten.[4])

§ 9. Übertretungen dieser Polizeiverordnung sowie der auf Grund derselben ergehenden Anordnungen werden gemäß § 34 des FFPG. in der Fassung des Gesetzes vom 8. Juli 1920 (GS. 437)[5]) mit Geldstrafe bis zu 150 Reichsmark oder mit Haft bestraft.

Anlage 1.

Liste der nach vorstehender Polizeiverordnung auf Grund des Gesetzes vom 8. Juli 1920 (GS. 437) über das Vogelschutzgesetz und die Jagdgesetze hinaus im ganzen Staatsgebiet geschützten Tiere.

Insekten.

1. Apollofalter, Parnassius apollo L. und P. mnemosyne L.
2. Gottesanbeterin, Mantis religiosa.

Kriechtiere.

Sumpfschildkröte, Emys orbicularis L.

Vögel.

a) Das ganze Jahr geschützt.

1. Kormoran, Phalacrocorax carbo L.
2. Höckerschwan, Cygnus olor Gm.; Singschwan, Cygnus cygnus L. und Zwergschwan, Cygnus bewicki yarr.
3. Zwergtrappe, Otis tetrax L.
4. Schwarzer Storch, Ciconia nigra L.
5. Weißer Storch, Ciconia ciconia L.
6. Reiher und Rohrdommeln, Ardeidae, mit Ausnahme des Fischreihers, Ardea cinerea L.
7. Schlangenadler, Circaetus gallicus Gm.
8. Schreiadler, Aquila pomarina Br.
9. Steinadler, Aquila chrysaetus L.
10. Seeadler, Haliaetus albicilla L.
11. Wespenbussard, Pernis apivorus L.
12. Baumfalk, Falco subbuteo L.
13. Rotfußfalk, cerchneis vespertina L.
14. Turmfalk, Cerchneis tinnunculus L.
15. Eulen, Strigidae, einschließl. des Uhus, Bubo bubo L.
16. Spechte, Picidae.
17. Rotköpfiger Würger, Lanius senator L.
18. Schwarzstirniger (Grau-) Würger, Lanius minor Gm.
19. Kolkrabe, Corvus corax L.
20. Steinsperling, Petronia petronia L.
21. Karmingimpel, Carpodacus erythrinus Pall.
22. Wasserschmätzer (Wasseramsel), Cinclus.

---

[4]) Soweit die Rechte der Jagd- und Fischereiberechtigten eingeschränkt sind, ist die Gültigkeit der Pol. Verordnung zweifelhaft. Vgl. auch Dalcke, FFPG., 18. Aufl., § 34 Anm. 50.

[5]) Jetzt § 30 FFPG.

b) Vom 1. März bis 31. August sind geschützt:

1. Eisalk (toralk), alca torda L.
2. Trottelblume, Uria troille L.
3. Papageientaucher, Fratercula arctica L.
4. Polartaucher, Urinator arcticus L.
5. Möven und Seeschwalben, Laridae.
6. Eiderente, Somateria mollissima L.
7. Schellente, Clangula clangula L.
8. Brandgans (Brandente), Tadorna tadorna L.
9. Austernfischer, Haematopus.
10. Steinwälzer, Arenaria.
11. Regenpfeifer, Charadrius.
12. Kiebitz, Vanellus.
13. Triel, Oedicnemus.
14. Säbelschnäbler, Recurvirostra.
15. Strandläufer, Tringa.
16. Kampfläufer, Pavoncella.
17. Wasserläufer, Totanus.
18. Uferschnepfe, Limosa.
19. Brachvogel, Numenius.
20. Kranich, Grus.
21. Turteltaube, Turtur turtur L.
22. Hohltaube, Columba oenas L.
23. Die Weihen, Circus, mit Ausnahme der Rohrweihe, Circus aeruginosus L.
24. Milane, Milvus.
25. Wanderfalk, Falco peregrinus Tunstall.
26. Raubwürger, Lanius excubitor L.
27. Tannenhäher, Nucifraga.

c) Vom 1. März bis 30. Juni sind geschützt:

1. Die Säger, Mergidae.
2. Graugans, Anser anser L.

Säugetiere.

1. Siebenschläfer, Glis glis L.
2. Baumschläfer, Dryomys nitedula Pall.
3. Gartenschläfer, Eliomys quercinus L.
4. Haselmaus, Muscardinus avellanarius L.
5. Biber, Castor fiber L.
6. Nerz oder Sumpfotter, Mustela lutreola L.

Anlage 2.

Liste der nach vorstehender Polizeiverordnung auf Grund des Gesetzes vom 8. Juli 1920 (GS. 437) allgemein geschützten wildwachsenden Pflanzen.

1. Straußenfarn, Onoclea struthiopteris Hoffm. Struthiopteris germanica Willd.).
2. Königsfarn, Osmunda regalis L.
3. Alle Arten von Bärlapp, Schlangenmoos, Lycopodium.

4. Eibe, Taxus baccata L.
5. Federgras, Stipa pennata L.
6. Türkenbund, Lilium martagon L.
7. Frauenschuh, Cypripedium calceolus L.
8. Strandvanille, Epipactis rubiginosa Gaud.
9. Seidelbast, Daphne mezereum L.
10. Wassernuß, Trapa natans L.
11. Stranddistel, Eryngium maritimum L.
12. Eichenblättriges Wintergrün, Chimophila (Pirola) umbellata Nutt.
13. Die ausdauernden (blaublühenden) Arten von Enzian, Gentiana.
14. Linnäe, Linnaea borealis L.

Anhang XI.

Die Vorschriften

der

Feldpolizei-Ordnung vom 1. November 1847

(GS. S. 376)

über

die Ausübung der Weide durch Gemeinde- und Genossenschaftsherden, der Nachtweide und des Einzelhütens.*)

§ 22. Wie viel gemeinschaftliche Hirten zu halten, und ob die verschiedenen Vieharten abgesondert oder gemischt zu hüten sind, ist durch Beschlüsse der Gemeinde und an Orten, wo nicht alle Gemeindeglieder an

*) Die Vorschriften der §§ 22 bis 38 der Feldpolizei-Ordnung v. 1. Nov. 1847 gelten für die sechs östlichen Provinzen und Westfalen und bleiben abgesehen von den Strafbestimmungen bis zum Erlaß der nach § 11 des Feld- und Forstpolizeigesetzes zu erlassenden Polizeiverordnungen in Geltung. Vgl. § 86 Anm. 5.

Für die übrigen Provinzen sind die Vorschriften über die Ausübung der Nachtweide usw. enthalten in:

a) dem Gesetz vom 5. Juli 1844 und Art. 1—20 I, 4; Art. 18 und 22 II des Ruraledikts vom 28. Sept./6. Okt. 1791 für die Rheinprovinz;
b) den §§ 245, 246 des Polizeistrafgesetzes vom 25. Mai 1847 und dem § 59 des Forststrafgesetzes vom selben Tage für die Provinz Hannover;
c) der Verordnung vom 18. Oktober 1828 und Nr. 127 ff. des Forststraftarifs vom 30. Dezember 1824 für das vorm. Kurfürstentum Hessen;
d) den §§ 14, 23, 24, 25 des Feldfrevelgesetzes vom 19. Februar 1863 für das vorm. Herzogtum Nassau; usw.

der gemeinschaftlichen Weide teilhaben, durch Beschlüsse der Hütungs-Genossenschaft mit Genehmigung des Gemeinde-Vorstandes zu bestimmen.

§ 23. Jeder Teilnehmer eines gemeinschaftlichen Hütungsrechts ist bei dessen Ausübung verpflichtet, sein Vieh dem gemeinschaftlichen Hirten vorzutreiben und von diesem hüten zu lassen, sofern ihm nicht das Recht zum Einzelhüten herkömmlich oder vermöge besonderen Rechtstitels zusteht oder die im § 24 gedachte Ausnahme eintritt.

§ 24. Wo nach besonderen örtlichen oder wirtschaftlichen Verhältnissen für alle oder für einzelne Teilnehmer eines gemeinschaftlichen Hütungsrechts ein solches Einzelhüten (§ 23) während des ganzen Jahres oder gewisser Jahresperioden notwendig ist, kann dasselbe durch Lokalordnungen, in welchen zugleich die erforderlichen Sicherungsmaßregeln festzusetzen sind, gestattet werden.

§ 25. Eine solche Lokalordnung (§ 24) kann nach Vernehmung des Provokanten, Untersuchung der Verhältnisse und Anhörung der übrigen Beteiligten, für städtische Feldmarken von der Ortspolizeibehörde, auf dem Lande von dem Landrate, festgesetzt werden. Doch ist in denjenigen Städten, in welchen die Polizei nicht vom Gemeindevorstande verwaltet wird, der letztere jederzeit darüber zu hören.

Der Landrat ist befugt, die zu einem solchen Zwecke erforderliche Untersuchung und Vernehmung der Beteiligten der Ortsbehörde, einem Kreisverordneten oder einem Ökonomiekommissarius aufzutragen.

§ 27. Auf Hütungsplätzen, die von so geringem Umfange sind, daß ein Übertreten des Viehes auf die benachbarten fremden Grundstücke leicht zu besorgen steht, muß das Vieh mit Stricken an feste Gegenstände angebunden (getüdert), oder an Stricken geführt werden. Letzteres muß auch dann geschehen, wenn das Vieh auf Wegen zur Weide gebracht wird, denen die erforderliche Breite fehlt.

Wo ein Bedürfnis zu einer dieserhalb zu treffenden allgemeinen Lokalordnung vorhanden ist, kann dieselbe auf dem im § 25 bezeichneten Wege festgesetzt werden.

§ 28. Grundstücke, welche nicht auf allen Seiten so eingeschlossen sind, daß dadurch das Austreten des Viehes verhindert wird, dürfen nur während der Tageszeit zur Viehweide benutzt werden.

§ 29. Wenn das weidende Vieh nicht über Nacht in Hürden oder anderen geschlossenen Räumen verbleibt, so muß dasselbe spätestens eine Stunde nach Sonnenuntergang zu Stalle gebracht sein, und darf nicht früher, als eine Stunde vor Sonnenaufgang wieder ausgetrieben werden.

§ 30. Verbleibt das Vieh über Nacht im Freien in Hürden oder anderen geschlossenen Räumen, so darf dasselbe nicht vor Sonnenaufgang auf die Weide gebracht werden, und muß bei Sonnenuntergang wieder eingetrieben sein.

§ 31. Für solche Feldmarken oder Bezirke, in denen das nächtliche Hüten auf ungeschlossenen Grundstücken bisher üblich gewesen und nach den eigentümlichen wirtschaftlichen Verhältnissen, entweder für die ganze Weideperiode oder für einen Teil derselben, nicht zu entbehren ist, kann dasselbe durch besondere, nach Bestimmung des § 25 zu errichtende Lokalordnungen gestattet werden, in welchen die zum Schutze gegen Beschädigungen und Mißbräuche erforderlichen Maßregeln vorzuschreiben sind.

§ 33. Tritt Vieh zur Nachtzeit auf fremde, dem Hütungsrechte nicht unterliegende Grundstücke über, so ist das Pfandgeld doppelt dafür zu entrichten.

Auch sind alle diejenigen, welche an dem nächtlichen Hüten teilnehmen, für Pfandgeld und Schadensersatz dem Beschädigten solidarisch verhaftet; unter sich aber tragen sie dazu nach Verhältnis des von einem jeden unter ihnen nächtlich gehüteten Viehes bei.

§ 34. Viehtreiber, welche ihre Herden zur Nachtzeit (§ 29) treiben, müssen von Ort zu Ort einen von ihnen zu lohnenden Begleiter zur Aufsicht mitnehmen.

§ 35. Auf den der gemeinschaftlichen oder wechselseitigen Hütung unterliegenden Wiesen oder Fettweiden findet, soweit durch Statuten oder Gewohnheiten nicht ein anderes festgestellt ist,

die Vorhut in den Provinzen Preußen und Pommern nur bis zum 1. Mai, in den übrigen Provinzen nur bis zum 1. April,

die Nachhut auf Fettweiden in den Provinzen Preußen und Pommern nicht vor dem 1. Oktober, in den übrigen Provinzen nicht vor dem 1. November, auf Wiesen dagegen in allen Provinzen erst nach völlig beendigter Heuernte und auf zwei- und mehrschnittigen Wiesen nicht vor dem 1. Oktober statt.

Diese Termine können, wo ein Bedürfnis dazu obwaltet, durch Lokalordnungen auf dem im § 25 bezeichneten Wege anders bestimmt werden.

§ 36. Nasse, durchbrüchige Wiesen müssen zu allen Jahreszeiten mit fremder Hütung verschont werden.

Neugebaute oder umgebaute Wiesen sind in fremder Hütung während der ersten zwei Jahre nach Ausführung der Anlage ganz zu verschonen. Auch muß die Schonung in der späteren Zeit noch so lange und in demjenigen Umfange fortgesetzt werden, als sie zur Vollendung der Anlage und zur Sicherung ihres Zweckes notwendig ist.

Die in allen diesen Fällen etwa erforderlichen besonderen Festsetzungen sind von den in dem § 25 genannten Behörden auf die ebendaselbst vorgeschriebene Weise zu treffen.

§ 37. Auf einzelnen, im Gemenge liegenden und der gemeinschaftlichen oder wechselseitigen Hütung unterworfenen Feld- und Wiesenstücken darf die Hütung nicht eher ausgeübt werden, als bis die Aberntung der Feldfrüchte und die Werbung des Heues auch auf allen anderen, zu demselben Feldteile (dem Winter- oder Sommergetreidefelde usw.) gehörigen Stücken geschehen ist.

Der Zeitpunkt, in welchem die Hütung auf den abgeernteten Stücken allgemein beginnen darf, hat die Ortspolizeibehörde zu bestimmen.

§ 38. Die Vorschriften der §§ 35 bis 37 treten auch dann ein, wenn die Hütungsbefugnis auf einem einseitigen Dienstbarkeitsrechte beruht.

Dagegen finden diese Vorschriften in allen denjenigen Fällen keine Anwendung, in welchen durch entgegenstehende rechtsbeständige Willenserklärungen, rechtskräftige Erkenntnisse oder durch Verjährung rücksichtlich des Zeitpunktes oder der Art der Ausübung ein abweichendes Rechtsverhältnis begründet ist.

Wegen der Einschränkung solcher besonderen Rechte gegen Entschädigung, sowie wegen Einführung anderweiter Ordnungen zur besseren Benutzung der Grundstücke, verbleibt es bei den Vorschriften und dem Verfahren des zweiten Abschnitts der Gemeinheitsteilungs-Ordnung vom 7. Juni 1821.

Anhang XII.

Anweisung

d. MfLDuF., d. JM. u. d. MfWKuV. zur Ausführung des Feld- und Forstpolizeigesetzes in der Fassung des Gesetzes vom 15. Januar 1926 (GS. S. 9).

Vom 5. Mai 1926 — LwMBl. S. 279 —.

Das Abänderungsgesetz vom 15. Januar 1926 gilt vom 1. Februar 1926 ab für das ganze Staatsgebiet mit Ausnahme der Insel Helgoland, auf der es erst am 1. April 1926 in Kraft getreten ist. Der von da ab gültige Wortlaut des Feld- und Forstpolizeigesetzes ist durch Bekanntmachung vom 21. Januar 1926 (GS. S. 83) veröffentlicht.

Wenngleich das Feld- und Forstpolizeigesetz vom 1. April 1880 durch die in der Einleitung des Abänderungsgesetzes vom 18. Dezember 1925 aufgeführten Gesetze und durch dieses Gesetz selbst mannigfache Änderungen erfahren hat, ist es doch nicht nur in seinem Aufbau, sondern auch in seinem Inhalt im wesentlichen bestehen geblieben. Insoweit letzteres zutrifft, behält auch die Allg. Vfg. des Ministers für Landwirtschaft, Domänen und Forsten vom 12. Mai 1880 betr. die Ausführung des Feld- und Forstpolizeigesetzes ihre Bedeutung. Jedoch sind neben die in Nr. 1 Abs. 1 dieser Allg. Vfg. angezogenen Vorschriften über den Erlaß von Polizeiverordnungen die der §§ 136 ff. des Gesetzes über die Allg. Landesverwaltung vom 30. Juli 1883 (GS. S. 195) getreten.

Die in Nr. 4 der Allg. Vfg. aufgeführten Vorschriften über den Erlaß polizeilicher Strafverfügungen wegen Übertretungen sind durch das Gesetz vom 23. April 1883 (GS. S. 65, in Pyrmont eingeführt durch Art. 2, I Nr. 6 der Verordn. vom 31. März 1922, GS. S. 70) und die es ergänzenden und ändernden Bestimmungen ersetzt (Ges. vom 26. Juli 1897 — GS. S. 387 — bezüglich § 2; Ges. vom 22. Juni 1907 — GS. S. 145 — bezüglich § 11; §§ 1, 40 des Jugendgerichtsges. vom 16. Februar 1923 — RGBl. I, S. 135 — bezüglich §§ 1, 3; § 1 des Ges. vom 13. Mai 1923 — GS. S. 271 — bezüglich § 1; Art. I — § 29 Abs. 2 des Strafgesetzbuchs — III und XIV Abs. 2 Nr. 4 der Reichsverordnung über Vermögensstrafen und Bußen vom 6. Februar 1924 — RGBl. I S. 44 — bezüglich § 1; § 413 Abs. 2 der Strafprozeßordnung — RGBl. I für 1924 S. 322 —; Ausf.-Anw. vom 8. Juni 1888 und Allg. Vfg. vom 2. Juli 1883 — MBliV. S. 152 u. 175, JMBl. S. 223 —; Vfg. vom 27. April 1906 — MBliV. S. 179 —; Vfg. vom 14. September 1907 mit Ausf.-Anw. vom 17. Juli 1907 — MBliV. S. 354, JMBl. S. 601 —; Vfg. vom 12. Januar 1923 — MBliV. Sp. 45 —; Vfg. vom 30. Juni 1925 — MBliV. Sp. 747 —). Die festzusetzende Geldstrafe beträgt 1 bis 150 RM. Die an Stelle der Geldstrafe festzusetzende Haftstrafe kann bis zu 14 Tagen bemessen werden, soweit das Feld- und

Forstpolizeigesetz nicht eine niedrigere Höchststrafe bestimmt. Es fällt für die Ortspolizeibehörden daher der in Nr. 4 Abs. 1 der Ausf.-Anw. vom 12. Mai 1880 erörterte Anlaß fort, die Akten an den Amtsanwalt abzugeben, weil sie eine ihre Zuständigkeit übersteigende Strafe für angemessen halten. Gegen Personen, die zur Zeit der Tat das 14. Lebensjahr noch nicht vollendet hatten, können Strafverfügungen nicht erlassen werden. Nach § 40 des Jugendgerichtsges. darf in einer Strafverfügung gegen einen Beschuldigten, der zur Zeit des Erlasses der Strafverfügung das 18. Lebensjahr noch nicht vollendet hat, nur Geldstrafe und Einziehung festgesetzt werden. Darüber, wie die Geldstrafe in Haft verwandelt werden soll, entscheidet auf Antrag der Polizeibehörde der Jugendrichter, in dessen Bezirk ein Gerichtsstand für die Übertretung begründet gewesen wäre. Durch das Gesetz über staatliche Verwaltungsgebühren vom 29. September 1923 (GS. S. 455) und die es ergänzenden Bestimmungen ist die Vorschrift des § 6 des Ges. vom 23. April 1883 über die Gebührenfreiheit aufgehoben. Nach § 434 der Strafprozeßordnung findet auch der allein noch bestehen gebliebene erste Satz des § 11 des Ges. vom 23. April 1883 nur noch in Kriegszeiten und gegen die Angehörigen der Reichsmarine, die an Bord von in Dienst gestellten Kriegsschiffen eingeschifft sind, Anwendung.

Die bedeutensten Änderungen des bisherigen Feld- und Forstpolizeigesetzes liegen in der stärkeren Anpassung an das Allgemeine Strafrecht durch Beseitigung der Sonderbestimmungen über die Strafbarkeit der Hehlerei in den bisherigen §§ 6 und 21 Nr. 2 und Umgestaltung der Bestimmungen über die Strafbarkeit von Versuch, Beihilfe und Begünstigung in den bisherigen §§ 7 und 8 sowie in der Erweiterung des Strafmaßes in den bisherigen §§ 20 und 21. Der Landtag hat einen aus seinen Reihen gestellten Antrag, die Geltung der Vorschrift des § 153 Abs. 1 der Strafprozeßordnung für den Bereich des Feld- und Forstpolizeigesetzes auszuschließen, abgelehnt. Diese Vorschrift, nach der Übertretungen nicht verfolgt werden, wenn die Schuld des Täters gering ist und die Folgen der Tat unbedeutend sind, es sei denn, daß ein öffentliches Interesse an der Herbeiführung einer gerichtlichen Entscheidung besteht, ist daher auch im Rahmen des Gesetzes anzuwenden. Jedoch ist dabei die Allg. Vfg. des Justizministers vom 22. Juli 1924 (JMBl. S. 283, Lw. MBl. S. 454) zu beachten, in der die Strafverfügungsbehörden auf die Notwendigkeit hingewiesen sind, zum Schutze der Feldfrüchte und der Forsten schnell und tatkräftig einzuschreiten und ihnen anempfohlen ist, die Prüfung der Frage, ob im Einzelfalle die Voraussetzungen der Gesetzesvorschrift vorliegen, sowohl bei Feldentwendungen als auch bei Forstdiebstählen mit besonderer Vorsicht und Zurückhaltung vorzunehmen.

Die Anweisung vom 20. Dezember 1920 zur Ausführung des Ges. vom 8. Juli 1920 (GS. S. 437), veröffentlicht im RAnz. Nr. 1 vom 3. Januar 1921, behält auch für den unveränderten Wortlaut des neuen § 30 des Feld- und Forstpolizeigesetzes Geltung. Jedoch erhält der erste Absatz der Nr. 5 des Abschn. B „Ausführung des Gesetzes" folgende Fassung:

„Die Regierungspräsidenten (in Berlin der Polizeipräsident) haben über die in ihren Bezirken nach Nr. 3 geschützten Naturgegenstände ein Verzeichnis anzulegen und fortlaufend zu führen, das die Lage, den Eigentümer und gegebenenfalls die Anordnung enthalten muß."

Mit dem 1. Juni 1926 erlangen alle auf das Feld- und Forstpolizeigesetz bezüglichen Anweisungen auch Geltung für die Insel Helgoland. Insbesondere gilt dies von der Anweisung vom 23. Dezember 1920, ferner von der Ministerial-Polizeiverordnung vom 30. Mai 1921 über den Schutz von einzelnen Tier- und Pflanzenarten und ihrem Nachtrage vom 15. Juli 1922 (RAnz. Nr. 172 vom 26. Juli 1921 sowie Nr. 211 vom 20. September 1922).

Sachregister.

(Die Zahlen weisen auf die Seiten hin.)

A.

C.

D.

E.

F.

G.

H.

J.

K.

L.

M.

N.

O.

P.

T.

U.

V.

W.

Z.

G. Pätz'sche Buchdr. Lippert & Co. G. m. b. H., Naumburg a. d. S

Kolibri 360 GmbH
Ferdinand-Jühlke-Straße 7
99095 Erfurt, Deutschland
produktsicherheit@kolibri360.de